KB091383

TLS 구현으로 배우는 암호학

C++로 만드는 HTTPS 서비스

TLS 구현으로 배우는 암호학

C++로 만드는 HTTPS 서비스

박승원 지음

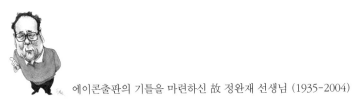

에이콘출판의 기틀을 마련하신 故 정완재 선생님 (1935-2004)

사이버 시대의 성자,
컴퓨터 산업의 진정한 거인,
프로그래밍을 독점으로부터 지켜준,
아직도 충분히 칭송되지 않은
리처드 스톨먼^{Richard M. Stallman}씨께 이 책을 바친다.

지은이 소개

박승원(https://www.zeta2374.com)
어릴 때부터 속편한게 제일이라는 신조를 지니고, 누구보다도 단조로운 인생을 살리라 다짐했지만, 실패했다. 독실한 불교인으로 성심껏 성지순례를 해야 한다는 일념으로 중국과 티베트를 횡단하고 네팔을 거쳐 육로로 인도까지 갔다. 新서유기를 찍으며 횡단병을 얻어, 여러 대륙을 횡단 혹은 종단하며 다닌 방랑수행자이자, 늦깎이 프리랜서 프로그래머이다.

지은이의 말

처음 TLS 라이브러리를 만들기로 결심한 순간부터 긴 시간이 지났다. 당시 나는 개발 중이던 웹 개발 프레임워크에 Stateful한 가상 환경을 HTTP 프로토콜로 제공하는 기능을 완성했고, 이것을 HTTPS까지 동시에 지원하는 프레임워크로 만들려고 했다. 내가 원하는 기능을 만들기 위해 고려하던 TLS 라이브러리 네 가지가 있었는데, wolfssl, GNUTLS, openssl, Botan이었다. 내가 원하던 기능은 일반적이지 않고 약간의 tweaking이 필요해서, 라이브러리를 어느 정도 공부해야 할 필요가 있었다. 그런데, 라이브러리들의 사용법이 어려워서, 이런저런 매뉴얼을 읽다가 짜증이 나서 직접 만들자고 결심했다. 직접 만드는 것이 사용법을 배우는 시간보다 짧으리라는 중대한 오판을 했다. TLS가 어느 정도 방대한 양의 지식의 누적인지도, 인증서의 내용도 아닌 형식만을 이해하는 데에도 Base64, PEM, DER 등등 여러 가지 지식이 필요하다는 것도 몰랐다. 미리 알았더라면 어떻게든 기존의 라이브러리를 이용해서 기능을 완성하려 했을 것이지, 직접 만들어야겠다는 생각은 꿈에도 하지 않았을 것이다.

무지와 오기가 나를 여기까지 오게 이끌었다.

그러나, 돌이켜보면 "현대에 홍수처럼 쏟아지는 컴퓨터에 관한 지식 중 과연 암호학만큼 필수 불가결하고 가치 있고 오래 가는 지식이 얼마나 있을까" 하는 생각도 든다. 내가 투자한 시간이 절대로 아깝지는 않다.

누군가는 또 어디서 나처럼 이 TLS의 어둡고 긴 터널을 통과하려고 하고 있을 것이다. 그 누군가의 Tunnel Loneliness Syndrome을 덜어주고자 이 책을 썼다. 조금이라도 도움이 되기를 바란다.

차례

들어가며

집필 동기

필자는 C++ 웹 개발 프레임워크를 개발했다. 이 프레임워크에 HTTPS 서버를 가능하게 하기 위해서 간단한 TLS 클래스를 만들고자 했다. 모든 사이퍼 수트^{cipher suite}를 지원하지 않고, 가장 기본적인 사이퍼 수트만 지원한다면 TLS 클래스를 만드는 것은 간단한 일일 것이라 생각했다. 그러나, 이것은 처음 생각한 것 이상으로 복잡한 일이었고, 많은 어려움을 안겨 줬다.

첫 번째 이유는 TLS 구현이 현대 암호학의 총망라라 할 정도로 많은 내용이 들어가 있다는 점이었다. 두 번째 이유는 TLS 구현에 대한 좋은 정보를 찾기가 매우 어렵다는 점이었다. 여기저기에 산재해 있는 사료를 모으기가 너무나 고역이었다. TLS 구현의 바이블이라 할 정도의 문서인 RFC5246조차도 TLS 구현에 대한 모든 정보를 담고 있는 것은 아니었다. 또한 표현이 추상적이고 코드 예제가 없어서, 그 문서가 의미하는 바를 잡아내기가 수월하지 않았다. 공자님께서 내가 젊었을 적에는 추상적인 표현으로 그 뜻을 표현하려고 했으나, 나이가 들어서 그것이 실제석이고 구체적인 예를 들어 의미를 전달하는 것만 못하다는 것을 알게 됐다는 말씀을 하셨는데, 그 의미를 다시 새기게 했다. RFC 문서들이 새로운 추상적인 의사코드를 만들지 말고, 시스템 프로그래밍의 보편적 언어인 C언어를 최대한 활용해 의사코드를 짰더라면 오히려 더 좋지 않았을까 하는 생각도 해봤다.

과거에 암호학을 공부했을 때를 떠올려보면, 대부분의 암호학 서적들이 필요 이상으로 난해하게 집필돼 있어 이해하기 어렵거나, 때로는 책이 너무나 추상적이어서 피부에 와닿지 않았다. 또한 입문 단계의 서적들은 많은 부분을 생략하기에 책을 다 읽고 나서도 자신감이 생기지 않는 경우가 많았다.

이에 필자는 TLS의 구체적인 구현을 알아보고자 하는 사람이나, 암호학의 기초를 알고자 하는 사람들이 필자와 같은 쓸데없는 시간 낭비를 하지 않도록 도와줄 수 있지 않을까 하는 생각을 하게 됐다. 최대한 쉽게 설명하되 한 부분도 슬그머니 넘어가지 않고 모두 설명하고, 추상적인 방식이 아니라, 구체적인 예와 구체적인 실행 가능한 코드로 이를 예시한다면, 암호학에 좀 더 쉽게 접근할 수 있지 않을까 하는 생각도 하게 됐다.

이런 생각을 바탕으로 이 책을 집필했다.

이 책은 TLS를 총망라하는 것이 목적이 아니라, TLS라는 강을 한 가지 방법으로 건너는 것이 목적이다. 하나의 사이퍼 수트를 선택해 이를 지원하는 TLS 라이브러리를 만들어 보면, 이를 통해 암호학에 대한 전체적인 조망을 얻을 수 있을 것이다. TLS의 강을 한 번 건너보면 다른 방법으로 강을 건너는 것은 쉽게 여겨질 것이다.

제 2 절
대상 독자

이 책은 실제 https://로 시작하는 암호화된 웹사이트에 접근하거나 서비스할 수 있는 TLS 클래스를 구현하는 것이 목적이다.

이 책은 C++의 기초적인 문법과 스탠다드 라이브러리^{standard library}에 대한 약간의 지식이 있으며, Generic programming의 템플릿^{template} 사용법, 클래스 작성 등을 할 수 있는 독자를 대상으로 한다.

그러나, C만 알고 있는 독자 혹은 C++의 가장 기초적인 지식만을 알고 있는 독자도 어느 정도 독해가 가능하도록, 약간 난이도 높은 C++ 프로그래밍 기법이 나오는 경우는 그에 대해 간략히 설명을 했다.

이 책은 이러한 기초적인 C++ 지식 위에 암호학을 처음 배워 보려는 사람, 암호학을 배웠으나 난해한 설명 때문에 제대로 이해가 되지 않는 사람, 암호 알고리즘과 TLS의 구체적인 구현을 알고 싶은 사람을 대상으로 한다.

또한, 이 책은 여러 곳에 산재해 있는 TLS와 암호학에 대한 정보를 쉽게 찾아볼 수 있는 참고서적으로 활용될 수도 있을 것이다. 이를 위해 필자는 차례의 제목을 가능한 한 하나의 독립적인 주제에 맞췄다. 예를 들면, 디피헬만, 인증서, Base64, DER, PEM, RSA, AES, GCM, CBC, PRF, HKDF와 같이 구성했다. 지금은 이 단어들이 생소할지라도 나중에 다시 찾아볼 때는 매우 편리할 것이다.

이 책은 이론을 소개한 후에 실제 코드를 구현해 보는 부분으로 넘어가는데, 독자들은 스스로 구현을 해본 후에 책에 있는 코드의 구현을 보는 것이 좋을 것이다. 이 책의 코드 구현은 추상적으로 소개된 암호학 내용을 실제적이고 구체적인 코드로 확인하는 작업이다. 이 코드는 학습 목적이 위주이므로 기본적 개념을 단순명료하게 표현하는데 중점을 뒀다. 따라서 최적화나 기본적 개념 이상의 보안은 이차적인 고려 대상이다. 이 책은 사이퍼 수트로 하나를 선택해, 이를 지원하는 라이브러리 제작을 기본 줄기로 부수적인 설명을 덧붙여 나간다.

제 3 절
TLS란?

TLS란 Transport Layer Security의 준말이다. 두 사람이 서로 통신할 때, 제삼자가 가운데에서 두 사람의 통신 내용을 도청한다고 할지라도 안전하게 통신의 내용을 보호할 수 있게 하는 기술이다. 이는 통신 당사자 간에 암호를 해독할 키의 교환 이후에 암호화된 메시지의 전송을 하는 것으로 구현된다.[1] 암호를 해독할 키를 어떻게 제삼자의 도청이라는 상황 하에서도 전달할 것인가 하는 것이 키 교환 알고리즘이다. 여기에 상대방의 신분을 확인하는 인증과 메시지의 무결성을 확인하는 해쉬hash 알고리즘이 추가된다. 사이퍼 수트는 어떠한 키 교환 알고리즘과 어떠한 암호화[2], 복호화[3], 인증, 해쉬 기술을 쓸 것인가를 정해둔 것이다. 다음과 같이 사이퍼 수트의 이름이 지어진다.

TLS_DHE_RSA_AES128_SHA1

---

[1] 일반적으로 TLS층은 TCP/IP층 위에서 기능한다.
[2] 메시지를 난문으로 변경하는 것
[3] 난문을 메시지로 변경하는 것

TLS_ECDHE_RSA_AES256_SHA256

여기에서 DHE는 키 교환 알고리즘, RSA는 인증 알고리즘, AES128은 암호화 알고리즘, SHA1은 해쉬 알고리즘을 정해둔 것이다. 두 번째 사이퍼 수트의 경우에는 키 교환 알고리즘이 ECDHE라는 타원곡선 방정식에 의한 것으로 바뀌고, 암호화 알고리즘이 AES256으로, 해쉬 알고리즘이 SHA256으로 바뀌었다. 이렇게 어떠한 방식으로 통신할 것인가를 정한 것을 사이퍼 수트라 한다. 본서에서 구현할 사이퍼 수트는 ECDHE-RSA-AES128-GCM-SHA256(0xC0, 0x2F)이다.

TLS 1.3에서 기본적으로 지원하는 사이퍼 수트는 대폭 줄어들었다. 지원하는 사이퍼 수트의 종류가 줄었다는 것은 공격당할 수 있는 표면적이 줄었다는 의미도 된다. TLS 1.3에서 지원하는 사이퍼 수트를 하나 정하고, 만약 1.2 버전만을 지원하는 상대방과 통신할 경우에도 이 사이퍼 수트만을 지원하는 것으로 한다면 TLS 라이브러리를 작성하는 것이 편리할 것이다.

수많은 사이퍼 수트 중, 실제로 안전하다고 여겨지고, 많이 사용되는 것은 몇 개 되지 않는다.

속도와 보안상 다음의 사이퍼 수트를 사용하는 것을 추천한다.[4]

ECDHE-ECDSA-AES128-GCM-SHA256

ECDHE-ECDSA-AES256-GCM-SHA384

ECDHE-ECDSA-AES128-SHA

ECDHE-ECDSA-AES256-SHA

ECDHE-ECDSA-AES128-SHA256

ECDHE-ECDSA-AES256-SHA384

ECDHE-RSA-AES128-GCM-SHA256

ECDHE-RSA-AES256-GCM-SHA384

ECDHE-RSA-AES128-SHA

ECDHE-RSA-AES256-SHA

ECDHE-RSA-AES128-SHA256

---

[4]Ivan Ristic. *Openssl Cookbook*. Feisty Duck, 2015.

```
ECDHE-RSA-AES256-SHA384

DHE-RSA-AES128-GCM-SHA256

DHE-RSA-AES256-GCM-SHA384

DHE-RSA-AES128-SHA

DHE-RSA-AES256-SHA

DHE-RSA-AES128-SHA256

DHE-RSA-AES256-SHA256
```

이외에 최근 Chacha20을 AES 대신 사용하는 경우도 많다.[5] 우리가 구현할 사이퍼 수트가 위의 리스트에 포함돼 있다.

TLS에서는 사용할 사이퍼 수트를 정한 후, 상대방의 신원을 확인하고, 암호화와 복호화를 할 키를 교환한다. 그리고, 이 키를 바탕으로 암호화한 메시지를 서로 교환하며, 이 메시지를 해쉬를 통해서 변조되지 않았음을 확인한다. 자세한 내용은 실제 구현과 함께 차차 설명해 나가겠다.

제 4 절
이 책의 구성

제I편, 암호학의 기초 TLS의 근간을 이루는 암호 알고리즘(키 교환, 인증, 암호화, 해쉬)의 배경 이론을 살펴보고, 수학적 정의와 코드 예제를 통해 이를 확실히 이해한다.

제II편, TLS 1.2의 구조 어떤 절차를 통해 암호화 통신이 이뤄지는지 알아보고, 각 절차에 해당하는 메시지의 구조에 대해 자세히 살펴본다. 이와 함께 각 메시지에서 사용하는 여러 함수와 데이터 구조를 정의한다.

제III편, TLS 1.2의 구현 제II편에서 살펴 본 각 절차에 해당하는 메시지를 생성하거나 분석할 함수를 독립된 멤버 함수로 가지는 TLS 1.2 클래스를 구현한다.

---

[5] 모바일 기기에서 속도면에서 잇점이 있다.

제IV편, TLS 1.2의 테스트 제III편에서 구현한 클래스를 테스트한다. 편리하게 TCP/IP를 이용한 네트워킹을 할 수 있는 클래스를 구현해, 네트워크 상에서도 TLS 1.2 클래스를 테스트해 본다.

제V편, TLS 1.3 TLS 1.2와 다른 점을 중심으로 TLS 1.3에 대해 살펴보고, 이를 TLS 1.2 클래스를 상속받아 구현한다. 그리고, 웹 서버와 클라이언트 사이에서 암호화 통신을 매개하는 미들서버를 구현해 봄으로써 TLS 1.3 클래스를 직접 사용해 본다.

제 5 절
개발환경

필자는 리눅스 기반 Make 개발환경, C++ standard 17 버전을 표준으로 사용한다. 많은 개발환경이 있겠지만, 프로젝트의 유연성과 향후의 확장성, 그리고 인간이 식별할 수 있는 텍스트를 사용하는 명료성이 Makefile 시스템의 장점이다. 비주얼 스튜디오^{visual studio}에서도 Makefile 프로젝트를 임포트할 수 있으므로, 범용성도 갖췄다.

또한 우리가 개발할 라이브러리는 다소 복잡하기 때문에, 테스트가 반드시 필요하다. https://csrc.nist.gov/projects/cryptographic-standards-and-guidelines/example-values에 중간값을 포함한 테스트 벡터가 친절히 나열돼 있어, 이를 많이 이용했다. 테스트 라이브러리는 Catch라는 프리 소프트웨어를 사용했다.

코드 1: catch test

```
1  TEST_CASE("test name") {
2      vector<int> a, b;
3      int c, d;
4      ⋮
5      REQUIRE(equal(a.begin(), a.end(), b.begin()));// assert와 같은 기능
6      REQUIRE(c == d);
7  }
```

위와 같은 단순한 형식으로 구현한 코드가 제대로 기능하는지 살펴볼 수 있다. 여기에서 equal 함수는 algorithm 헤더에 포함된 함수로 a의 일정 범위의 요소가 b의 요소와 동일할 때 참^{true}을 리턴한다. 이 함수는 임의의 반복자^{iterator}에 대해 사용될 수 있으므로, 배열이나 벡터 등에 모두 사용할 수 있다. 이 라이브러리로 만들어진 테스트 실행파일은 실행 시 에러가 발생할 경우에는 콘솔로 메시지를 출력하고, 에러가 없을 경우는 모든 테스트가 통과했음을 알리는 메시지를 출력한다. 이 소프트웨어는 단 하나의 헤더 파일로 이뤄져 있어서, 개발 소스에 아예 포함했다.

본서에서의 테스트는 지면 관계상 모든 가능한 에러를 점검하는 것에 초점을 맞추지 않았다. 클래스의 사용 방법을 예시하는 것에 가장 중점을 뒀고, 이와 더불어 가장 핵심적인 기능을 제대로 수행하는지 확인하도록 했다.

본서에서 나온 모든 소스는 https://www.github.com/zetapark/tls.git에서 다운로드할 수 있고, 이 소스를 활용해 만든 웹사이트인 https://www.zeta2374.com에서 본서에 대한 질문이나 개정 사항 등을 다룰 예정이다.

```
> git clone https://github.com/zetapark/tls
```

또한 에이콘출판사의 도서정보 페이지인 http://www.acornpub.co.kr/book/tls-cryptography에서 동일한 코드를 다운로드할 수 있다.

디버깅을 하는 데 가장 기초적이고 또 중요한 것은 변수값을 프린트해 보는 것이다. 이것을 좀 더 효율적으로 하기 위해 간단한 로그 라이브러리를 작성해 사용했다. 많은 기능을 가진 본격적인 로그 라이브러리들이 있지만, 너무 복잡해지는 것 같아서 단순한 쪽으로 가기로 했다. 프로그램상에 LOG라는 문자가 나온다면 이것은 cout로 대체해서 생각해도 된다.

클래스를 작성할 때 멤버변수를 지역변수와 구분되게 표기하는 것이 좋다. m_변수명으로 하는 경우도 있고 변수명_으로 하는 경우도 있다. 필자는 뒤에 따라오는 _(언더 스코어)를 사용해 일반적인 변수명과 구별이 가능하도록 했다(i.e. time_).

소스의 디렉터리 구조는 다음과 같다.

```
/
├── src: 이 책의 핵심 프로젝트, 각 챕터의 소스
├── tst: catch 테스트, 테스트 케이스 소스
├── util: incltouch, log, command option 라이브러리
├── tcpip: TCP/IP 통신을 위한 tcpip 클래스
└── obj: 오브젝트 파일을 이곳에 생성해 링크
```

본서에서 가장 많이 사용하는 라이브러리는 gmpxx라는 gmp 라이브러리의 C++ 버전이다. 암호학은 매우 큰 정수를 다뤄야 하는데, C, C++로는 이것이 힘들다. gmp 라이브러리는 이 부분을 해결해준다. 암호화 루틴은 대부분 직접 작성했지만, 중복을 피하기 위해 SHA256과 X25519는 nettle 라이브러리를 이용했다. nettle 라이브러리는 빠른 속도로 정평이 나 있으며, GNUTLS도 이 라이브러리를 기반으로 사용한다. 마지막으로 DER을 분석하기 위해 jsoncpp 라이브러리를 사용했다.

그러므로, 따로 설치해야 할 라이브러리는 jsoncpp, gmpxx, nettle 세 가지가 된다.

```
> sudo apt install libjsoncpp-dev nettle-dev libgmpxx4ldbl
```

우분투의 경우 위의 코맨드로 설치할 수 있다. 간혹 약간 패키지 이름이 다른 경우도 있는데, apt search nettle 이런 식으로 찾아보면 패키지 설명이 나오므로, 적절한 패키지를 선택해 인스톨하면 된다. nettle의 경우에 일반적으로 hogweed 라이브러리가 자동으로 설치되지만 수동으로 따로 설치해야 하는 경우도 있다.

소스의 루트 디렉터리에서 make을 실행하면 모든 소스가 빌드된다.

```
> make
```

위 명령으로 여러 개의 실행파일이 현 디렉터리에 생성될 것이다. 각각의 파일에 대해서는 README 파일을 먼저 읽어보기 바란다.

또한 소스의 루트 디렉터리에는 본서에서 사용된 모든 인증서 파일이 있다.

정오표는 에이콘출판사의 도서정보 페이지 http://www.acornpub.co.kr/book/tls-cryptography에서 확인할 수 있다. 이 책과 관련해 질문이 있다면 이 책의 지은이나 에이콘출판사 편집 팀(editor@acornpub.co.kr)으로 문의해주길 바란다.

제1편
암호학의 기초

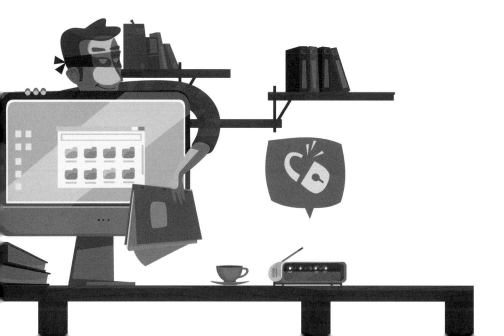

서문에서도 간략히 설명했지만, TLS는 메시지를 보호할 수 있게 상대방과 약속한 통신 규약이다. 그러나, 이러한 프로토콜protocol적인 요소의 기반에는 암호학적인 지식이 자리하고 있다. 어찌보면, 암호학이 내용에 해당하고, 프로토콜적인 요소는 표현형식에 불과하다. 본편에서 설명할 키 교환 알고리즘, 인증, 암호화, 해쉬 등의 내용은 이러한 암호학적인 요소다. 수학적인 내용이 조금 나오기는 하지만, 급하지 않게 천천히 읽어나가면 어렵지 않게 이해할 수 있을 것이다. 이 내용을 이해해야만, 보안이라고 하는 컴퓨터 공학의 한 분야에 제대로 입문한 것이라고 볼 수 있다.

암호학은 그 역사가 로마 제국의 성립 시기까지 올라간다고 한다. 저 유명한 율리우스 카이사르Julius Caesar는 다방면에 천재였는데, 정보통신에서도 선구자적인 일을 했다. 전장에서 전령이 중요한 지휘 사항을 전달할 때, 이것이 적군에게 노출된다면 큰일이다. 그래서 카이사르는 메시지를 암호화할 방법을 고안해 냈다. 단순히 알파벳을 몇 글자씩 밀려서 쓰는 것이었다. We will attack tomorrow morning...을 한 글자씩 밀려 쓴다면 Xf xjmm buubdl upnpsspx npsojoh...와 같이 될 것이다. 물론 이렇게 단순하게 하지는 않았을 것이다.

아마도 여섯 개씩 밀려 쓰고 세 개의 알파벳마다 하나의 쓸모없는 문자를 집어 넣는 식으로 좀더 복잡하게 했을 것이다. 여기서 여섯이라는 밀려 쓴 정도와 셋이라는 쓸모없는 문자의 빈도를 안다면 암호문을 해독할 수 있을 것이다. 그래서 이것을 잠긴 문을 여는 것과 같기 때문에 키key라고 한다. 이러한 방식의 암호화를 쌍방향 암호화라고 한다. 암호화와 복호화할 때의 키 값이 같기 때문이다.

그럼 준비 운동 삼아 키만큼 모든 알파벳을 밀려 쓰는 카이사르 암호문을 구현해 보자.

코드 2: Caesar's cipher 구현

```
1   string caesar_encode(string message, int key) {
2       for(char &c : message) c += key;
3       return message;
4   }
5
6   string caesar_decode(string message, int key) {
7       for(char &c : message) c -= key;
```

```
 8      return message;
 9  }
10
11  int main()
12  {// 카이사르가 사용한 키 값이 3이었다는 설이 있다.
13      string m = "Caesar's cipher test";
14      cout << (m = caesar_encode(m, 3)) << endl;
15      cout << caesar_decode(m, 3) << endl;
16  }
17  // 출력
18  // Fdhvdu*v#flskhu#whvw
19  // Caesar's cipher test
```

현대에 사용되는 암호화/복호화 기술도 기본적으로는 이러한 카이사르 암호화와 같은 맥락이다. 어떠한 키 값을 이용해 쌍방이 암호화와 복호화를 진행한다.

1

키 교환 알고리즘

카이사르 방식의 암호화 방법은 키를 서로간에 미리 교환해둬야만 했다. 아마도 카이사르는 전장에 나가는 장군들에게 암호를 해독할 키를 미리 줬을 것이다. 그러나, 현대의 인터넷과 같은 환경에서는 키를 미리 교환해둔다는 것이 불가능하다. 이에 대한 해결책은 휫필드 디피$^{Whitfield\ Diffie}$와 마틴 헬만$^{Martin\ Hellman}$에 의해서 근래에 와서야 발견됐다.

제 1 절
디피헬만

1.1 수학적 배경

기본적인 개념은 줄제자는 문제를 내기 쉽지만, 문제를 푸는 사람은 풀기가 매우 어려운 수학 문제를 이용하는 것이다. 이러한 것의 예로 소인수분해가 있다. 출제자는 두 개의 소수를 선택해서 곱한 후, 소인수분해를 하라고 하기가 쉽다. 그러나, 문제

---

[6](Wikipedia Contributors. *Whitfield Diffie*. Sept. 2019. URL: https://en.wikipedia.org/wiki/Whitfield_Diffie [visited on 10/24/2019]) (Wikipedia Contributors. *Martin Hellman*. Sept. 2019. URL: https://en.wikipedia.org/wiki/Martin_Hellman [visited on 10/24/2019])

그림 1.1: Diffie(좌) Hellman(우) 알고리즘의 창안자들 [6]

풀이자는 소인수분해를 하려면 상당한 CPU 사이클이 소요된다. 특히 소수가 굉장히 큰 경우에는 거의 무한에 가까운 시간이 소요돼, 암호를 풀기가 거의 불가능하다. 디피헬만 알고리즘은 이러한 점을 이용한 키 교환 알고리즘이다.

A와 B 두 사람이 비밀 통신을 하려고 하고, E라는 사람이 두 사람간의 통신을 도청하고 있다고 하자. A는 B에게 다음과 같은 방식으로 키를 전달한다. 우선 하나의 소수를 선택한다. 이 소수는 A와 B가 공히 사용하므로 공개된다. 이를 g라 하자. 그리고, A와 B는 각각 자신의 비밀키를 소수로 선택한다. 이를 xa, xb라 하자. 각각은 g에 자신의 비밀키 지수승을 계산해 상대방에게 보낸다. 이를 공개키 ya, yb라 하자. 그럼 각각은 상대방의 공개키에 자신의 비밀키를 승수해 동일한 키를 얻을 수 있다.

$$ya^{xb} = (g^{xa})^{xb} = K \tag{1.1}$$

$$yb^{xa} = (g^{xb})^{xa} = K \tag{1.2}$$

위와 같이 동일한 값이 된다. 이로써 키를 교환한 셈이다.

도청자인 E는 g, ya, yb 값만을 알고 있으므로, A와 B가 단순한 지수승 계산을 통해 K 값을 얻은 것과는 달리, 복잡하고 CPU 사이클이 많이 소요되는 이산로그

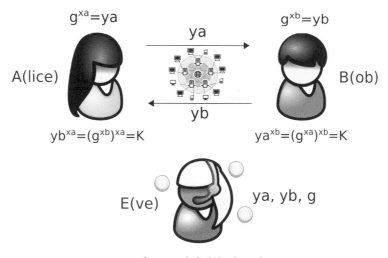

그림 1.2: 디피헬만 키 교환

문제[7]를 풀이해 xa나 xb를 구해야 한다.

1.2 나머지를 이용한 계산의 간소화

매우 큰 수의 지수승을 할 때 나머지를 이용해 구하면 계산이 훨씬 간단하다. 3의 100
승을 23으로 나눈 나머지를 구한다고 하자. 3을 직접 100번 곱하면 나중에는 굉장히
큰 수의 곱을 계산하게 되지만, 이것을 23으로 나눈 나머지를 구한다고 하면 23보다
큰 수가 됐을 때 그 나머지에 지수승을 계산하는 것으로 충분하다.

$$3^{100} \ mod \ 23 = 81^{25} \ mod \ 23 = (23 \times 3 + 12)^{25} \ mod \ 23 = 12^{25} \ mod \ 23 \quad (1.3)$$

$(23 \times 3 + 12)^{25} mod \ 23$이 $12^{25} \ mod \ 23$과 같은 이유는 $(23 \times 3 + 12)(23 \times 3 + 12)(23 \times 3 + 12) \cdots (23 \times 3 + 12)$를 전개해 보면 앞의 12를 25승한 것을 제외한 모든 항이 23
의 배수가 되기 때문이다.

---

[7]$g^{xa} = ya$에서 xa 값을 구해야 한다.

혹은 더 단순하게 다음과 같이 할 수도 있다.

$$3^{100} \ mod \ 23 = 27 \cdot 3^{97} \ mod \ 23 = (23 + 4) \cdot 3^{97} \ mod \ 23 = 4 \cdot 3^{97} \ mod \ 23 \quad (1.4)$$

이것을 코드로 나타내면 다음과 같다.

코드 1.1: powm 함수의 구현

```
1   int powm(int base, int exp, int mod) {
2       int r = 1;
3       for(int i=0; i<exp; i++) {
4           r *= base;
5           r %= mod;
6       }
7       return r;
8   }
```

gmp 라이브러리에는 큰 수를 계산할 수 있는 powm 함수가 있다. 우리는 이를 이용할 것이다.

실제적인 디피헬만의 구현에서도 p라는 수를 나눈 나머지로 ya, yb를 구한다. 마찬가지로 K 값도 p로 나눈 나머지로 정한다.

$$g^{xa} \quad \mod p = ya \tag{1.5}$$

$$g^{xb} \quad \mod p = yb \tag{1.6}$$

$$ya^{xb} \quad \mod p = (g^{xa} \quad \mod p)^{xb} \quad \mod p \tag{1.7}$$

$$(1.3) \Rightarrow \ = (g^{xa})^{xb} \quad \mod p \tag{1.8}$$

$$= K \tag{1.9}$$

$$yb^{xa} \quad \mod p = (g^{xb} \quad \mod p)^{xa} \quad \mod p \tag{1.10}$$

$$(1.3) \Rightarrow \ = (g^{xb})^{xa} \quad \mod p \tag{1.11}$$

$$= K \tag{1.12}$$

p를 선택할 때, p가 g와 나눠 떨어지는 수면 안 된다. ya, yb가 모두 0이 돼버릴 것이다. 수학적으로 더 정확하게는 g는 p의 원시근이어야 한다.

5란 숫자의 원시근은 2와 3이다. 이는 다음과 같이 구한다. 1을 제외한 5 이하의 모든 자연수에서, 계속 곱해 나가면서 5로 나눠 나머지를 구한다. 2의 경우 : 2, 4, 8 →3, 6 →1, 2와 같이 다시 동일한 수로 돌아오면 종료한다. 이 때 그림 1.3의 (a)처럼 2, 4, 3, 1로 5 이하의 모든 수를 거친 경우 이를 원시근이라 한다. 3의 경우도 3, 9 →4, 12 →2, 6 →1, 3으로 3, 4, 2, 1을 모두 거쳤다. 4의 경우는 4, 16 →1, 4로 4, 1 만이 있으므로 원시근이 되지 못한다.

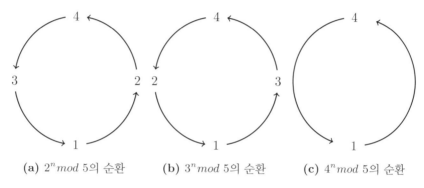

(a) $2^n \bmod 5$의 순환   (b) $3^n \bmod 5$의 순환   (c) $4^n \bmod 5$의 순환

그림 1.3: 5의 원시근을 구하는 나머지의 순환

이와 같이 어떤 수의 지수승을 소수로 나눈 나머지는 순환하게 된다. 그러므로, p 의 원시근으로 g를 정하면, g의 임의의 지수승을 p로 나눈 나머지는 p 이하의 자연수로 고르게 나타난다. 만일 p가 5인데 g를 4로 했다면, 나머지는 1과 4밖에 없다.

코드 1.1의 지수승의 나머지를 구하는 함수와 원시근임을 판명하는 함수 is_primitive 는 거의 비슷하다. 임의의 숫자를 줬을 때 그 숫자의 원시근을 모두 구하는 함수를 직성해보자.

코드 1.2: 원시근을 구하는 함수

```
1  bool is_primitive(int base, int mod)
2  {// mod는 소수이어야 함.
3      int exp = 2;
4      int r = base * base;
```

```
5    for(; r != base; exp++) {
6        r *= base;
7        r %= mod;
8    }// 다시 처음의 숫자로 회귀하면 루프를 탈출한다.
9    return exp == mod;
10 }
11
12 vector<int> primitive_root(int mod) {
13     vector<int> v;
14     for(int base=2; base<mod; base++)
15         if(is_primitive(base, mod)) v.push_back(base);
16     return v;
17 }
```

1.3 디피헬만 키 교환의 예

이제 실제 숫자를 예로 들어 p를 포함한 디피헬만 알고리즘을 예시하겠다. p를 29
로 선택했다고 하자. g는 위에서 구현한 원시근을 구하는 프로그램을 이용해 하나를
정해보자. 19로 하자. 이는 모두 공개된다. A는 xa로 31을 선택하고, B는 xb로 41을
선택했다고 하자. ya는 (1.5) 공식에 따라 값을 구한 뒤, p로 나눈 나머지를 구하면
된다. 15가 된다(1.13). yb도 마찬가지로 3이 된다(1.14). 이 공개키를 상대방에게 보
내고 각자 상대방의 공개키에 자신의 지수승을 해 p로 나눈 나머지를 구한다. 양측이
합의한 암호키의 값은 27이 된다(1.15).

$$19^{31} \ mod \ 29 = 15 \tag{1.13}$$

$$19^{41} \ mod \ 29 = 3 \tag{1.14}$$

$$15^{41} \ mod \ 29 = 3^{31} \ mod \ 29 = 27 \tag{1.15}$$

위와 같은 계산을 하는 것도 실제 웹사이트의 구현에서는 보기 힘들다. 소수를
최소한 16진수로 100자리는 넘는 수를 사용하기 때문이다. 웹서비스에서 단 몇 분의

1초만에 모든 키를 교환해야 하기 때문에, 일반적으로 임의의 p, g를 생성하지 않고, 미리 생성해 둔 값을 이용한다. 원시근을 구하는 과정을 생략하는 셈이다. 그리고, 비밀키만 랜덤하게 생성한다.

1.4 GNU Multiprecision Library

C++에서는 매우 큰 수를 다루기가 어렵다. GNU Multi Precision Library를 이용해보자. gmp++은 이 라이브러리의 C++ 버전이다. 이 라이브러리의 사용법은 매우 간단하고, 우리는 단 몇 개의 함수만을 사용할 것이다. mpz_class는 매우 큰 정수를 다루는 클래스다. mpz_class는 일반 정수형처럼 사칙연산을 할 수 있고, 스트링으로 매우 큰 수도 생성할 수 있다.

mpz_class z{"0x3124fd3231fefeac3122231116764674"}와 같이 스트링으로 매우 큰 수를 생성할 수 있다. 또는 0x32131243fde688dea_mpz처럼 스트링 리터럴$^{string\ literal}$로 숫자를 표현할 수도 있다.

함수의 원형	함수의 기능
mpz_nextprime(r, z)	z 이후에 오는 첫 소수를 r에 저장
mpz_powm(r, m, e, K)	$m^e\ mod\ K$를 구해서 r에 저장
gcd(mpz_class a, mpz_class b)	a와 b의 최대공약수를 구함
lcm(mpz_class a, mpz_class b)	a와 b의 최소공배수를 구함
mpz_invert(d, e, phi)	나머지 역원(modular inverse)을 구함 [8]
get_ui()	mpz_class를 unsigned int형으로 변환
mpz_sizeinbase(z, int base)	z를 base진수로 나타냈을 때의 자릿수 리턴

표 1.1: GNU gmp++ 라이브러리의 주요 함수

앞에 mpz가 붙은 함수는(invert, powm, nextprime, sizeinbase) C 버전밖에 없으므로, C++의 mpz_class에서 C의 mpz 구조체로 바꿔주는 get_mpz_t() 함수를 사용해야

---

[8]e와 곱해서 phi로 나누면 몫이 1이 되는 d를 구한다.

한다.

$$mpz\_invert(d.get\_mpz\_t(), e.get\_mpz\_t(), K.get\_mpz\_t())$$

이런 식으로 호출해야 한다. C++에서 편하게 사용하기 위해 래퍼^{wrapper} 함수를
만들어 두자.

우리는 빅엔디안^{big endian} 형식의 구조를 많이 읽고 쓸 것이다. 그러므로, mpz_class
를 빅엔디안 구조에 읽고 쓰는 함수를 만들어두면 좋을 것이다.

template<class It>mpz_class bnd2mpz(It begin, It end), template<class It>void
mpz2bnd(mpz_class z, It begin, It end)의 두 함수를 만들어 보자. 배열 메모리 구
조 혹은 연속된 저장 형식을 가지는 컨테이너의 경우에 모두 사용하기 위해 반복자
방식의 템플릿으로 구현해보자. 마지막으로 임의의 바이트의 랜덤한 소수를 만드는
함수와 임의의 컨테이너에 담긴 헥스코드를 스트링으로 리턴하는 함수도 추가하자.

코드 1.3: mpz 클래스 utility 함수

```
1   mpz_class nextprime(mpz_class n)
2   {// n보다 큰 최초의 소수를 리턴한다.
3       mpz_class r;
4       mpz_nextprime(r.get_mpz_t(), n.get_mpz_t());
5       return r;
6   }
7   mpz_class powm(mpz_class base, mpz_class exp, mpz_class mod)
8   {// return base^exp%mod
9       mpz_class r;
10      assert(mod);
11      mpz_powm(r.get_mpz_t(), base.get_mpz_t(), exp.get_mpz_t(),mod.get_mpz_t());
12      return r;
13  }
14
15  template<typename It> void mpz2bnd(mpz_class n, It begin, It end)
16  {// mpz to big endian
17      for(It i=end; i!=begin; n /= 0x100)
```

```
18          *--i = mpz_class{n % 0x100}.get_ui();// [begin,end)의
19          // 연속적인 메모리 구조에 빅엔디안 형식으로 n을 써넣는다.
20    }
21    template<typename It> mpz_class bnd2mpz(It begin, It end)
22    {// big endian to mpz
23        std::stringstream ss; ss << "0x";
24        for(It i=begin; i!=end; i++)
25            ss << std::hex << std::setfill('0') << std::setw(2) << +*i;
26            // 빅엔디안 형식의 메모리 구조를 읽어들여 mpz를 리턴한다.
27        return mpz_class{ss.str()};
28    }
29    mpz_class random_prime(unsigned byte)
30    {// byte 길이의 소수를 리턴한다.
31        unsigned char arr[byte];
32        uniform_int_distribution<> di(0, 0xff);
33        // 0~255의 임의의 정수를 균등한 확률로 생성
34        random_device rd;
35        for(int i=0; i<byte; i++) arr[i] = di(rd);
36        auto z = nextprime(bnd2mpz(arr, arr+byte));
37        for(int i=0; i<byte; i++) arr[i] = 0xff;
38        if(z > bnd2mpz(arr, arr+byte)) return random_prime(byte);
39        // 만약 숫자가 byte로 표현 가능한 최대치보다 클 경우
40        else return z;
41    }
42    template<class C> std::string hexprint(const char *p, const C &c)
43    {// 컨테이너 c의 내용을 16진수 스트링으로 리턴
44        std::stringstream ss;
45        ss << p << " : 0x";
46        for(unsigned char a : c)
47            ss << hex << setw(2) << setfill('0') << +a;
48        return ss.str();
49    }
```

위의 함수들은 두고두고 쓰일 것이다. 사용법을 테스트해보자.

코드 1.4: mpz 유틸리티 함수 테스트

```
1   TEST_CASE("mpz") {
2       uint8_t arr[8];
3       mpz_class a{"0x1234567890abcdef"};
4       mpz2bnd(a, arr, arr + 8);
5       mpz_class b = bnd2mpz(arr, arr + 8);
6       REQUIRE(a == b);
7   }
```

1.5 클래스 구현

이제 디피헬만 클래스를 구현해보자. 미리 만들어진 p, g의 소수값은 RFC7919[9]에서 사용한 값을 이용했다. 만약 직접 만들려고 한다면 gcd 함수의 리턴값이 1인지 확인해 서로소인지 확인하면 된다.

코드 1.5: 디피헬만 클래스

```
1   struct DiffieHellman
2   {// 256 byte = 2048 bit
3       mpz_class set_peer_pubkey(mpz_class pub_key) {
4           K = powm(pub_key, x, p);
5           return K;
6       }
7       mpz_class p{"0xFFFFFFFFFFFFFFFFADF85458A2BB4A9AAFDC5620273D3CF1D8B9C583CE\
8       2D3695A9E13641146433FBCC939DCE249B3EF97D2FE363630C75D8F681B202AEC4617AD3D\
9       F1ED5D5FD65612433F51F5F066ED0856365553DED1AF3B557135E7F57C935984F0C70E0E6\
10      8B77E2A689DAF3EFE8721DF158A136ADE73530ACCA4F483A797ABC0AB182B324FB61D108A\
11      94BB2C8E3FBB96ADAB760D7F4681D4F42A3DE394DF4AE56EDE76372BB190B07A7C8EE0A6D\
12      709E02FCE1CDF7E2ECC03404CD28342F619172FE9CE98583FF8E4F1232EEF28183C3FE3B1\
13      B4C6FAD733BB5FCBC2EC22005C58EF1837D1683B2C6F34A26C1B2EFFA886B423861285C97\
14      FFFFFFFFFFFFFFFF"};
```

---

[9]Daniel Gillmor. "Negotiated Finite Field Diffie-Hellman Ephemeral Parameters for Transport Layer Security (TLS)". In: (2016), p. 20.

```
15    mpz_class K, g = 2, x = random_prime(255), y = powm(g, x, p);
16  };
```

p 값이 어마어마하게 크다. 15라인에서 비밀키 x를 랜덤한 255바이트[10]의 숫자로 설정했고, 공개키 y를 계산을 통해 구하고 있다. y를 계산을 통해 구하는 것은 x 값과 p 값이 초기화된 이후에 진행돼야 하므로, 클래스 정의에서 y가 반드시 x, p의 뒤에 나와야 한다는 것을 유의하자.

1.6 테스트

이제 만들어진 클래스를 이용해 키 교환을 해보자. 대부분의 암호화 서적에서 A와 B를 Alice와 Bob으로 칭하고 있다. 그림 1.2를 참고하며 테스트 코드를 살펴보자.

코드 1.6: 디피헬만 키 교환 테스트

```
1  TEST_CASE("diffie hellman") {
2      DiffieHellman Alice, Bob;
3      Alice.set_peer_pubkey(Bob.y);// Bob의 키가 Alice에게 전달됨
4      Bob.set_peer_pubkey(Alice.y);// Alice의 키가 Bob에게 전달됨
5      REQUIRE(Alice.K == Bob.K);
6  }
```

매우 간단하게 Alice와 Bob의 키를 생성했으며, 동일한 키가 얻어지는 것을 확인할 수 있다. 키 값은 매번 랜덤하게 다르게 생성될 것이다.

제 2 절
타원곡선

디피헬만과 더불어 가장 많이 쓰이는 키 교환 방식은 타원곡선 방정식을 이용한 ECDHE(Elliptic Curve Diffie Hellman Ephemeral[11])이다.

---

[10]p보다 큰 숫자가 될 경우를 배제하기 위해

[11]ephemeral이란 일시적이라는 뜻으로 DHE나 ECDHE나 모두 키를 한번의 접속에만 사용하고 버리기에 붙여진 것이다. 도청자가 키를 어떻게 알아냈다고 하더라도, 그것으로 풀 수 있는 메시지는 한번의

타원곡선 방정식은 다음과 같은 곡선을 $y^2 = x^3 + ax + b(4a^3 + 27b^2 \neq 0)$을 정의한다.[12] 위 곡선 위의 임의의 점 P와 Q에 대해 P와 Q를 지나는 직선이 곡선과

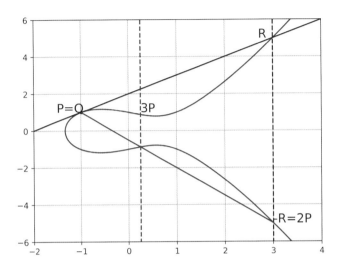

그림 1.4: $y^2 = x^3 - x + 1$ 타원곡선 방정식에서의 $\oplus$ 연산

만나는 점을 R이라 하자. 이 R을 x축에 대해 대칭이동시킨 점을 -R이라 하자. P⊕Q = -R로 정의한다.

만약 P와 Q가 같은 경우에는 접선이 만나는 점을 대칭이동시킨다(P⊕P = 2P). 2P와 P를 이은 직선과 타원곡선이 만나는 점을 대칭이동시키면 3P가 된다.

P와 임의의 자연수 k 값을 알 때 K=kP를 구하는 것은 상대적으로 쉽지만, P와 K점을 주고 k 값을 알아내는 것은 어렵다. 이와 같은 타원곡선의 특징을 이용해, A와 B는 다음과 같은 방식으로 키 교환을 할 수 있다.

A와 B는 임의의 점 P를 공개한다. A는 자신의 비밀키 a를 이용해 $aP = P_a$의 점을 B에게 보낸다. B는 자신의 비밀키 b를 이용해 $bP = P_b$의 점을 A에게 보낸다. A와 B는 각각 $aP_b = abP = K, bP_a = baP = K$를 통해 동일한 K점을 얻는다. 이로써 키 교환이 완료된다. 도청자는 P, P_a, P_b만을 알기에 K를 계산할 수가 없다.

접속에만 해당한다.

[12]실제 타원은 아니지만, 타원곡선의 둘레를 구하기 위한 적분을 연구하다 나왔다는 역사적인 이유로 타원곡선 방정식이라는 이름이 붙었다.

타원곡선은 키 교환뿐만 아니라, 인증에도 이용될 수 있으며 이를 ECDSA(Elliptic Curve Digital Signature Algorithm)이라 한다.

2.1 실수상에서의 타원곡선 방정식

$$y^2 = x^3 + ax + b \tag{1.16}$$

위의 타원곡선 방정식에 대해, 그 위의 두 점 PQ를 지나는 직선을 $y = sx + d$라 하자. $P(x_p, y_p), Q(x_q, y_q)$점이 다를 경우 기울기인 $s = \dfrac{y_2 - y_1}{x_2 - x_1}$이 된다. $P(x_p, y_p), Q(x_q, y_q)$점이 같은 경우는 접선을 구해야 하므로 식 1.16의 양변을 x에 대해 미분한다.

$$2y \frac{\Delta y}{\Delta x} = 3x^2 + a \tag{1.17}$$

$$\therefore s = \frac{\Delta y}{\Delta x} = \frac{3x^2 + a}{2y} \tag{1.18}$$

이제 R점을 구해보자. $y = sx + d$와 식 1.16의 연립방정식을 풀면 된다. 식 1.16의 y에 $sx + d$를 대입하면, 다음과 같이 전개된다.

$$(sx + d)^2 = x^3 + ax + b \tag{1.19}$$

$$s^2 x^2 + 2sdx + d^2 = x^3 + ax + b \tag{1.20}$$

$$x^3 - s^2 x^2 + (a - 2sd)x - d^2 = 0 \tag{1.21}$$

식 1.21은 타원곡선과 직선의 교점인 P, Q, R에서 만나는 해를 가지고 있으므로, 다음과 같이 표현될 수 있다.

$$(x - x_p)(x - x_q)(x - x_r) = 0 \tag{1.22}$$

$$x^3 + (-x_p - x_q - x_r)x^2 + (x_p x_q + x_q x_r + x_r x_p)x - x_p x_q x_r = 0 \tag{1.23}$$

식 1.21과 식 1.23의 이차항을 비교하면 다음과 같다.

$$-s^2 = -x_p - x_q - x_r \tag{1.24}$$

$$x_r = s^2 - x_p - x_q \tag{1.25}$$

x 좌표를 구했으니 이제 y 좌표를 구해보자. $y = sx + d$는 P와 R점을 지나므로,

$$y_p = sx_p + d \tag{1.26}$$

$$y_r = sx_r + d \tag{1.27}$$

위에서 아래를 빼면

$$y_p - y_r = s(x_p - x_r) \tag{1.28}$$

$$-y_r = s(x_p - x_r) - y_p \tag{1.29}$$

우리가 구하려고 하는 것은 $-y_r$이다. 최종적으로 P, Q점으로부터 -R점을 구할 수 있다.

$$s = \frac{y_q - y_p}{x_q - x_p}(if\ P! = Q) \tag{1.30}$$

$$s = \frac{3x_p^2 + a}{2y_p}(if\ P == Q) \tag{1.31}$$

$$x_r = s^2 - x_p - x_q \tag{1.32}$$

$$-y_r = s(x_p - x_r) - y_p \tag{1.33}$$

2.2   유한체에서의 타원곡선 방정식

하나의 집합과 그 집합의 원소간의 연산이 정의되는 것을 필드, 한국말로는 체(體)라고 한다. 유한체$^{\text{Finite Field}}$란 유한개의 원소를 가지고, 그 원소들간의 연산이 정의

돼 있는 집합을 말한다.[13] 연산이 정의되기 위해서는 집합의 원소간의 연산의 결과가 다시 집합의 원소가 돼야 한다. 이를 집합이 연산에 대해 닫혀 있다고 한다. 예를 들어 {0, 1, 2, 3, 4}의 원소를 가진 집합이 있다고 하자. 이 계에서의 ⊕ 연산을 정의해보자. 일반적인 덧셈 연산과 같이 하되 4보다 큰 경우는 5로 나눈 나머지를 그 결과로 하도록 하자. 그럼 모든 ⊕ 연산은 이 계에서 닫혀 있다.

실수상에서의 타원곡선 방정식을 암호학에 응용하기 위해서는 자연수로 그 영역을 바꿔야 한다. 이를 위해 식 1.16을 다음과 같이 변환할 수 있다.

$$y^2 \equiv x^3 + ax + b (mod\ p) \tag{1.34}$$

$y^2 = x^3 + 2x + 2$라는 타원곡선 방정식이 있다고 하자. 식 1.16에서는 x가 5일 때 y 값은 $\sqrt{137}$이 되지만, 식 1.34에서는 나머지를 이용해 계산을 하게 된다.

$$y^2 \equiv x^3 + 2x + 2 (mod\ 17) \tag{1.35}$$

위와 같이 예를 들어 직접 계산해보자. 우항은 137이 되고 이를 17로 나누면 나머지가 1이 된다. 좌항에서 어떤 y 값의 제곱을 해 17로 나눈 나머지가 1이 되면 된다. 그러므로 y 값은 1 혹은 16이 된다. 식 1.35의 유한체의 원소는 17 이하의 정수의 좌표 중 식 1.35를 만족하는 모든 점이 된다.

이를 파이썬의 matplotlib를 이용해 그려보자.

코드 1.7: $y^2 \equiv x^3 + 2x + 2 (mod\ 17)$의 원소를 그리는 파이썬 프로그램

```
1  import matplotlib.pyplot as plt
2  X = []
3  Y = []
4
5  for x in range(17):
6      for y in range(17):
```

---

[13]자세한 수학적인 정의는 (Behrouz A Forouzan. 암호학과 네트워크 보안. Mcgraw-Hill Korea, 2008, p. 106)을 참조하자.

```
7          if (x**3 + 2*x + 2 - y**2) % 17 == 0:
8              X.append(x)
9              Y.append(y)
10
11   plt.grid()
12   plt.scatter(X, Y)
```

7라인이 $y^2 \equiv x^3 + 2x + 2 (mod\ 17)$을 만족하는지를 구하는 내용으로, 이 코드의 핵심이다.

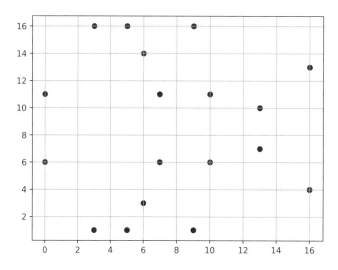

그림 1.5: $y^2 \equiv x^3 + 2x + 2 (mod\ 17)$의 원소들

그림 1.5에서 보듯이 이 점들은 타원곡선 위에 존재하는 것도 아니다. 단지 타원 곡선 방정식에서 유도된 공식을 동일하게 적용할 수 있다는 것에 의미가 있다.

한 가지 유의할 점은 여기에 하나의 점이 더해지게 되는데, y 좌표상으로 무한대에 있는 점을 가상해 이를 포함한다. 이 점은 이 유한체의 ⊕ 연산에 대한 항등원[14]이

---

[14]항등원이란 어떤 연산의 결과가 자기 자신이 되게 하는 원소를 말한다. 곱셈의 경우 1이 항등원이 되고, 덧셈의 경우 0이 항등원이 된다.

된다. 이 점을 O라 하면 다음이 성립한다.[15]

$$P \oplus O = O \oplus P = P \tag{1.36}$$

$$x_p = x_q \implies P \oplus Q = O \tag{1.37}$$

$$y_r = 0 \implies R \oplus R = O \tag{1.38}$$

식 1.37과 식 1.38은 그림 1.6에서 직관적으로 이해할 수 있을 것이다.

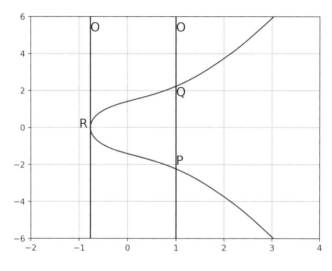

그림 1.6: 항등원 O와의 연산

그림 1.6에서 P점과 O점을 ⊕ 연산하면, 교점이 Q가 되고, 이를 x축에 대해 대칭 이동하면 P점이 된다. 이로써, 식 1.36도 이해할 수 있다.

이제 한 점과 자연수와의 ⊗ 연산인 k ⊗ P를 k번의 $P \oplus P \oplus \cdots \oplus P$로 정의하면, 우리는 타원곡선 방정식에서 착안해, 유한체의 타원곡선 방정식의 원소와 $\oplus, \otimes$ 연산을 모두 정의한 셈이 된다.[16]

---

[15] Joseph H Silverman. "An introduction to the theory of elliptic curves". In: *Brown University. June* 19 (2006), p. 20.

[16] 군 이론상, 이러한 유한체의 원소와 연산의 정의는 자의적이어서, 군의 원소와 연산 규칙들이 일관적이기만 하다면 마음대로 정의할 수 있다는 것을 알아두자.

P와 Q점으로부터 P⊕Q점을 구하는 것도 실수상의 타원곡선 방정식에서 유도한 것과 동일한 공식을 이용한다. 단, 기울기인 s를 구하는 경우 나누기를 나머지 역원$^{\text{modular inverse}}$을 곱하는 것으로 대체해, 결과값도 정수가 되게 한다. 역원이란 연산의 결과가 항등원이 되게 하는 것을 말한다. 곱셈의 경우 n이라는 원소의 역원은 $\frac{1}{n}$이 되고, 덧셈의 경우는 n이라는 원소의 역원은 -n이 된다. 나머지 연산의 항등원은 1이다. 어떤 수 n의 나머지 역원은 $n \times i \equiv 1(mod\ p)$가 되게 하는 i가 된다. 수식으로 써 놓으니 좀 복잡한데, 직접 p 값이 17일 때, 2의 역원을 구해보자. $2 \times 9 = 18$이고, 18을 17로 나눈 나머지는 항등원인 1이 되므로 9가 역원이 된다.

식 1.35에서 P(5, 1)의 두 배인 2P를 구해보자. 식 1.31에 따라 전개하자.

$$s = (3 \times 5^2 + 2) \times (2 \times 1)^{-1} = 77 \times 9 = 693 \tag{1.39}$$

$$\therefore s = 693\ mod\ 17 = 13 \tag{1.40}$$

$$x_r = 13^2 - 5 - 5 = 159 \tag{1.41}$$

$$\therefore x_r = 159\ mod\ 17 = 6 \tag{1.42}$$

$$-y_r = 13(5 - 6) - 1 = -14 \tag{1.43}$$

$$\therefore -y_r = -14\ mod\ 17 = 3 \tag{1.44}$$

위의 계산에 의하면 2P는 (6, 3)이 된다. 같은 방식으로 P(5, 1)을 계속 더해보자. P, 2P, 3P, … 는 표 1.2와 같이 나온다.

k	1	2	3	4	5	6	7	8	9	10
kP	(5,1)	(6,3)	(10,6)	(3,1)	(9,16)	(16,13)	(0,6)	(13,7)	(7,6)	(7,11)
k	11	12	13	14	15	16	17	18	19	20
kP	(13,10)	(0,11)	(16,4)	(9,1)	(3,16)	(10,11)	(6,14)	(5,16)	O	(5,1)

표 1.2: kP(5,1)의 값

그림 1.5에서 본 모든 점이 나오고 있음을 알 수 있다. 또한, 18P인 (5, 16)에 다시 P(5, 1)을 더하면 x 값이 같기 때문에 항등원이 나오고, 항등원에 다시 P를 더하면

P점으로 되돌아 온다. 이로써 우리는 kP가 유한체의 원소를 계속 순환한다는 것을 알 수 있다.[17] 암호학에서 이 최초의 점인 P를 Generator Point라고 하고, 일반적으로 G로 표기한다. 다시 순환할 때까지의 k 값을 차수[order]라고 한다.[18] 일반적으로 n으로 표기한다. 19P = O이므로 차수는 19가 되고, 원소의 개수와 정확히 일치한다. 방정식이나 G점에 따라 차수가 원소의 개수와 일치하거나 혹은 원소 개수의 절반 정도인 경우도 나올 수 있다. 당연히 차수가 높은 경우가 암호학적으로 유리하다. 이 유한체를 이루는 모든 원소의 개수를 차수로 나눈 것을 Cofactor라고 한다. 우리의 경우는 19 ÷ 19 = 1이다. h로 일반적으로 표기한다.

지금까지 예로 살펴본 타원곡선 방정식 $y^2 \equiv x^3 + 2x + 2(mod\ 17)$은 a = 2, b = 2, p = 17, G = (5, 1), n = 19, h = 1로 정의될 수 있다.[19]

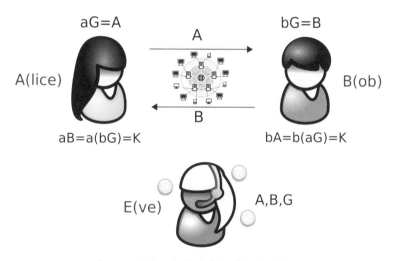

그림 1.7: 타원곡선 방정식을 이용한 키의 교환

이제 키를 교환하는 것을 직접 시연해보자. 우선 Alice가 자신의 비밀키 값을 3으로 했고, Bob은 비밀키를 7로 했다고 하자. 둘은 각각 비밀키 × G를 계산해 (10, 6)

---

[17]모든 타원곡선에서 유한체의 원소는 유한하고, 연산이 이 집합에 대해 닫혀있기 때문에, 언젠가는 반드시 연산의 결과가 다시 순환한다.

[18]Silverman, "An introduction to the theory of elliptic curves", op. cit., pp. 27,29.

[19]Robert Pierce. *YouTube*. 2019. URL: https://www.youtube.com/watch?v=F3zzNa42-tQ (visited on 10/23/2019).

과 $(0,6)$을 상대방에게 보낸다. Alice와 Bob은 각각 자신의 비밀키를 상대방으로부터 받은 점과 곱해 최종적으로 쌍방이 합의한 키를 얻는다.

$$3 \otimes G = (10, 6) \tag{1.45}$$

$$7 \otimes G = (0, 6) \tag{1.46}$$

$$(10, 6) \otimes 7 = (0, 6) \otimes 3 = (6, 3) \tag{1.47}$$

이는 $(6, 3)$이 된다. 뒤에 나오는 코드 1.12에 손으로 계산하지 않고 타원곡선 방정식 클래스를 이용해 이를 계산하는 것을 구현해 놓았다.

우리가 만든 타원 방정식은 차수가 19밖에 되지 않기 때문에, kG = (10, 6) 점을 줬을 때 k 값이 3이라는 것을 알 수 있지만, 실제 암호학에서 쓰이는 타원 방정식에서는 이것이 거의 불가능하다. 타원곡선 방정식을 잘 정의하는 것은 많은 계산과 전문적인 지식이 요구되는 분야이며, 활용도가 높은 타원곡선 파라미터를 발견하면 이를 특허로 내기도 한다.

가장 많이 사용되는 타원곡선 방정식 중 하나인 secp256k1의 파라미터를 살펴보면 다음과 같다.[20]

```
p = FFFFFFFF FFFFFFFF FFFFFFFF FFFFFFFF FFFFFFFF FFFFFFFF FFFFFFFE FFFFFC2F
a = 0
b = 7
G = (79BE667E F9DCBBAC 55A06295 CE870B07 029BFCDB 2DCE28D9 59F2815B 16F81798,
     483ADA77 26A3C465 5DA4FBFC 0E1108A8 FD17B448 A6855419 9C47D08F FB10D4B8)
n = FFFFFFFF FFFFFFFF FFFFFFFF FFFFFFFE BAAEDCE6 AF48A03B BFD25E8C D0364141
h = 1
```

차수가 굉장히 크기 때문에, 차수가 19인 우리의 타원곡선 방정식에서 했듯이, 모든 원소를 그려볼 수 없다. 임의의 점을 줬을 때, 베이스 포인트 G의 몇 배인지를 알

---

[20]S Blake-Wilson and M Qu. "Standards for efficient cryptography (sec) 2: Recommended elliptic curve domain parameters". In: *Certicom Research, Oct* (1999), p. 15.

수도 없다.

2.3 클래스 구현

연산자를 재정의해 포인트간의 연산을 일반 수식의 연산처럼 간단하게 표현할 수 있도록 구현했다. 또, 타원곡선 방정식을 정의하는 클래스와 유한체 상의 포인트를 구현하는 클래스를 나눠서 설계했다.

C++에서는 클래스간의 연산자를 정의할 수 있다. 이는 코드를 매우 직관적으로 만들어 주므로, 최대한 활용하는 것이 좋다. 연산자는 이항연산자와 단항연산자로 나뉜다. 이항연산자는 +, ×처럼 두 항의 원소가 결합(2 + 3 = 5)해 결과를 내는 것이고, 단항연산자는 하나의 원소만을 대상으로 하는 연산이다. !이나 ~ 혹은 +, -도 단항연산자로 쓰일 수 있다(i.e. -2).

코드 1.8: 연산자 재정의

```
1   struct B {
2       int b;
3   };
4   struct A {
5       int operator-(const B &b) {
6           return a - b.b;
7       }
8       int operator-() {
9           return -a;
10      }
11      int a;
12  };
13
14  int main() {
15      A a; B b;
16      a.a = 3; b.b = 1;
17      cout << a - b << endl;// 2
18      cout << -a << endl;// -3
19      cout << b - a << endl;// 컴파일 에러
```

```
20    }
```

위의 예제 코드를 보자. 구조체 A는 두 개의 연산자 재정의 함수를 가지고 있다. 위의 내용은 이항연산자를 정의한 것이고 아래의 내용은 단항연산자를 정의한 것이다. 이항연산자를 구조체 A의 멤버 함수로 정의할 경우, A - B만을 계산하는 함수를 정의한 것이 된다. B - A도 정의하기 위해서는 구조체 B에 연산자를 정의하던가 외부 함수로 만들어줘야 한다.

이상과 같은 연산자 재정의에 대한 지식을 가지고, 타원곡선 클래스의 헤더 파일을 살펴보자.

코드 1.9: 타원곡선 방정식의 헤더 파일

```
1    class EC_Field
2    {// y² = x³ + ax + b  mod mod
3    public:
4        EC_Field(mpz_class a, mpz_class b, mpz_class mod);
5    protected:
6        mpz_class a, b, mod;
7        mpz_class mod_inv(const mpz_class& r) const;
8    };
9
10   struct EC_Point : EC_Field
11   {// EC_Field 상의 한 좌표
12   public:
13       EC_Point(mpz_class x, mpz_class y, const EC_Field &f);
14       mpz_class x, y;
15       EC_Point operator+(const EC_Point &r) const;// 두 좌표의 합
16       EC_Point operator*(mpz_class r) const;// Pk만 해당
17       bool operator==(const EC_Point &r) const;
18   };
19   std::ostream& operator<<(std::ostream &is, const EC_Point &r);
20   EC_Point operator*(const mpz_class &l, const EC_Point &r);// kP만 해당
```

EC_Field 클래스는 a, b, mod 값으로 타원곡선 유한체를 표현할 수 있다. EC_Point

클래스는 생성할 때 좌표와 타원곡선을 지정할 수 있다. 좌표를 간편하게 출력하기 위해 operator≪ 함수를 구현했고, 마지막 줄의 operator* 함수는 kP를 구하기 위한 것으로 EC_Point 클래스의 멤버 함수인 operator* 함수를 부른다.[21]

코드 1.10: 타원곡선 방정식의 구현

```
1   EC_Field::EC_Field(mpz_class a, mpz_class b, mpz_class mod)
2   {// y^2 = x^3 + ax^2 + b
3       this->a = a;
4       this->b = b;
5       this->mod = mod;
6   }
7   mpz_class EC_Field::mod_inv(const mpz_class &z) const
8   {// 나머지 역원을 구함
9       mpz_class r;
10      mpz_invert(r.get_mpz_t(), z.get_mpz_t(), mod.get_mpz_t());
11      return r;
12  }
13
14  EC_Point::EC_Point(mpz_class x, mpz_class y, const EC_Field &f) : EC_Field{f}
15  {
16      if(y != mod) assert((y*y - (x*x*x + a*x + b)) % mod == 0);
17      // 좌표가 유한체의 원소인지 확인한다.
18      this->x = x;
19      this->y = y;
20  }
21  bool EC_Point::operator==(const EC_Point &r) const{
22      assert(a == r.a && b == r.b && mod == r.mod);
23      return x == r.x && y == r.y;
24  }
25  EC_Point EC_Point::operator+(const EC_Point &r) const
26  {// y 값이 mod와 같은 것을 0(항등원, 무한)으로 삼음
```

---

[21]멤버 함수가 $P \otimes k$인 경우만 해당하기 때문에, $k \otimes P$는 외부 함수로 따로 구현해야 한다.

```
27      if(r.y == mod) return *this;// P + O = P
28      if(y == mod) return r;// O + P = P
29      mpz_class s;// slope
30      if(r == *this) {// P == Q인 경우
31          if(y == 0) return {x, mod, *this};// 항등원 리턴
32          s = (3 * x * x + a) * mod_inv(2 * y) % mod;
33          // 나누기 대신 나머지 역원을 곱하는 것에 주의
34      } else {// P != Q인 경우
35          if(x == r.x) return {x, mod, *this};// 항등원 리턴
36          s = (r.y - y) * mod_inv(r.x - x) % mod;
37      }
38      mpz_class x3 = (s * s - x - r.x) % mod;
39      mpz_class y3 = (s * (x - x3) - y) % mod;
40      return {x3 < 0 ? x3 + mod : x3, y3 < 0 ? y3 + mod : y3, *this};
41  }
42  EC_Point EC_Point::operator*(mpz_class r) const
43  {// P * k
44      vector<bool> bits;// r을 bit 단위로 저장
45      for(; r > 0; r /= 2) v.push_back(r % 2 == 1);
46      EC_Point X = *this, R{0, mod, *this};
47      for(auto a : bits) {
48          if(a) R = R + X;
49          X = X + X;// X, 2X, 4X
50      }
51      return R;
52  }
53  EC_Point operator*(const mpz_class &l, const EC_Point &r) {
54      return r * l;
55  }
```

타원곡선 방정식의 구현에서 눈여겨 봐야 할 것은 y 좌표 값이 mod와 같은 것을
O(무한)으로 삼았다는 점이다.

operator+ 함수는 앞 절에서 배운 수학적인 부분을 그대로 옮겨 놓은 것에 불과하

다. 마지막 리턴에서 gmp 라이브러리의 나머지 연산이 음수가 나올 수 있기 때문에, 한번 더 처리했다.

operator* 함수는 임의의 숫자 r을 이진수로 변형해 더하는 부분이다. X = X + X 부분은 X 값을 X, 2X, 4X, 8X로 계속 증가시킨다. 11X를 구한다고 하면, 이진수 1011로 변형해 X 값이 첫 번째 X일 때와 두 번째 2X일 때, 네 번째 8X일 때를 더한다. $O(\log n)$으로 연산 시간을 줄여준다.

2.4 테스트

앞에서 파라미터를 살펴봤던 secp256k1 타원곡선 방정식을 이용해 타원곡선 클래스를 테스트해보자. 테스트 벡터[22]는 배열로 첫 번째는 kG의 k 값, 두 번째 세 번째는 결과 좌표의 x, y 값이다. 이것이 계속해서 반복된다.

코드 1.11: 타원곡선 클래스 테스트

```
1   TEST_CASE("secp256k1") {
2   mpz_class test_vector[] = {
3       1,// 1, (1G).x, (1G).y
4       0x79BE667EF9DCBBAC55A06295CE870B07029BFCDB2DCE28D959F2815B16F81798_mpz,
5       0x483ADA7726A3C4655DA4FBFC0E1108A8FD17B448A68554199C47D08FFB10D4B8_mpz,
6       2,// 2, (2G).x, (2G).y
7       0xC6047F9441ED7D6D3045406E95C07CD85C778E4B8CEF3CA7ABAC09B95C709EE5_mpz,
8       0x1AE168FEA63DC339A3C58419466CEAEEF7F632653266D0E1236431A950CFE52A_mpz,
9       3,// 3, (3G).x, (3G).y
10      0xF9308A019258C31049344F85F89D5229B531C845836F99B08601F113BCE036F9_mpz,
11      0x388F7B0F632DE8140FE337E62A37F3566500A99934C2231B6CB9FD7584B8E672_mpz,
12      ⋮
13      115792089237316195423570985008687907852837564279074904382605163141518\
14      161494336_mpz,
15      0x79BE667EF9DCBBAC55A06295CE870B07029BFCDB2DCE28D959F2815B16F81798_mpz,
16      0xB7C52588D95C3B9AA25B0403F1EEF75702E84BB7597AABE663B82F6F04EF2777_mpz
```

---

[22]Chuck Batson. *Secp256k1 test vectors*. 2011. URL: https://ipfs-sec.stackexchange.cloudflare-ipfs.com/crypto/A/question/784.html (visited on 10/28/2019).

```
17  };
18
19  EC_Field secp256k1{0, 7,
20      0xFFFFFFFFFFFFFFFFFFFFFFFFFFFFFFFFFFFFFFFFFFFFFFFFFFFFFFFEFFFFFC2F_mpz};
21  EC_Point G{
22      0x79BE667EF9DCBBAC55A06295CE870B07029BFCDB2DCE28D959F2815B16F81798_mpz,
23      0x483ADA7726A3C4655DA4FBFC0E1108A8FD17B448A68554199C47D08FFB10D4B8_mpz,
24      secp256k1};
25  for(int i=0; i<sizeof(secp)/sizeof(mpz_class); i+=3) {
26      auto P = test_vector[i] * G;
27      REQUIRE(P.x == test_vector[i+1]);
28      REQUIRE(P.y == test_vector[i+2]);
29  }
```

위의 테스트 벡터는 약 40개 좌표의 곱을 테스트한다. 우리가 만든 클래스가 임의의 타원곡선에 대해 연산을 잘 해내고 있음을 확인할 수 있다.

코드 1.12: $y^2 \equiv x^3 + 2x + 2 (mod\ 17)$, G(5,1)의 kG와 키 교환

```
1   int main() {
2       EC_Field f{2, 2, 17};
3       EC_Point p{5, 1, f};
4       for(int i=1; i<=20; i++) cout << i * p;
5       auto xA = p * 3;
6       auto xB = p * 7;
7       auto KA = xB * 3;
8       auto KB = xA * 7;
9       assert(KA == KB)
10      cout << endl << xA << xB << KA << endl;
11  }// 출력  (5, 1)(6, 3)(10, 6)(3, 1)(9, 16)(16, 13)(0, 6)(13, 7)(7, 6)(7, 11)
        (13, 10)(0, 11)(16, 4)(9, 1)(3, 16)(10, 11)(6, 14)(5, 16)(10, 17)(5, 1)
12  // (10, 6)(0, 6)(6, 3)
13  // (10, 17)은 0(무한)이다.
```

2.5 X25519 커브

타원곡선을 이용한 암호는 매우 효율적이다. 디피헬만이나 RSA에 비해 키의 크기가 현저히 줄어들기 때문에[23]. 연산 속도가 매우 빠르다. 그러나, 타원곡선은 아직도 연구되고 있는 분야고, 어떤 새로운 접근법이 나올지 모르는 분야다. 그렇기에 이 타원곡선을 이용한 암호를 의심의 눈초리로 바라보는 시선이 있다. 심지어는 미국 NSA에서 특정 타원곡선에 어떠한 백도어를 심어뒀다고 하는 소문도 있다. 타원곡선의 a, b, mod, G, n, h 등의 각 인자값들은 전문가 그룹이 연구해 정하는 것이기에 이런 것이 가능하다. 또, 어떤 타원곡선은 특허로 보호되고 있기 때문에 오픈 소스에서는 사용이 어려운 경우가 있다.

이런 상황에서 X25519 커브^{curve}가 나왔다. 이 커브는 오픈돼 있어서 특허 분쟁의 염려가 없고, y 좌표를 빼고 x 좌표만으로 연산이 가능하며, 백도어도 없다고 한다. 이런 이유로 최근에 가장 많이 쓰이는 타원곡선이 됐다.

X25519 커브는 다음과 같이 정의된다. G는 9이다.

$$y^2 \equiv x^3 + 486662x^2 + x(mod2^{255} - 19) \tag{1.48}$$

방정식을 보면 알겠지만, X25519는 표준적인 타원곡선 방정식이 아니기 때문에 우리가 만든 클래스를 사용할 수 없다.

nettle 라이브러리는 두 개의 curve25519 함수를 정의하고 있다. 아래에서 포인터는 모두 32바이트의 빅엔디안 형식의 숫자를 가리키고 있다.

```
curve25519_mul_g(uint8_t *q, uint8_t *n)
curve25519_mul(uint8_t *q, uint8_t *n, uint8_t *p)
```

curve25519_mul_g 함수(Q = NG)는 제너레이터 포인트인 G에 n이 가리키는 숫자를 곱해서 q에 저장한다. curve25519_mul 함수(Q = NP)는 포인트 P의 x 좌표인 32바이트의 숫자를 가리키는 p와 n을 곱해서 q에 저장한다.

---

[23]타원 곡선에서의 160비트 키 크기가 RSA에서의 1024비트 크기가 제공하는 안전성과 동일하다(Forouzan, 암호학과 네트워크 보안, op. cit.)

인증

RSA

디피헬만 방식으로 중간에 낀 도청자에 대해 완벽히 대비를 했다고 할지라도, 처음부터 도청자가 우리가 통신해야 할 상대방 행세를 하며 암호키 값을 교환한다면 디피헬만 방식만으로는 이를 대비할 수 없다. 그래서 상대방이 우리가 원하는 상대가 맞는지 인증할 수단이 필요해진다.

여기서 단방향 암호화 기술을 사용한다. 이미 쌍방향 암호화에 대해서는 언급했다. 암호화와 복호화할 때의 키 값이 같은 경우다. 단방향 암호화는 암호화와 복호화할 때의 키 값이 다르다. 그렇기 때문에 어떠한 메시지를 A라는 사람의 암호화 키로 암호화하면 오직 A의 복호화 키로만 풀 수 있다. 이것을 응용하면 상대방을 인증할 수 있다.

1.1   수학적 증명

구체적으로 단방향 암호화의 대표적인 예인 RSA에 대해 알아보자. 우선 두 소수를 임의로 정한다. 이를 p, q라 하자. 이 둘을 곱한 것을 K라 하자. 그리고, (p - 1)과

(q - 1)의 최소공배수를 ϕ라 하자. 여기에서 암호화 키인 e를 ϕ와 서로소[24]인 임의의 소수로 정한다. 복호화 키인 d를

$$d \times e \ mod \ \phi = 1 \tag{2.1}$$

이 되도록 d를 정한다.[25] 이렇게 하면 메시지 m을 암호화할 때 $c = m^e \ mod \ K$로 계산해 암호화된 c를 구한다. 이를 복호화할 때는 $c^d \ mod \ K = m$이 됨을 이용한다.

이에 대한 증명은 다음과 같다. 이미 식 (1.3)에서 $(m^e \ mod \ K)^d \ mod \ K$는 $(m^e)^d \ mod \ K$와 같음을 봤다.

$$c^d \ mod \ K = (m^e \ mod \ K)^d \ mod \ K \tag{2.2}$$

$$(1.3) \Rightarrow (m^e \ mod \ K)^d \ mod \ K = m^{ed} \ mod \ K \tag{2.3}$$

$$(2.1) \Rightarrow ed = k\phi + 1 \tag{2.4}$$

$$m^{k\phi+1} \ mod \ K = m \cdot m^{k\phi} \ mod \ K \tag{2.5}$$

$$(1.3) \Rightarrow m \cdot m^{k\phi} \ mod \ K = m \cdot (m^\phi \ mod \ K)^k \ mod \ K \tag{2.6}$$

$$\because m^\phi \ mod \ K = 1 \Rightarrow m \cdot (1)^k \ mod \ K = m \tag{2.7}$$

$m^\phi \ mod \ K = 1$이 된다는 것은 오일러의 정리이다.

1.2   오일러의 정리 $m^\phi \ mod \ K = 1$의 증명

이 부분은 순전히 수학적인 부분이므로, 수학적인 증명에 관심이 없는 사람은 넘어가도 좋다.

---

[24]서로 공약수가 없음을 의미한다. 예를 들어 14와 9는 서로소인데, 14 = 2 × 7, 9 = 3 × 3으로 소인수분해할 수 있다. 소인수분해 한 것간에 공약수가 없다. 24와 9는 서로소가 아닌데, 24 = 2 × 2 × 2 × 3, 9 = 3 × 3으로 3이 공약수로 존재한다. 여기서 e는 소수이므로, ϕ를 나눠 떨어지는지만 검사하면 서로소임을 확인할 수 있다.

[25]이를 modular inverse 즉, 나머지 역함수라고 한다. gmp 라이브러리에 이것을 구하는 함수가 있다. mpz_invert(d.get_mpz_t(), e.get_mpz_t(), phi.get_mpz_t());

$\phi(n)$을 n 이하의 수 중에서 n과 서로소가 되는 수의 개수라고 하자. p, q가 소수이면 pq 이하의 수 중 p, 2p, 3p, 4p, $\cdots$ (q-1)p와 q, 2q, 3q, 4q, $\cdots$ (p-1)q를 제외한 모든 수가 pq와 서로소가 된다. 그러므로 $\phi(pq)$는 pq - 1 - (p - 1) - (q - 1)이다. 이를 정리하면 (p - 1)(q - 1)이 된다.

이제 이 서로소가 되는 수의 집합을 $X = \{x_1, x_2, x_3, \cdots x_\phi\}$라 하자. 이 집합의 각 원소에 pq와 서로소인 수 m을 곱하자. $mX = \{mx_1, mx_2, mx_3, \cdots mx_\phi\}$이 된다. 이 mX의 모든 원소를 K(= pq)로 나눈 나머지의 집합은 X와 동일하게 된다. 이는 다음과 같은 두 가지 사실에서 증명된다.

1. mX mod K의 원소는 모두 다르다.
2. mX의 원소는 모두 K와 서로소다.

1.의 증명: 만약 $mx_i \equiv mx_j (mod\ K)^{26}$, $1 \leq i, j \leq \phi$인 서로 다른 정수 i, j가 존재한다면 $m(x_i - x_j) = kK$가 된다. m과 K는 서로소이기 때문에 $(x_i - x_j)$가 K의 배수가 된다. 그런데, 이는 $x_i, x_j \leq K$이므로 모순이 된다.

2.의 증명: 이 집합의 원소는 모두 K와 서로소가 된다. 왜냐하면, m도 K와 서로소이고 x_i도 K와 서로소이기 때문이다.

이로써 $X \equiv mX(mod\ K)$가 증명됐다. 그러므로, 다음과 같이 전개할 수 있다.

$$x_1 x_2 x_3 x_4 \cdots x_\phi \equiv m x_1 m x_2 m x_3 \cdots m x_\phi (mod\ K) \tag{2.8}$$

$$x_1 x_2 x_3 x_4 \cdots x_\phi \equiv m^\phi x_1 x_2 x_3 x_4 \cdots x_\phi (mod\ K) \tag{2.9}$$

$$1 \equiv m^\phi (mod\ K) \tag{2.10}$$

$$\therefore m^\phi\ mod\ K = 1 \tag{2.11}$$

---

[26] $a \equiv b(mod\ c)$는 a와 b를 c로 나눈 나머지가 같다는 것을 의미한다.

1.3 RSA를 이용한 암호화/복호화의 예

이제 실제 예를 들어보도록 하자. 우선 두 소수 p, q를 11과 13으로 정하자. 그럼 K = 143. 10과 12의 최소공배수인 ϕ는 60이 될 것이다. ϕ와 서로소인 e를 17로 정하자. 그럼 d는 53으로 정할 수 있다. $d \times e = 901, 901\ mod\ \phi = 1$이 됨을 확인할 수 있다. m을 6이라 하자. 그럼 $6^{17}\ mod\ 143 = 41$이 된다. 이를 복호화하면 $41^{53}\ mod\ 143 = 6$이 된다.

1.4 RSA를 이용한 인증

RSA에서 일반적으로 암호화 키(e)를 공개하고, 복호화 키(d)를 비밀로 한다. 그리고 K를 공개한다. e와 K가 공개키가 된다. RSA에서 상대방은 공개된 나의 공개키(e, K)로 메시지를 암호화해서 나에게 보낸다. 중간에 메시지가 노출된다고 하더라도, 복호화 키는 나만 알고 있기 때문에 오직 나만 이 메시지를 해독할 수 있다.

그런데 사실 암호화 키와 복호화 키는 바꿔 써도 아무 상관이 없다. $m^{ed}\ mod\ K = m^{de}\ mod\ K$이기 때문이다. e로 암호화를 하면 d로 복호화를 할 수 있고, d로 암호화를 하면 e로 복호화를 할 수 있다. 특정한 메시지를 나의 비밀 복호화 키로 암호화를 해서 상대방에게 보내면 상대방은 나의 암호화 키로 이 메시지를 해독할 수 있다. 이렇게 메시지를 해독할 수 있다는 사실은 이 메시지가 나만이 알고 있는 복호화 키로 암호화를 했다는 것을 의미하고 나라는 신원을 인증하는 수단이 된다. 그런 의미에서 나의 비밀 복호화 키로 암호화를 하는 것을 서명한다고 한다. 그렇기에 RSA는 암호화 알고리즘이며 동시에 인증 알고리즘이 될 수 있다.[27]

그런데, 여기에 하나의 난점이 있다. 상대방의 서명값을 해독해 상대방의 정보와 일치하는 바이트열을 얻었다고 하더라도, 상대방이 정말 신뢰할 수 있는 주체임은 확신할 수 없다. 상대방이 자처하는 존재임을 자가인증하는 것이어서, 신뢰성에 문제

---

[27]또한, 교환할 쌍방향 키 값을 복호화 키인 d로 암호화해서 상대방에게 보내면, 비록 디피헬만 알고리즘보다 불안전하기는 하나, 매우 간편한 키 교환 알고리즘으로도 사용할 수 있다. 그렇다면 키 값을 암호화 해서 보낼 것이 아니라, 그냥 평문 전체를 암호화해서 보내면 될 것이 아니겠느냐는 생각도 해볼 수 있다. 그러나, 그렇게 하는 것은 연산시간이 많이 소요돼 비효율적이므로, 키 값을 보내고, 그 키 값을 바탕으로 연산시간이 짧은 블록 암호화 알고리즘을 사용하는 것이다.

가 있기 때문이다. 그러므로, 누구나 알고 있고 신용할 수 있는 곳에서 이 상대방을 보장해 주는 것이 필요하다. 이 기관이 인증서 발행기관이 되고, 자신의 비밀키로 인증할 존재의 정보에 대해 서명한다. 신원을 증명하길 바라는 웹사이트나 개인은 인증기관에게 자신의 공개키 값과 몇 가지 정보를 대상으로 서명해주기를 요청한다. 인증서 발행기관에서는 이 웹사이트의 공개키와 몇몇 정보를 묶어서 해쉬한 후 이 바이트열에 대해 서명한다. 웹사이트의 공개키와 다른 정보, 인증기관의 서명 등을 특정한 형식으로 표현한 것을 인증서라고 한다. 신원을 확인하기를 바라는 사람은 이 인증서의 서명을 인증기관의 공개키로 풀어서 이 인증서가 인증기관이 보증하는 것인지를 알 수 있게 된다.

만약 이 인증서 발행기관도 신용할 수 없을 경우에는, 이 신용기관의 인증서를 보증하는 더 높은 단계의 신용기관을 거슬러 계속 위로 올라가다 보면 내가 믿을 수 있는 신용기관을 만나게 된다. 이러한 인증서의 연쇄를 Certificate chain이라고 한다. 일반적으로 웹 브라우저는 자체적으로 몇 개의 자신이 신용하는 기관의 인증서를 가지고 있다. 웹 브라우저는 웹사이트에서 보낸 Certificate chain에서 자신이 신용하는 기관을 만날 때까지 그 인증서들을 찾아 올라가게 된다.

간략한 예를 들어 설명해보겠다. site.com이라는 웹사이트가 인증서 발행기관으로 부터 서명을 받는다고 하자. 이 사이트는 몇 가지 정보를 묶어서 인증서 발행기관에게 서명해주기를 요청한다. 이 정보 중에는 자신의 공개키 정보가 포함돼 있다. 이를 Data라고 하자.

인증서 발행기관(cert.com)은 마찬가지로 자신의 인증서를 가지고 있고, 그 형식은 site.com의 인증서와 동일하다. cert.com의 공개키 값은 편의상 앞 절에서 사용한 값을 사용했다. $e = 17$, $K = 143$ 이다. cert.com의 비밀키 d는 53이 될 것이다. 이제 인증서 발행기관은 Data를 해쉬해 얻은 값에 대해 서명한다. Data를 해쉬해 41을 얻었다고 하자. 서명값은 $41^{53} \mod 143 = 6$이 된다. 이 값을 Data 뒤에 첨부하면 그것이 인증서가 된다.

브라우저가 site.com에 접근하면 site.com은 자신의 인증서와 이 인증서를 발행한 기관의 인증서를 함께 제시한다. 브라우저는 인증서 발행기관의 공개키로 Data 뒤에 붙은 서명값을 푼다. $6^{17} \mod 143 = 41$이 된다. 이 값을 Data를 해쉬한 값과 비교해

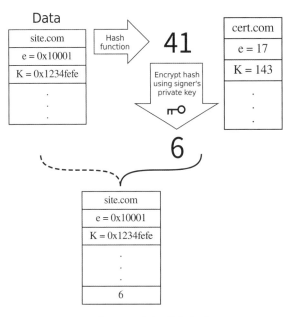

그림 2.1: RSA 인증의 예

site.com의 진위를 가리게 된다.

1.5 클래스 구현

RSA를 구현해보자. 디폴트 생성자는 임의의 p, q에서 K, ϕ, e, d를 찾아내는 것으로 구현하자. 인증서에서 RSA 키 값을 읽어들일 경우를 대비해서 e, d, K 값이 주어지는 경우의 생성자도 만들어두자.

코드 2.1: RSA 클래스

```
1  // 헤더
2  class RSA
3  {
4  public:
5      RSA(int key_size);
6      RSA(mpz_class e, mpz_class d, mpz_class K);
7      mpz_class sign(mpz_class m), decode(mpz_class m), encode(mpz_class m);
```

```
 8      mpz_class K, e;
 9  protected:
10      mpz_class p, q, d, phi;
11  };
12  // 구현부
13  RSA::RSA(int key_size)
14  {// 랜덤한 p, q에서 K, phi, e, d를 찾아낸다.
15      p = random_prime(key_size / 2);
16      q = random_prime(key_size / 2);
17      K = p * q;
18      phi = lcm(p-1, q-1);
19      for(e = 0x10001; gcd(e, phi) != 1; e = nextprime(e));// e와 phi는 서로소
20      mpz_invert(d.get_mpz_t(), e.get_mpz_t(), phi.get_mpz_t());// d = e⁻¹
21  }
22  RSA::RSA(mpz_class e, mpz_class d, mpz_class K)
23  {// 직접 파라미터를 생성하지 않고 인증서 혹은 메모리에서 읽어올 경우
24      this->e = e;
25      this->d = d;
26      this->K = K;
27  }
28  mpz_class RSA::encode(mpz_class m)
29  {// K는 m보다 커야 한다.
30      return powm(m, e, K);
31  }
32  mpz_class RSA::decode(mpz_class m) {
33      return powm(m, d, K);
34  }
35  mpz_class RSA::sign(mpz_class m) {
36      return decode(m);
37  }
```

1.6 테스트

rsa로 인코딩한 것을 디코딩해서 동일한 메시지가 되는지 확인하자.

코드 2.2: RSA 테스트

```
1  TEST_CASE("rsa") {
2      RSA rsa{256};// 256바이트 키 크기
3      auto a = rsa.encode(mpz_class{"0x23423423"});
4      REQUIRE(0x23423423 == rsa.decode(a));
5
6      mpz_class msg = 0x143214324234_mpz;
7      auto b = rsa.sign(msg);// 서명 생성, decode 함수를 부른다(msg^d mod p)
8      REQUIRE(rsa.encode(b) == msg);// 서명 확인
9  }
```

위의 구현으로 assert가 이상 없이 실행됐다.

제 2 절
ECDSA

타원곡선을 이용해 인증을 할 수도 있다. ECDSA는 Elliptic Curve Digital Signature Algorithm의 약자다. 비트코인이나 이더리움에서도 ECDSA를 이용해 전자 서명을 하고 있다. 그 방법은 다음과 같다.

임의의 타원곡선을 정한다. 타원곡선의 n 값, 즉 차수보다 작은 임의의 자연수 d를 비밀키로 한다. 비밀키와 G 값, 즉 Generator Point를 곱해 공개키 Q점을 생성한다. 타원곡선의 n 값, 즉 차수보다 작은 임의의 자연수 k를 정한다. kG를 계산해 나온 좌표의 x 좌표를 n으로 나눈 나머지를 r이라 하자. 서명할 메시지를 자연수로 m이라 하자. 메시지를 그냥 사용하지 않고 해쉬해 비트수가 차수의 비트수를 넘어서지 않게 한다. 이를 z라 하자.

$k^{-1} \times (z + rd) \mod n$을 구해 이를 s라 하자. 만일 r이나 s가 0이라면 다시 k를 생성하는 것으로 되돌아간다. 아니라면, r, s의 쌍이 서명값이 된다.

이 서명값의 확인 방법은 다음과 같다. z를 구하는 절차는 서명 생성과 같이 한다.

u를 $zs^{-1} \mod n$, v를 $rs^{-1} \mod n$으로 정한다. 점 P = uG + vQ를 구한다. 이 점이 항등원 O이면 서명이 잘못된 것이다. 이 점의 x 좌표를 x라 하면 $x \equiv r \mod n$이면 서명이 유효하다. 그렇지 않다면 서명은 무효하다.

이에 대한 증명은 다음과 같다.

$$
\begin{aligned}
uG + vQ &= uG + vdG \\
&= (u + vd)G \\
&= (zs^{-1} + rs^{-1}d)G \\
&= (z + rd)s^{-1}G \\
&= (z + rd)(k^{-1}(z + rd))^{-1}G \\
&= (z + rd)(z + rd)^{-1}(k^{-1})^{-1}G \\
&= kG
\end{aligned}
$$

kG를 계산해 나온 좌표의 x 좌표를 n으로 나눈 나머지를 r이라 한 것이므로 증명이 됐다.

2.1 클래스 구현

우리는 이미 나머지 역원, 타원곡선의 연산에 내해서 다 알고 있으므로, 이에 대한 클래스 구현도 쉽게 할 수 있다.

코드 **2.3**: ECDSA 클래스

```
1  class ECDSA : public EC_Point
2  {
3  public:
4      ECDSA(const EC_Point &G, mpz_class n);
5      std::pair<mpz_class, mpz_class> sign(mpz_class m, mpz_class d) const;
6      bool verify(mpz_class m, std::pair<mpz_class, mpz_class> sig, EC_Point Q)
           const;
7      mpz_class mod_inv(const mpz_class &z) const;
```

```
 8  protected:
 9      mpz_class n_;// 차수
10  private:
11      int nBit_;// 차수의 비트수
12      mpz_class d_;// 비밀키
13  };
```

앞선 EC_Point 클래스의 구현을 보면, 차수를 EC_Field에 집어넣지 않았다. 그래서, 클래스의 생성자에 차수를 따로 집어넣게 만들었다. 생성자에서 제너레이터 포인트와 차수를 집어넣어, 타원곡선 함수를 규정하게 한 것이다. 그리고, 서명 함수는 비밀키를 인자로 가지고 메시지 m에 대해 서명하게 했고, 서명확인 함수는 메시지 m, 서명 결과의 두 수와 공개키 Q를 이용해 확인한다. 나머지 역원은 EC_Field의 mod 값에 대한 나머지가 아닌 차수 n 값에 대한 나머지 역원을 구해야 하므로 새로 정의했다.

코드 2.4: ECDSA 클래스 구현

```
 1  ECDSA::ECDSA(const EC_Point &g, mpz_class n) : EC_Point{g}
 2  {// g는 제너레이터 포인트다.
 3      n_ = n;
 4      nBit_ = mpz_sizeinbase(n.get_mpz_t(), 2);// 2진수로 몇 자리인지 리턴
 5  }
 6
 7  mpz_class ECDSA::mod_inv(const mpz_class &z) const
 8  {// mod n에 대한 나머지 역원을 구함
 9      mpz_class r;
10      mpz_invert(r.get_mpz_t(), z.get_mpz_t(), n_.get_mpz_t());
11      return r;
12  }
13
14  pair<mpz_class, mpz_class> ECDSA::sign(mpz_class m, mpz_class d) const
15  {// m: 해쉬된 메시지, d: 일반적으로 인증서의 비밀키
16      int mBit = mpz_sizeinbase(m.get_mpz_t(), 2);
17      mpz_class z = m >> max(mBit - nBit_, 0);
18      // 해쉬된 값이 너무 클 경우는 뒤쪽의 비트를 버린다.
```

```
19    mpz_class k, s, r;
20    EC_Point P = *this;
21    do {
22        do {
23            k = random_prime(31);
24            P = k * *this;// kG
25            r = P.x % n_;
26        } while(r == 0);
27        s = (mod_inv(k) * (z + r * d)) % n_;
28    } while(s == 0);
29    return {r, s};
30 }
31
32 bool ECDSA::verify(mpz_class m, pair<mpz_class, mpz_class> sig, EC_Point Q)
      const
33 {// Q pubkey
34    auto [r, s] = sig;
35    for(auto a : {r, s}) if(a < 1 || a >= n_) return false;
36
37    int mBit = mpz_sizeinbase(m.get_mpz_t(), 2);
38    mpz_class z = m >> max(mBit - nBit_, 0);
39    mpz_class u1 = z * mod_inv(s) % n_;
40    mpz_class u2 = r * mod_inv(s) % n_;
41    EC_Point P = u1 * *this + u2 * Q;
42    if(P.y == this->mod) return false;// if P is O
43    if((P.x - r) % n_ == 0) return true;
44    else return false;
45 }
```

2.2 테스트

secp256r1 타원곡선에서 테스트해보자.

코드 2.5: ECDSA 클래스 테스트

```
1  TEST_CASE("ECDSA") {
2     EC_Field secp256r1{// 타원곡선 정의
3        0xFFFFFFFF00000001000000000000000000000000FFFFFFFFFFFFFFFFFFFFFFFC_mpz,
4        0x5AC635D8AA3A93E7B3EBBD55769886BC651D06B0CC53B0F63BCE3C3E27D2604B_mpz,
5        0xFFFFFFFF00000001000000000000000000000000FFFFFFFFFFFFFFFFFFFFFFFF_mpz
6     };
7     EC_Point G{// secp256r1 제너레이터 포인트 정의
8        0x6B17D1F2E12C4247F8BCE6E563A440F277037D812DEB33A0F4A13945D898C296_mpz,
9        0x4FE342E2FE1A7F9B8EE7EB4A7C0F9E162BCE33576B315ECECBB6406837BF51F5_mpz,
10       secp256r1 };
11    auto n = // 차수
12       0xFFFFFFFF00000000FFFFFFFFFFFFFFFFBCE6FAADA7179E84F3B9CAC2FC632551_mpz;
13    mpz_class d = random_prime(31);// 비밀키
14    auto Q = d * G;// 공개키
15
16    ECDSA ecdsa{G, n};
17    char message[] = "This is a Test message";
18    SHA2 sha;// 일반적으로 메시지를 해쉬해 그 결과에 대해 서명한다.
19    auto m = sha.hash(message, message + sizeof(message) - 1);
20    auto z = bnd2mpz(m.begin(), m.end());
21    auto sign = ecdsa.sign(z, d);
22    REQUIRE(ecdsa.verify(z, sign, Q));
23 }
```

이는 SHA256과 secp256r1의 조합으로 서명과 확인을 한 것이다. 일반적인 업무 흐름에서는 서명이나 서명 확인 중 한 쪽의 일만을 할 것이다.

3

AES 암호

이제 우리는 키를 교환했고, 상대방을 인증했다. 이제 교환한 키를 바탕으로 메시지를 암호화, 복호화할 차례다. 쌍방향 암호화는 이미 카이사르 암호화에서 봤다.

xor 연산은 자주 사용되는 암호화와 복호화 기법이다. 어떠한 메시지를 키 값과 xor 연산했다면, 그 값을 복원하려면 키 값으로 다시 xor 연산[28]해야 한다.

메시지	1	0	0	1	1	0	0	0
xor key	0	1	1	1	0	0	1	1
암호화된 문장	1	1	1	0	1	0	1	1
xor key	0	1	1	1	0	0	1	1
복원된 메시지	1	0	0	1	1	0	0	0

표 3.1: 암호화에 사용되는 xor 연산

우리가 살펴볼 AES[29]는 훨씬 복잡하지만, 기본적인 개념은 달라진 것이 없다.

AES에서는 rotation, substitution, mix columns, add round key의 네 가지 변환이

---

[28]xor 연산은 두 비트가 다를 경우는 참이 되고, 같을 경우는 거짓이 된다.

[29]1998년 미국의 NIST에서 차세대 블록 암호 알고리즘(Advanced Encryption Standard)을 공모했다. 그 후 2년 간의 심사 과정을 거쳐 2000년 10월에 Joan Daemen과 Vincent Rijmen이 개발한 Rijndael이 AES 알고리즘으로 선정됐다(원동호. 현대 암호학. 도서출판 그린, 2014).

존재한다. AES는 16바이트를 단위로 네 가지 변환을 여러 라운드[30]에 걸쳐 반복한다.
이 암호화 과정은 역함수가 존재해야 한다. 그래야만 다시 암호를 해독할 수 있을
것이다.

우선 우리가 구현할 AES128의 클래스 헤더 파일을 정의하자.

코드 3.1: AES 클래스

```
 1  class AES
 2  {// 128bit.
 3  public:
 4      void key(const unsigned char *key);// expand key 기능 포함
 5      void encrypt(unsigned char *m) const;
 6      void decrypt(unsigned char *m) const;
 7
 8  protected:
 9      static const int N = 4;// key size in words
10      static const int ROUND = 11;// round
11      unsigned char schedule_[ROUND][N*4];
12      unsigned char iv_[16];
13
14  private:
15      void shift_row(unsigned char *msg) const;
16      void inv_shift_row(unsigned char *msg) const;
17      void substitute(unsigned char *msg) const;
18      void inv_substitute(unsigned char *msg) const;
19      void mix_column(unsigned char *msg) const;
20      void inv_mix_column(unsigned char *msg) const;
21      void add_round_key(unsigned char *msg, int round) const;
22      unsigned char doub(unsigned char c) const;
23      static constexpr unsigned char rcon[10][4] = {
24              {1,}, {2,}, {4,}, {8,}, {0x10,},
25              {0x20,}, {0x40,}, {0x80,}, {0x1b,}, {0x36,}};
```

[30]AES128의 경우 11라운드

```
26    static constexpr unsigned char sbox[256] = {
27        0x63, 0x7c, 0x77, 0x7b, 0xf2, 0x6b, 0x6f, 0xc5, ...후략
28    };
29    static constexpr unsigned char inv_sbox[256] = {
30        0x52, 0x09, 0x6a, 0xd5, 0x30, 0x36, 0xa5, 0x38, ...후략
31    };
32 };
```

private 멤버 함수들은 AES를 구성하는 네 가지 변환과 그 역변환이다. add round key 함수는 그 자체가 역변환으로 동시에 쓰일 수 있다. 나머지 내용은 앞으로 진행하면서 차차 알아나가자.

그 외에 클래스에서 사용할 상수인 sbox와 rcon 값도 가지고 있다. 이 값들은 모든 클래스의 인스턴스에 있어 동일하므로 메모리 낭비를 피하기 위해 static으로 선언했다. constexpr은 헤더 내에서 초기화하기 위해 필요하다. constexpr이 없으면 구현 파일에서 따로 초기화해야 할 것이다.

protected 멤버 schedule은 확장된 11개의 key 값을 저장한다. 키 세팅 함수가 이 값을 채워 넣을 것이다.

public 멤버에는 키 값과 iv 값을 세팅하는 함수와 16바이트를 암호화, 복호화하는 함수가 있다. 나머지는 그 이름으로 짐작할 수 있을 것이다.

제 1 절
rotation 변환과 그 역변환

다음과 같은 16바이트의 메시지가 있다고 하자.

```
unsigned char msg[16] = {0x01, 0x02, 0x03, 0x04, 0x05, 0x06, 0x07, 0x08,
                         0x09, 0x0a, 0x0b, 0x0c, 0x0d, 0x0e, 0x0f, 0x10}
```

이를 다음의 행렬로 나타낼 수 있다. 여기서 메시지는 열을 따라 정렬돼 나타난다.

$$
\begin{bmatrix}
0x01 & 0x05 & 0x09 & 0x0d \\
0x02 & 0x06 & 0x0a & 0x0e \\
0x03 & 0x07 & 0x0b & 0x0f \\
0x04 & 0x08 & 0x0c & 0x10
\end{bmatrix}
\tag{3.1}
$$

rotation 변환은 위의 매트릭스에서 각 행을 0, 1, 2, 3만큼 좌측으로 쉬프트한 것이다. 그럼 결과는 다음과 같이 될 것이다.

$$
\begin{bmatrix}
0x01 & 0x05 & 0x09 & 0x0d \\
0x06 & 0x0a & 0x0e & 0x02 \\
0x0b & 0x0f & 0x03 & 0x07 \\
0x10 & 0x04 & 0x08 & 0x0c
\end{bmatrix}
\tag{3.2}
$$

변환된 메시지는 {0x01, 0x06, 0x0b, 0x10, 0x05, 0x0a, 0x0f, 0x04, 0x09, 0x0e, 0x03, 0x08, 0x0d, 0x02, 0x07, 0x0c}가 된다.

이 역변환은 우측으로 0, 1, 2, 3만큼 쉬프트하면 될 것이다.

코드 3.2: shift row 함수와 그 역함수의 구현

```
1  void AES::shift_row(unsigned char *p) const {
2      unsigned char tmp, tmp2;
3      tmp=p[1]; p[1]=p[5]; p[5]=p[9]; p[9]=p[13]; p[13]=tmp;
4      tmp=p[2]; tmp2=p[6]; p[2]=p[10]; p[6]=p[14]; p[10]=tmp; p[14]=tmp2;
5      tmp=p[3]; p[3]=p[15]; p[15]=p[11]; p[11]=p[7]; p[7]=tmp;
6  }
7  void AE::inv_shift_row(unsigned char *p) const {
8      unsigned char tmp, tmp2;
9      tmp=p[13]; p[13]=p[9]; p[9]=p[5]; p[5]=p[1]; p[1]=tmp;
10     tmp=p[10]; tmp2=p[14]; p[14]=p[6]; p[10]=p[2]; p[6]=tmp2; p[2]=tmp;
11     tmp=p[7]; p[7]=p[11]; p[11]=p[15]; p[15]=p[3]; p[3]=tmp;
```

```
12      }
```

위의 모든 함수는 포인터 p로 지시되는 장소에서 데이터를 읽어들이고, 상응하는 변환을 한 후 그곳에 다시 데이터를 덮어쓴다. 이전의 데이터는 지워진다.

제 2 절
substitution 변환과 그 역변환

치환 변환은 변환 테이블을 이용한다. n을 sbox[n]으로 치환한다. 역변환은 역변환 테이블을 이용한다. inv_sbox[sbox[n]]은 n이 된다.

변환 테이블은 다음과 같다.

코드 3.3: 치환 변환 테이블

```
1    unsigned char sbox[256] = {
2        0x63, 0x7c, 0x77, 0x7b, 0xf2, 0x6b, 0x6f, 0xc5, 0x30, 0x01,
3        0x67, 0x2b, 0xfe, 0xd7, 0xab, 0x76, 0xca, 0x82, 0xc9, 0x7d,
4        0xfa, 0x59, 0x47, 0xf0, 0xad, 0xd4, 0xa2, 0xaf, 0x9c, 0xa4,
5        0x72, 0xc0, 0xb7, 0xfd, 0x93, 0x26, 0x36, 0x3f, 0xf7, 0xcc,
6        0x34, 0xa5, 0xe5, 0xf1, 0x71, 0xd8, 0x31, 0x15, 0x04, 0xc7,
7        0x23, 0xc3, 0x18, 0x96, 0x05, 0x9a, 0x07, 0x12, 0x80, 0xe2,
8        0xeb, 0x27, 0xb2, 0x75, 0x09, 0x83, 0x2c, 0x1a, 0x1b, 0x6e,
9        0x5a, 0xa0, 0x52, 0x3b, 0xd6, 0xb3, 0x29, 0xe3, 0x2f, 0x84,
10       0x53, 0xd1, 0x00, 0xed, 0x20, 0xfc, 0xb1, 0x5b, 0x6a, 0xcb,
11       0xbe, 0x39, 0x4a, 0x4c, 0x58, 0xcf, 0xd0, 0xef, 0xaa, 0xfb,
12       0x43, 0x4d, 0x33, 0x85, 0x45, 0xf9, 0x02, 0x7f, 0x50, 0x3c,
13       0x9f, 0xa8, 0x51, 0xa3, 0x40, 0x8f, 0x92, 0x9d, 0x38, 0xf5,
14       0xbc, 0xb6, 0xda, 0x21, 0x10, 0xff, 0xf3, 0xd2, 0xcd, 0x0c,
15       0x13, 0xec, 0x5f, 0x97, 0x44, 0x17, 0xc4, 0xa7, 0x7e, 0x3d,
16       0x64, 0x5d, 0x19, 0x73, 0x60, 0x81, 0x4f, 0xdc, 0x22, 0x2a,
17       0x90, 0x88, 0x46, 0xee, 0xb8, 0x14, 0xde, 0x5e, 0x0b, 0xdb,
18       0xe0, 0x32, 0x3a, 0x0a, 0x49, 0x06, 0x24, 0x5c, 0xc2, 0xd3,
19       0xac, 0x62, 0x91, 0x95, 0xe4, 0x79, 0xe7, 0xc8, 0x37, 0x6d,
20       0x8d, 0xd5, 0x4e, 0xa9, 0x6c, 0x56, 0xf4, 0xea, 0x65, 0x7a,
```

```
21        0xae, 0x08, 0xba, 0x78, 0x25, 0x2e, 0x1c, 0xa6, 0xb4, 0xc6,
22        0xe8, 0xdd, 0x74, 0x1f, 0x4b, 0xbd, 0x8b, 0x8a, 0x70, 0x3e,
23        0xb5, 0x66, 0x48, 0x03, 0xf6, 0x0e, 0x61, 0x35, 0x57, 0xb9,
24        0x86, 0xc1, 0x1d, 0x9e, 0xe1, 0xf8, 0x98, 0x11, 0x69, 0xd9,
25        0x8e, 0x94, 0x9b, 0x1e, 0x87, 0xe9, 0xce, 0x55, 0x28, 0xdf,
26        0x8c, 0xa1, 0x89, 0x0d, 0xbf, 0xe6, 0x42, 0x68, 0x41, 0x99,
27        0x2d, 0x0f, 0xb0, 0x54, 0xbb, 0x16
28    };
```

코드 3.4: 역치환 변환 테이블

```
1     static constexpr unsigned char inv_sbox[256] = {
2         0x52, 0x09, 0x6a, 0xd5, 0x30, 0x36, 0xa5, 0x38, 0xbf, 0x40,
3         0xa3, 0x9e, 0x81, 0xf3, 0xd7, 0xfb, 0x7c, 0xe3, 0x39, 0x82,
4         0x9b, 0x2f, 0xff, 0x87, 0x34, 0x8e, 0x43, 0x44, 0xc4, 0xde,
5         0xe9, 0xcb, 0x54, 0x7b, 0x94, 0x32, 0xa6, 0xc2, 0x23, 0x3d,
6         0xee, 0x4c, 0x95, 0x0b, 0x42, 0xfa, 0xc3, 0x4e, 0x08, 0x2e,
7         0xa1, 0x66, 0x28, 0xd9, 0x24, 0xb2, 0x76, 0x5b, 0xa2, 0x49,
8         0x6d, 0x8b, 0xd1, 0x25, 0x72, 0xf8, 0xf6, 0x64, 0x86, 0x68,
9         0x98, 0x16, 0xd4, 0xa4, 0x5c, 0xcc, 0x5d, 0x65, 0xb6, 0x92,
10        0x6c, 0x70, 0x48, 0x50, 0xfd, 0xed, 0xb9, 0xda, 0x5e, 0x15,
11        0x46, 0x57, 0xa7, 0x8d, 0x9d, 0x84, 0x90, 0xd8, 0xab, 0x00,
12        0x8c, 0xbc, 0xd3, 0x0a, 0xf7, 0xe4, 0x58, 0x05, 0xb8, 0xb3,
13        0x45, 0x06, 0xd0, 0x2c, 0x1e, 0x8f, 0xca, 0x3f, 0x0f, 0x02,
14        0xc1, 0xaf, 0xbd, 0x03, 0x01, 0x13, 0x8a, 0x6b, 0x3a, 0x91,
15        0x11, 0x41, 0x4f, 0x67, 0xdc, 0xea, 0x97, 0xf2, 0xcf, 0xce,
16        0xf0, 0xb4, 0xe6, 0x73, 0x96, 0xac, 0x74, 0x22, 0xe7, 0xad,
17        0x35, 0x85, 0xe2, 0xf9, 0x37, 0xe8, 0x1c, 0x75, 0xdf, 0x6e,
18        0x47, 0xf1, 0x1a, 0x71, 0x1d, 0x29, 0xc5, 0x89, 0x6f, 0xb7,
19        0x62, 0x0e, 0xaa, 0x18, 0xbe, 0x1b, 0xfc, 0x56, 0x3e, 0x4b,
20        0xc6, 0xd2, 0x79, 0x20, 0x9a, 0xdb, 0xc0, 0xfe, 0x78, 0xcd,
21        0x5a, 0xf4, 0x1f, 0xdd, 0xa8, 0x33, 0x88, 0x07, 0xc7, 0x31,
22        0xb1, 0x12, 0x10, 0x59, 0x27, 0x80, 0xec, 0x5f, 0x60, 0x51,
23        0x7f, 0xa9, 0x19, 0xb5, 0x4a, 0x0d, 0x2d, 0xe5, 0x7a, 0x9f,
```

```
24        0x93, 0xc9, 0x9c, 0xef, 0xa0, 0xe0, 0x3b, 0x4d, 0xae, 0x2a,
25        0xf5, 0xb0, 0xc8, 0xeb, 0xbb, 0x3c, 0x83, 0x53, 0x99, 0x61,
26        0x17, 0x2b, 0x04, 0x7e, 0xba, 0x77, 0xd6, 0x26, 0xe1, 0x69,
27        0x14, 0x63, 0x55, 0x21, 0x0c, 0x7d
28   };
```

메시지 (3.1)을 변환 테이블을 이용해 변환하면 다음과 같이 될 것이다.

$$\begin{bmatrix} 0x7c & 0x6b & 0x01 & 0xd7 \\ 0x77 & 0x6f & 0x67 & 0xab \\ 0x7b & 0xc5 & 0x2b & 0x76 \\ 0xf2 & 0x30 & 0xfe & 0xca \end{bmatrix} \tag{3.3}$$

코드 3.5: substitute 함수와 그 역함수의 구현

```
1   void AES::substitute(unsigned char *p) const {
2       for(int i=0; i<16; i++) p[i] = sbox[p[i]];
3   }
4   void AES::inv_substitute(unsigned char *p) const {
5       for(int i=0; i<16; i++) p[i] = inv_sbox[p[i]];
6   }
```

제 3 절

믹스 컬럼 변환과 그 역변환

믹스 컬럼^{mix column}은 조금 복잡하다.

메시지 (3.1)을 믹스 컬럼하는 변환은 다음의 행렬곱으로 나타낼 수 있다. 여기서

메시지는 열을 따라 정렬돼 나타난다.

$$
\begin{bmatrix}
2 & 3 & 1 & 1 \\
1 & 2 & 3 & 1 \\
1 & 1 & 2 & 3 \\
3 & 1 & 1 & 2
\end{bmatrix}
\begin{bmatrix}
0x01 & 0x05 & 0x09 & 0x0d \\
0x02 & 0x06 & 0x0a & 0x0e \\
0x03 & 0x07 & 0x0b & 0x0f \\
0x04 & 0x08 & 0x0c & 0x10
\end{bmatrix}
\tag{3.4}
$$

믹스 컬럼은 행렬곱과 비슷하지만 완전히 같지는 않다.

3.1 갈루아 필드

이 연산은 갈루아^{Galois}[31] 필드에서 실행되는 연산이기 때문이다. $\text{GF}(p^n)$으로 표현한다. 우리가 관심 있는 것은 $\text{GF}(2^8)$이다. 1byte를 표현하는 0에서부터 $2^8 - 1$까지의 2^8개의 원소가 있기 때문이다.

3.2 ⊕ 연산

$GF(2^8)$ 필드에서의 ⊕ 연산은 다음과 같이 정의된다. 10001111의 이진수를 다항식으로 $x^7 + x^3 + x^2 + x + 1$로 표현한다. $x^4 + x^3 + 1$과 위의 다항식을 더한다고 할 때, 이는 $x^7 + 2x^3 + x^2 + x + 2$가 되고, 모든 계수를 2로 나눈 나머지로 변환한다. 이렇게 해 필드를 연산에 대해 닫힌 것으로 만든다. 결과는 $x^7 + x^4 + x^2 + x$가 된다. 이는 사실 xor 연산과 같게 된다.

x 대신 2를 대입해 설명하면

$$
(2^7 + 2^3 + 2^2 + 2^1 + 2^0) \oplus (2^4 + 2^3 + 2^0)
\tag{3.5}
$$

$$
2^7 + 2^4 + 2 \cdot 2^3 + 2^2 + 2^1 + 2 \cdot 2^0
\tag{3.6}
$$

$$
2^7 + 2^4 + 2^2 + 2^1
\tag{3.7}
$$

$$
10001111 \wedge 00011001 = 10010110
\tag{3.8}
$$

---

[31]갈루아 프랑스의 요절한 수학자. 추상대수학, 군론, 갈루아 이론 등에서 중요한 개념을 도입했다.

그러므로, 갈루아 필드에서의 덧셈은 역변환이 가능하다.

3.3 ⊗ 연산

⊗ 연산은 좀 더 복잡하다. 마찬가지로 이진수를 다항식화 한다. $84 = 2^6 + 2^4 + 2^2$과 $13 = 2^3 + 2^2 + 1$의 곱을 다항식처럼 계산하면 $2^9 + 2^8 + 2^7 + 2 \cdot 2^6 + 2^5 + 2 \cdot 2^4 + 2^2 = 2^9 + 2^8 + 2^7 + 2^5 + 2^2$이 된다.

$$(x^6 + x^4 + x^2)(x^3 + x^2 + 1) = x^9 + x^8 + x^7 + 2x^6 + x^5 + 2x^4 + x^2 \tag{3.9}$$

$$\implies x^9 + x^8 + x^7 + x^5 + x^2 \tag{3.10}$$

이것을 다시 닫힌 연산으로 만들기 위해, 인수분해가 불가능한 다항식인 $x^8 + x^4 + x^3 + x + 1$로 나눈다. 이 식은 암호화를 강력하게 만들기 위해 특별히 선택된 것이다.[32]

$$
\begin{array}{r}
 x + 1 \\
\hline
x^8 + x^4 + x^3 + x + 1)\quad x^9 + x^8 + x^7 + x^5 \qquad + x^2 \\
-x^9 \qquad -x^5 - x^4 \quad -x^2 - x \\
\hline
x^8 + x^7 \qquad - x^4 \qquad -x \\
-x^8 \qquad -x^4 - x^3 \qquad -x - 1 \\
\hline
x^7 \qquad -2x^4 - x^3 \qquad -2x - 1
\end{array}
$$

마치 다항식의 연산처럼 나누면, 몫은 $x+1$이 되고 나머지는 $x^7 - 2x^4 - x^3 - 2x - 1$이 된다. 여기에서도 계수는 0, 1 두 가지만 될 수 있도록 2로 나눈 나머지를 쓴다. 최종 결과는 $x^7 + x^3 + 1$이 된다. 이 나머지가 ⊗ 연산의 결과다. 이것이 0b10001001이므로, $84 \otimes 13 = 137$임을 알 수 있다.

7차 항의 계수가 1인 임의의 다항식에 x를 곱했을 때를 생각해보자. $x^7 + a_6 x^6 + a_5 x^5 + a_4 x^4 + a_3 x^3 + a_2 x^2 + a_1 x + a_0 1$의 계수는 0이거나 1이다. x를 곱해서 다항식

---

[32]Joan Daemen and Vincent Rijmen. *The design of Rijndael: AES-the advanced encryption standard.* Springer Science & Business Media, 2013, p. 16.

$(x^8 + x^4 + x^3 + x + 1)$로 나누면, 나머지는 $a_6 x^7 + a_5 x^6 + a_4 x_5 + (a_3 - 1)x_4 + (a_2 - 1)x^3 + a_1 x^2 + (a_0 - 1)x + 1$이 된다. 이를 비트로 표현하면, 이는 그 수를 좌측으로 1비트 쉬프트하고, 0x1b=0b11011을 xor한 것과 동일하다.

0	1	2	3	4	5	6	7	
1	a_6	a_5	a_4	a_3	a_2	a_1	a_0	} 7차항이 1인 식
a_6	a_5	a_4	a_3	a_2	a_1	a_0	0	} 좌측으로 쉬프트
0	0	0	1	1	0	1	1	} 0b11011과 xor
a_6	a_5	a_4	$a_3 - 1$	$a_2 - 1$	a_1	$a_0 - 1$	1	} 결과

그림 3.1: 갈루아 필드에서의 $\otimes 2$

만약 7차 항의 계수가 0이라면 다항식의 곱이 x^8이 나오지 않으므로, 나머지를 계산할 필요가 없다. 따라서 1비트 왼쪽으로 쉬프트하는 것과 같다.

이를 이진수의 표현으로 생각해보면

$$a \otimes 1 = a \tag{3.11}$$

$$a \otimes 2 = \begin{cases} a << 1 & \text{if first bit is 0} \\ a << 1 \wedge 0x1b & \text{if first bit is 1} \end{cases} \tag{3.12}$$

$$a \otimes 3 = a \otimes (2 \oplus 1) = a \otimes 2 \oplus a \tag{3.13}$$

코드 3.6: 갈루아 필드에서의 $\otimes 2$ 연산 구현

```
1  unsigned char doub(unsigned char c) {
2      bool left_most_bit = c & 1 << 7;
3      c <<= 1;
4      if(left_most_bit) c ^= 0x1b;
5      return c;
6  }
```

3을 곱한 경우는 $x + 1$을 곱한 것과 같으므로, 7차 항이 0인 경우, $a_6 x^6 + a_5 x^5 + a_4 x^4 + a_3 x^3 + a_2 x^2 + a_1 x + a_0$에 x+1을 곱해 다항식$(x^8 + x^4 + x^3 + x + 1)$로 나누면, $(a_6 x^7 + a_5 x^7 + a_4 x^5 + a_3 x^4 + a_2 x^3 + a_1 x^2 + a_0) + (a_6 x^6 + a_5 x^5 + a_4 x^4 + a_3 x^3 + a_2 x^2 + a_1 x + a_0) = a_6 x^7 + (a_5 + a_6) x^6 + (a_4 + a_5) x^5 + (a_3 + a_4) x^4 + (a_2 + a_3) x^3 + (a_1 + a_2) x^2 + (a_0 + a_1) x + a_0$가 된다.

a_i는 0 혹은 1이므로, 6차 항의 경우 a_5와 a_6이 같을 경우는 계수를 2로 나누는 법칙에 따라 0이 되고, 다를 경우는 1이 된다. 이는 xor 연산과 같다. 따라서 $a \otimes 3 = (a << 1) \wedge a$가 된다. 7차항이 1인 경우는 0x1b로 xor해야 한다. 2를 $\otimes$한 것과 마찬가지로 나눠서 증명할 수 있다.

이제 우리는 믹스 컬럼 변환을 할 준비가 다 됐다. 다시 식 (3.4)의 매트릭스로 가보자. 메시지는 행렬의 곱과 비슷하게 하되, 갈루아체의 이론에 따라 덧셈을 $\oplus$ 연산으로, 곱셈은 $\otimes$ 연산으로 바꿔서 변환한다. 결과값의 첫 번째 원소의 경우 $2 \otimes 1 \oplus 3 \otimes 2 \oplus 1 \otimes 3 \oplus 1 \otimes 4$가 된다.

코드 3.7: AES mix column 함수 구현

```
 1  void AES::mix_column(unsigned char *p) const {
 2      static const unsigned char mix[4][4]
 3          = {{2,3,1,1}, {1,2,3,1}, {1,1,2,3}, {3,1,1,2}};
 4      unsigned char c[4], d, result[16];
 5      for(int y=0; y<4; y++) for(int x=0; x<4; x++) {
 6          for(int i=0; i<4; i++) {
 7              d = p[4*x + i];
 8              switch(mix[y][i]) {
 9                  case 1: c[i] = d;           break;
10                  case 2: c[i] = d << 1;      break;
11                  case 3: c[i] = d << 1 ^ d; break;
12              }
13              if((d & 1<<7) && (mix[y][i] != 1)) c[i] ^= 0x1b;// 결합법칙 덕분
14          }
15          result[4*x + y] = c[0] ^ c[1] ^ c[2] ^ c[3];
16      }
```

```
17      memcpy(p, result, 16);
18  }
```

3.4 역변환

x 즉 2의 역원은 어떻게 될까? 역원을 구하기 위해서는 우선 항등원을 구해야 한다. 항등원은 1이다. 임의의 다항식에 1을 곱해서 모듈러 다항식으로 나누면 그 값은 원래의 다항식과 같다. 그러므로 역원은 곱한 후 나머지가 1이 되게 하는 숫자 혹은 다항식을 찾으면 된다. x를 $x^7 + x^3 + x^2 + 1$과 곱하면 나머지가 1이 된다. 비트로는 0b10001101이므로 141이다.

믹스 컬럼 함수의 역함수는 다음과 같은 표현으로 나타낼 수 있다. 물론 이는 갈루아 필드에서의 연산이다.

$$\begin{bmatrix} 14 & 11 & 13 & 9 \\ 9 & 14 & 11 & 13 \\ 13 & 9 & 14 & 11 \\ 11 & 13 & 9 & 14 \end{bmatrix} \begin{bmatrix} 0x01 & 0x05 & 0x09 & 0x0d \\ 0x02 & 0x06 & 0x0a & 0x0e \\ 0x03 & 0x07 & 0x0b & 0x0f \\ 0x04 & 0x08 & 0x0c & 0x10 \end{bmatrix} \tag{3.14}$$

위의 매트릭스가 믹스 컬럼 함수의 역함수인 것은 다음의 결과로 알 수 있다.

$$\begin{bmatrix} 2 & 3 & 1 & 1 \\ 1 & 2 & 3 & 1 \\ 1 & 1 & 2 & 3 \\ 3 & 1 & 1 & 2 \end{bmatrix} \begin{bmatrix} 14 & 11 & 13 & 9 \\ 9 & 14 & 11 & 13 \\ 13 & 9 & 14 & 11 \\ 11 & 13 & 9 & 14 \end{bmatrix} = \begin{bmatrix} 1 & 0 & 0 & 0 \\ 0 & 1 & 0 & 0 \\ 0 & 0 & 1 & 0 \\ 0 & 0 & 0 & 1 \end{bmatrix} \tag{3.15}$$

이를 확인하려면 코드 3.7의 믹스 컬럼 함수를 역함수 행렬에 대해 호출하면 된다. mix_column 함수가 public이 아니므로, 이를 테스트하기 위해 다음과 같이 AES 클래스 헤더 파일을 인클루드[include]하기 전에 private와 protected를 public으로 재정의 했다. 이 방법이 싫다면 AES 클래스에 프렌드[friend]를 정의해도 된다. 그러나, 테스트 목적[object] 파일은 테스트 실행파일에만 링크되고, 산출하는 최종 결과물에는 링크되지 않으므로, 큰 부담을 가질 필요는 없다.

코드 **3.8**: inv_mix_column 행렬의 확인

```
1   #define private public
2   #define protected public
3   #include"src/aes.h"
4   #undef private
5   #undef protected
6
7   TEST_CASE("inverse mix coulumn matrix verify") {
8       unsigned char inv[16] = {// 열을 기준으로 역함수 행렬을 배열한다.
9           14, 9, 13, 11,
10          11, 14, 9, 13,
11          13, 11, 14, 9,
12          9, 13, 11, 14
13      };
14      AES aes;
15      unsigned char o[16] = { 1,0,0,0, 0,1,0,0, 0,0,1,0, 0,0,0,1};
16      aes.mix_column(inv);
17      REQUIRE(equal(inv, inv + 16, o));
18  }
```

식 3.14의 9, 11, 13, 14 네 가지의 숫자에 대한 $\otimes$ 연산은 모두 $\otimes 2$를 이용해 구할 수 있다. 예를 들자면 $9 \otimes a$를 하는 연산은 $2 \otimes (2 \otimes (2 \otimes a)) \oplus a$로 구할 수 있다.

코드 **3.9**: AES mix comlumn의 역함수

```
1   void AES::inv_mix_column(unsigned char *p) const {
2       static const unsigned char mix[4][4] = { {14, 11, 13, 9},
3           {9, 14, 11, 13}, {13, 9, 14, 11}, {11, 13, 9, 14}};
4       unsigned char c[4], d, result[16];
5       for(int y=0; y<4; y++) for(int x=0; x<4; x++) {
6           for(int i=0; i<4; i++) {
7               d = p[4*x + i];
8               switch(mix[y][i]) {
```

```
9              case 9: c[i] = doub(doub(doub(d))) ^ d;    break;
10             case 11: c[i] = doub(doub(doub(d)) ^ d) ^ d;break;
11             case 13: c[i] = doub(doub(doub(d) ^ d)) ^ d;break;
12             case 14: c[i] = doub(doub(doub(d) ^ d) ^ d);break;
13             }
14         }
15         result[4*x + y] = c[0] ^ c[1] ^ c[2] ^ c[3];
16     }
17     memcpy(p, result, 16);
18 }
```

코드 3.10: mix column과 rotation 변환의 테스트

```
1  TEST_CASE("shift_row & mix column") {
2      AES aes;
3      unsigned char data[16], oneto16[16];
4      for(int i=0; i<16; i++) data[i] = oneto16[i] = i+1;
5      unsigned char shift_row_result[16] = { 1, 6, 0x0b, 0x10,
6              5, 0xa, 0xf, 4, 9, 0xe, 3, 8, 0xd, 2, 7, 0xc };
7      unsigned char mix_comlumn_result[16] = {3, 4, 9, 0xa, 0xf,
8              8, 0x15, 0x1e, 0xb, 0xc, 1, 2, 0x17, 0x10, 0x2d, 0x36};
9
10     aes.shift_row(data);
11     REQUIRE(equal(data, data + 16, shift_row_result));
12     aes.inv_shift_row(data);
13     REQUIRE(equal(data, data + 16, oneto16));
14
15     aes.mix_column(data);
16     REQUIRE(equal(data, data + 16, mix_comlumn_result));
17     aes.inv_mix_column(data);
18     REQUIRE(equal(data, data + 16, oneto16));
19 }
```

add round key 변환과 역변환

key 값은 AES128일 경우는 128/8 = 16바이트이고, AES256일 경우는 32바이트이다.

4.1 키 스케줄링

키 값은 AES128의 경우에는 11개의 16바이트 키 값으로 확장된다.[33] 그리고, 이것은 암호화의 각 단계에서 xor 연산에 사용된다. 첫 번째 라운드의 키는 키 값과 동일하다. 두 번째부터는 앞의 라운드의 키 값으로부터 도출해 낸다. 첫 번째 4바이트는 다음의 과정에 따라 만들어진다.

1. 앞의 라운드의 마지막 4바이트를 왼쪽으로 rotate한다.

2. sbox를 이용해 치환한다.

3. 그 라운드의 상수값과 xor한다.

4. 앞 라운드의 첫 4바이트와 xor한다.

{1, 2, 3, 4}의 4바이트를 왼쪽으로 1바이트 rotate하면 {2, 3, 4, 1}이 된다.

두 번째 라운드를 1로 할 때, 각 라운드의 상수 값(round constant)은 $\{rc_i, 0, 0, 0\}$의 4바이트가 된다.

i	1	2	3	4	5	6	7	8	9	10
rc_i	0x1	0x2	0x4	0x8	0x10	0x20	0x40	0x80	0x1b	0x36

표 3.2: 각 라운드의 rc_i 값

나머지 12바이트는 앞 라운드의 바이트와 자신의 4바이트 앞의 것을 xor해 만든다. 즉, 2라운드의 두 번째 4바이트는 1라운드의 두 번째 4바이트와 2라운드의 첫 번째 4바이트를 xor해 만든다.

---

[33]AES192에서는 13개, AES256의 경우에는 15개로 확장된다.

실제 생성된 11라운드의 키 예를 참조해 스스로 구현해보자.

11 라운드의 키 예[34]

- Round 0: 54 68 61 74 73 20 6D 79 20 4B 75 6E 67 20 46 75
- Round 1: E2 32 FC F1 91 12 91 88 B1 59 E4 E6 D6 79 A2 93
- Round 2: 56 08 20 07 C7 1A B1 8F 76 43 55 69 A0 3A F7 FA
- Round 3: D2 60 0D E7 15 7A BC 68 63 39 E9 01 C3 03 1E FB
- Round 4: A1 12 02 C9 B4 68 BE A1 D7 51 57 A0 14 52 49 5B
- Round 5: B1 29 3B 33 05 41 85 92 D2 10 D2 32 C6 42 9B 69
- Round 6: BD 3D C2 87 B8 7C 47 15 6A 6C 95 27 AC 2E 0E 4E
- Round 7: CC 96 ED 16 74 EA AA 03 1E 86 3F 24 B2 A8 31 6A
- Round 8: 8E 51 EF 21 FA BB 45 22 E4 3D 7A 06 56 95 4B 6C
- Round 9: BF E2 BF 90 45 59 FA B2 A1 64 80 B4 F7 F1 CB D8
- Round 10: 28 FD DE F8 6D A4 24 4A CC C0 A4 FE 3B 31 6F 26

코드 3.11: AES 키 확장

```
1  void AES::key(const unsigned char *pkey) {
2      memcpy(schedule[0], pkey, 16);
3      unsigned char *p = &schedule[1][0];
4      for(int i=1; i<ROUND; i++) {
5          for(int j=0; j<3; j++) *(p+j) = *(p+j-3);
6          *(p+3) = *(p-4);
7          for(int j=0; j<4; j++) *(p+j) = sbox[*(p+j)];
8          for(int j=0; j<4; j++, p++) {//p+=4
9              *p ^= rcon[4*i/N-1][j];
10             *p ^= *(p - 4*N);
11         }
12         for(int j=0; j<12; j++, p++) *p = *(p - 4*N) ^ *(p - 4);
```

---

[34] *AES Example -Input (128 bit key and message).* URL: https://kavaliro.com/wp-content/uploads/2014/03/AES.pdf (visited on 10/27/2019).

```
13        }
14 }
```

위의 함수는 키를 세팅하면 이를 확장해서 멤버변수인 schedule_ 배열에 11라운드의
키를 채워 넣는다.

코드 3.12: 키 스케줄링 테스트

```
1  unsigned char schedule[11 * 16] = {// 위의 라운드 키 값 예
2      0x54, 0x68, 0x61, 0x74, 0x73, 0x20, 0x6D, 0x79,
3      0x20, 0x4B, 0x75, 0x6E, 0x67, 0x20, 0x46, 0x75,
4      ⋮
5      0xCC, 0xC0, 0xA4, 0xFE, 0x3B, 0x31, 0x6F, 0x26
6  };
7
8  TEST_CASE("key scheduling") {
9      AES aes;
10     aes.key(schedule);// 첫 16바이트만 키 값으로 주어진다.
11     REQUIRE(equal(schedule, schedule + 11*16, aes.schedule_[0]));
12 }// 정확히 11라운드로 키가 확장됨을 확인할 수 있다.
```

4.2   add round key

add round key 변환은 위에서 확장된 키를 각 라운드에 맞춰서 메시지와 xor 연산
하는 것이다. 표 3.1에서 보듯이 xor 연산은 변환과 역변환이 동일하다. 따라서 add
round key 변환도 변환과 역변환이 동일하다.

코드 3.13: add round key 구현

```
1  void AES::add_round_key(unsigned char *p, int round) const {
2      for(int i=0; i<16; i++) p[i] ^= schedule_[round][i];
3  }
```

AES의 암호화, 복호화 과정

5.1 암호화

암호화 과정은 앞서 소개된 모든 변환을 총 11라운드에 걸쳐 반복한다.

0 round 메시지와 0라운드 키를 xor한다.

1-9 round

1. substitution 변환한다.

2. rotation 변환한다.

3. mix column 변환한다.

4. 이번 라운드의 라운드 키와 xor한다(add round key 변환).

10 round 1-9 라운드와 동일하게 하되 mix column은 하지 않는다.

코드 3.14: AES 암호화 함수

```
1   void AES::encrypt(unsigned char *m) const {
2       add_round_key(m, 0);
3       for(int round=1; round<ROUND-1; round++) {
4           substitute(m);
5           shift_row(m);
6           mix_column(m);
7           add_round_key(m, round);
8       }
9       substitute(m);
10      shift_row(m);
11      add_round_key(m, ROUND-1);
12  }
```

5.2 복호화

AES의 복호화는 정확히 암호화의 과정을 역순으로 하면 된다. 모든 변환의 역함수를 사용해, 11 라운드를 거꾸로 진행한다.

- 10 라운드의 라운드 키와 xor한다.

- 각 열을 우측으로 0, 1, 2, 3만큼 rotate한다.

- inv_sbox를 이용해 치환한다.

- 9 라운드의 라운드 키와 xor한다.

- inv_mixcolumn 변환을 진행한다.

- 각 열을 우측으로 0, 1, 2, 3만큼 rotate한다.

- inv_sbox를 이용해 치환한다.

$$\vdots$$

- 0 라운드 키와 xor한다.

코드 3.15: AES 복호화 함수

```
1   void AES::decrypt(unsigned char *p) const {
2       add_round_key(p, ROUND-1);
3       for(int round=ROUND-2; round>0; round--) {
4           inv_shift_row(p);
5           inv_substitute(p);
6           add_round_key(p, round);
7           inv_mix_column(p);
8       }
9       inv_shift_row(p);
10      inv_substitute(p);
11      add_round_key(p, 0);
12  }
```

제 6 절
CBC

이제 16바이트의 메시지를 인코딩/디코딩할 수 있게 됐다. 더 긴 길이의 메시지는 동일한 과정을 반복하면 된다. 이때 만약 아무런 다른 것을 하지 않고 그냥 암호화를 반복한다면, 같은 메시지는 항상 같은 암호문으로 인코딩될 것이다. 이와 같은 방식을 ECB(Electronic Codebook) 방식이라 한다. 해커는 이를 이용해 많은 데이터를 수집해, 암호문을 해독할 가능성이 높아진다. 그래서, CBC(Cipher Block Chaining)에서는 암호화된 16바이트를 다음 16바이트와 xor한 후 암호화 해, 암호문의 엔트로피를 높인다. 이때, 앞선 16바이트가 없는 맨 첫 번째의 평문과 xor할 16바이트는 임의의 랜덤값을 사용하는데, 이를 IV(Initialization Vector, 일종의 랜덤 초기값)라고 하며, 일반적으로 암호화된 메시지의 앞부분에 붙여 보낸다.

원본 그림   ECB 방식으로 암호화한 결과   ECB 이외의 방식으로 암호화한 결과

비트맵 그림을 여러 블록으로 나누어 암호화한 결과. ECB 방식의 경우 원본 그림의 색은 보이지 않지만 윤곽이 드러나 보이는 것을 볼 수 있다.

그림 3.2: 위키피디아, https://ko.wikipedia.org/wiki/블록암호운용방식

IV 값이 노출돼 있다고 하더라도, 도청자는 먼저 복호화한 후에 IV 값과 xor해 원문을 알아내야 하므로 아무 소용이 없다. 이에 반해 복호화를 하는 키를 알고 있는 사람은 복호화 후, IV 값을 적용시켜 원문을 복원해낼 수 있다.

Cipher	Type	Key Material	IV Size	Block Size
NULL	Stream	0	0	N/A
RC4_128	Stream	16	0	N/A
3DES_EDE_CBC	Block	24	8	8
AES_128_CBC	Block	16	16	16
AES_256_CBC	Block	32	16	16

표 3.3: 암호화 방식에 따른 Key, IV, Block의 크기

코드 3.16: Cipher mode Base 클래스와 이로부터 상속받은 CBC 클래스

```cpp
template<class Cipher> class CipherMode {
public:
    void key(const unsigned char *p) {
        cipher_.key(p);
    }
    virtual void iv(const unsigned char *p) = 0;
protected:
    Cipher cipher_;// 우리의 경우 AES
    unsigned char iv_[16];
};
template<class Cipher> class CBC : public CipherMode<Cipher> {
public:
    void iv(const unsigned char *p);
    void encrypt(unsigned char *p, int sz) const;
    void decrypt(unsigned char *p, int sz) const;
};
```

코드 3.17: CBC 클래스의 구현

```cpp
template<class Cipher>
void CBC<Cipher>::iv(const unsigned char *p) {
    memcpy(this->iv_, p, 16);
}
```

```
5   template<class Cipher>
6   void CBC<Cipher>::encrypt(unsigned char *p, int sz) const
7   {// 순차적임
8       assert(sz % 16 == 0);
9       for(int i=0; i<16; i++) p[i] ^= this->iv_[i];
10      for(int j=1; j<sz/16; j++) {
11          this->cipher_.encrypt(p);// xor 후 16바이트를 암호화
12          for(int i=0; i<16; i++, p++) *(p + 16) ^= *p;//p+=16
13      }
14      this->cipher_.encrypt(p);
15  }
16  template<class Cipher>
17  void CBC<Cipher>::decrypt(unsigned char *p, int sz) const
18  {// 병행 프로그래밍 가능
19      assert(sz % 16 == 0);
20      unsigned char buf[sz];
21      memcpy(buf, p, sz);
22      for(int i=0; i<sz; i+=16) this->cipher_.decrypt(p+i);
23      for(int i=0; i<16; i++) *p++ ^= this->iv_[i];//p+=16
24      for(int i=0; i<sz-16; i++) *p++ ^= buf[i];
25  }
```

위의 구현에서 보듯이 CBC 방식 인코딩은 다음의 인코딩이 앞선 인코딩에 의존하기에 병렬화가 불가능하지만, 디코딩은 병렬화가 가능하다. 이외에도 PCBC, CFB, OFB, CTR 방식 등의 변형이 존재한다.

제 7 절
패딩

AES는 16바이트의 블록 단위로 암호화한다. 바이트열이 16의 배수가 아닐 경우가 있으므로 패딩을 뒤에 집어넣는다. TLS 1.2에서는 패딩의 개수를 맨 마지막 바이트에 넣고, 그 앞에 그 개수의 패딩을 넣는다.

0	1	2	3	4	5	6	7
0x23	0x21	0xf1	0xa3	0x22	0xad	0xca	0x00
0xff	0x23	0x01	0x00	3	3	3	3

그림 3.3: AES 패딩

그림 3.3에서 끝에 나오는 4개의 3이 패딩이다. 이 패딩 덕분에 바이트열이 16바이트의 배수가 돼 CBC 방식으로 암호화할 수 있다. 복호화할 때는 맨 마지막 바이트를 가지고 패딩의 개수를 알 수 있고, 패딩을 제거해 원래의 메시지를 복원할 수 있다.

만약 바이트열이 정확히 16으로 나눠 떨어질 경우에는 패딩값이 15가 되고, 16바이트가 덧붙는다.

0	1	2	3	4	5	6	7
0x23	0x21	0xf1	0xa3	0x22	0xad	0xca	0x00
0xff	0x23	0x01	0x00	0x01	0x22	0x22	0x14
15	15	15	15	15	15	15	15
15	15	15	15	15	15	15	15

그림 3.4: 길이가 16바이트일 경우의 패딩

AES CBC 모드에서의 암호화와 복호화를 테스트해보자.

코드 3.18: CBC와 패딩을 이용한 암호화, 복호화

```
1  TEST_CASE("CBC") {
2      CBC<AES> cbc;
3      unsigned char key[16] = {// 임의의 숫자를 사용했다.
4          0, 9, 13, 11, 11, 14, 9, 13, 13, 11, 14, 9, 9, 13, 11, 14
5      };
6      unsigned char iv[16] = {
7          14, 21, 13, 11, 11, 7, 9, 13, 0, 11, 14, 9, 9, 13, 11, 14
8      };
9      cbc.key(key);
10     cbc.iv(iv);
11     string msg = "Hello this is test";
```

```
13    for(int i=0; i<14; i++) msg += 13;// msg가 18바이트이므로 14바이트의 패딩
14    cbc.encrypt((unsigned char*)msg.data(), 32);
15    cbc.decrypt((unsigned char*)msg.data(), 32);
16    for(int i=msg.back(); i >= 0; i--) msg.pop_back();// 패딩 제거
17    REQUIRE(msg == "Hello this is test");
```

제 8 절
GCM

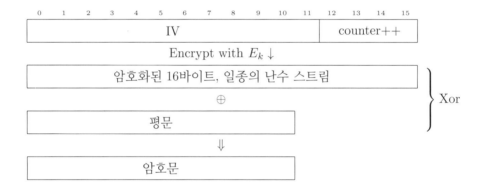

그림 3.5: 16바이트 이하의 경우 GCM 방식의 암호화

CBC와 더불어 현재 가장 많이 쓰이는 방식인 GCM은 CTR(카운터) 방식의 일종이다. GCM 방식은 병렬화가 쉬워서 멀티 스레드 환경에서 빠른 처리를 할 수 있다. GCM은 암호화/복호화에 더해, 메시지의 위변조 여부를 확인할 수도 있다. GCM 방식이 특이한 점은 평문을 암호화하는 것이 아니라, IV와 카운터 값을 암호화한 뒤, 이를 평문과 xor해 결과값을 도출한다. 그러므로, 평문이 16바이트로 떨어지지 않더라도, 암호화를 할 수 있다.

이는 블록 암호화를 스트림 암호화[35]로 변형하는 것이나 마찬가지다.

---

[35]블록 암호화가 암호화할 문장을 여러 가지 방식으로 변환하고, 키 값과 xor 등의 방법으로 결합하는 것이라면, 스트림 암호화는 암호화할 문장을 난수적으로 생성된 계속해서 변형되는 스트림과 결합하는

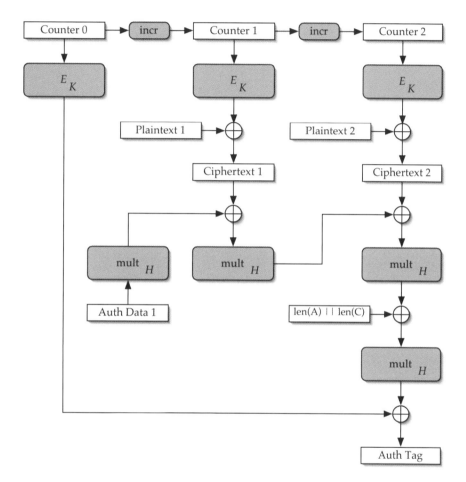

그림 **3.6:** GCM 암호화 과정[36]

GCM 방식은 IV, 키, 평문, 부가적인 인증 데이터를 입력으로 하고, 암호문과 인증 태그를 출력한다. 그림 3.6을 자세히 들여다보자. 바탕이 검은 것은 함수이고, 흰 것은 데이터이며, ⊕는 xor를 의미한다. 32바이트의 평문을 암호화한다고 가정하자. 그림 3.6에서 16바이트씩 Plaintext1과 Plaintext2로 나눴다. Counter는 1로부터 시작해 차차 1씩 늘어난다. 이를 4바이트의 빅엔디안 형식으로 96비트(12바이트)의 IV 값과 이어 붙인다(IV + Counter). 이렇게 만든 16바이트의 벡터값을 E_K로 암호화한다. E 는 Encryption 함수, 우리의 경우엔 AES를 의미하고, K는 Key를 의미한다. 즉, 키 값 이 K인 AES로 암호화한다고 보면 된다. Counter0(IV + 1)을 암호화한 것은 평문과 xor하지 않고 마지막 단계에서 인증 태그를 출력하는 데 사용하고, Counter1(IV + 2) 를 암호화한 것부터 차례로 평문과 xor한다. 이 결과물인 Ciphertext1, Ciphertext2, ...을 이어 붙이면 최종적인 암호문이 된다.

그림 3.6의 아래 부분은 인증 태그를 형성하는 작업을 표시한다. Auth Data 1 은 외부에 드러나지 않는 인증 데이터[37]다. $mult_H$는 갈루아군 $GF(2^{128})$에서 H와 곱하는 함수를 의미한다. 여기에서 H는 16바이트의 0을 E_K로 암호화한 결과물을 말한다. 우리는 앞에서 이미 갈루아군에서의 연산을 살펴봤다. $GF(2^8)$이 곱셈의 결 과를 $x^8 + x^4 + x^3 + x + 1$로 나눈 나머지로 했듯이, $GF(2^{128})$은 숫자를 다항식으로 변형해 곱한 후, $x^{128} + x^7 + x^2 + x + 1$으로[38] 나눈 나머지로 곱셈 연산을 정의한 다. 헷갈리게도 GCM에서는 숫자를 AES의 갈루아군 연산과는 다르게, 가장 큰 항의 계수를 우측에 놓는다. 즉, 다항식 $x^{127} + x^2 + x + 1$은 이진수 11100000000...001로 표현된다. 이는 정의하기 나름이므로 따르도록 하자. Auth Data는 뒤에 0을 덧붙여서 16바이트의 배수가 되게 한다. 만약 Auth Data가 길다면 평문을 16바이트씩 나눈 것과 마찬가지로, Auth Data를 나눠서 $mult_H$ 함수를 적용시키고, 이를 다음번의

것으로 볼 수 있다. 블록 암호화가 암호화할 문장을 변환하는 것에 초점을 맞추고 있다면, 스트림 암호화는 난수의 연속을 만들어내는 것에 초점을 맞추고 있다.(*Chacha20*. 온라인 접근한 날짜 2019-5-19. URL: https://en.wikipedia.org/wiki/Salsa20#ChaCha_variant)

[36](David McGrew and John Viega. "The Galois/counter mode of operation (GCM)". In: *Submission to NIST Modes of Operation Process* 20 [2004], p. 5)

[37]명시적으로 메시지에 표시하지 않아도, 소통하는 당사자간에 알 수 있는 부가적인 데이터. TLS 1.2 에서는 몇 번째 메시지인지를 나타내는 순서값과 그 메시지의 헤더를 합해 사용한다.

[38]이 다항식에 의해 이 군이 정의된다고 할 수 있다.

Auth Data와 xor하는 것을 Auth Data의 길이가 소진될 때까지 반복한다. 그렇게 해 나온 최종 결과물을 Ciphertext1, Cihpertext2, ... 등과 갈루아군에서의 곱하기 연산과 xor를 반복한다. Ciphertext의 길이가 소진됐으면, 마지막으로 Auth Data 의 길이와 Cipher text의 길이[39]를 이어 붙인 len(A)∥len(C)와 xor하고 이를 H와 곱한다. 이제 최종적으로 첫 번째 카운터를 암호화한 것과 이것을 xor해 인증 태그를 생성한다. 이 인증 태그는 일종의 해쉬값으로 GCM 방식은 암호화와 더불어 다음 장에서 배울 해쉬의 기능을 동시에 수행한다고 할 수 있다.

8.1 $mult_H$ 함수의 구현

GF(2^8)에서 ⊗2를 이용해 임의의 숫자를 곱하는 함수를 구현할 수 있음을 알아봤다.

우선 GF(2^{128})에서의 ⊗2 함수를 구해보자. 가장 우측의 비트가 0인 경우는 그냥 오른쪽으로 1비트씩 쉬프트하면 된다.[40] 최고차항이 0이므로 2, 즉 다항식으로는 x를 곱했을 때, 모듈러 다항식인 $x^{128} + x^7 + x^2 + x + 1$로 나눌 필요가 없다. 가장 우측의 비트가 1인 경우는 x를 곱하면 x^{128}항이 생길 것이다. $x^{127} + x^3 + x^2 + 1$에 x를 곱한 경우를 생각해보자.

$$
\begin{array}{r}
1 \\
\hline
x^{128} + x^7 + x^2 + x + 1 \overline{) x^{128} + x^4 + x^3 + x} \\
-x^{128} - x^7 - x^2 - x - 1 \\
\hline
-x^7 + x^4 + x^3 - x^2 - 1
\end{array}
$$

위의 식을 보면 결국엔 모든 항이 차수가 1씩 높아지고, 위의 식의 계수는 0 혹은 1만이 가능하므로 둘째 줄을 보면 $-x^7 - x^2 - x - 1$에 의해 7, 2, 1, 0차항만이 계수가 바뀐다는 것을 알 수 있다. 이는 1비트 쉬프트한 이후에 11100001 ∥ 0^{120}과 xor하는 것과 같다. 자세한 계산 과정은 이미 AES의 Mix Coulumn 연산에서 해봤고(그림 3.1 참조), 동일한 방식이므로 생략하겠다.

임의의 숫자와 곱하는 것은 타원곡선 방정식에서 살펴본 코드 1.10의 operator*

---

[39]비트 단위의 길이를 각각 8바이트씩 빅엔디안으로 이어 붙인다.
[40]가장 오른쪽의 비트가 가장 큰 차수의 항이므로 우측으로 쉬프트한다.

함수에서 구현한 것과 같이 이진법으로 변형해 구하면 된다. $13X$를 $(2^0 + 2^2 + 2^3)X = X + 4X + 8X$로 생각해 구할 수 있다.

코드 3.19: GCM 갈루아 군에서의 $\otimes$ 연산

```
1   void doub(unsigned char *p)// ⊗2 함수 정의
2   {// p는 16바이트의 최고차항이 맨 우측인 형식의 머리 부분을 가리킨다.
3       bool bit1 = p[15] & 1;// 최고차항의 bit가 1인지 여부
4       for(int i=15; i>0; i--) p[i] = (p[i] >> 1) | (p[i-1] << 7);
5       p[0] >>= 1;
6       if(bit1) p[0] ^= 0b11100001;
7   }
8   void gf_mul(unsigned char *x, unsigned char *y)
9   {// x = x × y, y 값이 H가 될 것이다. x, y는 모두 16바이트의 머리 부분
10      unsigned char z[16];
11      for(int i=0; i<16; i++) {
12          for(int j=0; j<8; j++) {
13              if(y[i] & 1<<(7-j))// bit 단위로 y를 조사한다.
14                  for(int k=0; k<16; k++) z[k] ^= x[k];// z에 현재의 x 값을 더함
15              doub(x);// x가 2x가 됨
16          }
17      }
18      memcpy(x, z, 16);
19  }
```

8.2 GCM 클래스의 구현

CipherMode 클래스를 상속받아서 GCM 모드 클래스를 구현해보자. 이 클래스는 내부적으로 AES 암호화를 이용한다.

코드 3.20: GCM 클래스의 헤더 파일

```
1   template<class Cipher> class GCM : public CipherMode<Cipher>
2   {
3   public:
```

```
4        void iv(const unsigned char *p);
5        void iv(const unsigned char *p, int from, int sz);
6        // TLS 1.3에서는 IV를 조합해서 만들어낸다. 이를 위해 추가한 함수.
7        void aad(unsigned char *p, int sz);
8        std::array<unsigned char, 16> encrypt(unsigned char *p, int sz);
9        std::array<unsigned char, 16> decrypt(unsigned char *p, int sz);
10  protected:
11       std::vector<unsigned char> aad_;
12       unsigned char lenAC_[16];
13  private:
14       void xor_with_enc_ivNcounter(unsigned char *p, int sz, int ctr);
15       std::array<unsigned char, 16> generate_auth(unsigned char *p, int sz);
16  };
```

GCM 모드는 부가적인 인증 데이터additional auth data를 요구하므로, 따로 aad 함수를
만들었다. 암호화 시 인증 태그를 생성해야 하므로, encrypt 함수가 인증 태그를 리
턴하도록 했다. decrypt 함수는 인증 태그를 리턴하고, 암호문을 평문으로 변형한다.
일반적으로 인증 태그는 암호문의 뒤에 붙으므로, decrypt 함수의 리턴값과 뒤에 붙어
있는 인증 태그를 비교해 중간에 메시지가 변형됐는지 여부를 확인할 수 있다.

코드 3.21: GCM 클래스의 구현

```
1   template<class Cipher>
2   void GCM<Cipher>::iv(const unsigned char *p) {
3       memcpy(this->iv_, p, 12);
4   }
5   template<class Cipher>
6   void GCM<Cipher>::iv(const unsigned char *p, int from, int sz) {
7       memcpy(this->iv_ + from, p, sz);
8   }
9   template<class Cipher>
10  void GCM<Cipher>::aad(unsigned char *p, int sz) {
11      aad_ = vector<unsigned char>{p, p+sz};
12      mpz2bnd(aad_.size() * 8, lenAC_, lenAC_ + 8);
```

```
13        while(aad_.size() % 16) aad_.push_back(0);
14    }
15
16    template<class Cipher>
17    void GCM<Cipher>::xor_with_enc_ivNcounter(unsigned char *p, int sz, int ctr)
18    {// 그림 3.5에 해당하는 함수
19        unsigned char ivNcounter[16];
20        memcpy(ivNcounter, this->iv_, 12);
21        mpz2bnd(ctr, ivNcounter + 12, ivNcounter + 16);
22        this->cipher_.encrypt(ivNcounter);
23        for(int i=0; i<sz; i++) p[i] ^= ivNcounter[i];
24    }
25    template<class Cipher>
26    array<unsigned char, 16> GCM<Cipher>::encrypt(unsigned char *p, int sz)
27    {// 포인터 p가 가리키는 위치에 암호문을 덮어쓰고, 인증 태그를 리턴한다.
28        for(int i=0; i<sz; i+=16)// sz는 16의 배수일 필요가 없다.
29            xor_with_enc_ivNcounter(p + i, min(16, sz-i), i/16 + 2);
30        return generate_auth(p, sz);
31    }
32    template<class Cipher>
33    array<unsigned char, 16> GCM<Cipher>::decrypt(unsigned char *p, int sz)
34    {// 복호화 시는 인증 태그 생성이 먼저다.
35        auto a = generate_auth(p, sz);
36        for(int i=0; i<sz; i+=16)
37            xor_with_enc_ivNcounter(p + i, min(16, sz-i), i/16 + 2);
38        return a;
39    }
40    template<class Cipher>
41    array<unsigned char, 16> GCM<Cipher>::generate_auth(unsigned char *p, int sz)
42    {// 16바이트의 인증 태그를 생성한다.
43        unsigned char H[16]={0,};
44        array<unsigned char, 16> Auth;
45        this->cipher_.encrypt(H);
46        if(!aad_.empty()) {
```

```
47      gf_mul(&aad_[0], H);
48      for(int i=0; i<aad_.size()-16; i+=16) {//aad 처리
49          for(int j=0; j<16; j++) aad_[i+16+j] ^= aad_[i+j];
50          gf_mul(&aad_[i+16], H);
51      }
52      copy(aad_.end() - 16, aad_.end(), Auth.begin());
53  }
54  for(int i=0; i<sz; i+=16) {
55      for(int j=0; j<min(16, sz-i); j++) Auth[j] ^= p[i+j];
56      gf_mul(&Auth[0], H);
57  }
58
59  mpz2bnd(sz * 8, lenAC_ + 8, lenAC_ + 16);
60  for(int i=0; i<16; i++) Auth[i] ^= lenAC_[i];
61  gf_mul(&Auth[0], H);
62  xor_with_enc_ivNcounter(&Auth[0], 16, 1);
63  return Auth;
64  }
```

8.3 GCM 클래스 테스트

우리가 작성한 GCM 클래스를 nettle 라이브러리를 이용한 결과와 비교해 테스트해
보자.

코드 3.22: nettle 라이브러리와의 비교를 통한 GCM 클래스 테스트

```
1  TEST_CASE("GCM") {
2      unsigned char K[16], A[70], IV[12], P[48], 7[16], C[48];
3      mpz2bnd(random_prime(16), K, K + 16);// key
4      mpz2bnd(random_prime(70), A, A + 70);// auth data
5      mpz2bnd(random_prime(12), IV, IV + 12);// iv
6      mpz2bnd(random_prime(48), P, P + 48);// plain text
7      SECTION("GCM compare with nettle") {
8          gcm_aes128_ctx ctx;// nettle 라이브러리로 암호화
```

```
 9        gcm_aes128_set_key(&ctx, K);
10        gcm_aes128_set_iv(&ctx, 12, IV);
11        gcm_aes128_update(&ctx, 28, A);
12        gcm_aes128_encrypt(&ctx, 48, C, P);// C: cipher text
13        gcm_aes128_digest(&ctx, 16, Z);// Z: digest
14
15        GCM<AES> gcm;// 직접 만든 클래스로 암호화
16        gcm.iv(IV);
17        gcm.key(K);
18        gcm.aad(A, 28);
19        auto a = aes.encrypt(P, 48);// P의 위치에 암호문을 덮어쓴다.
20
21        REQUIRE(equal(P, P+48, C));// nettle과의 암호문 비교
22        REQUIRE(equal(a.begin(), a.end(), Z));// nettle과의 인증 태그 비교
23    }
24 }
```

4

해쉬

해쉬란 메시지의 위변조를 방지하기 위한 목적으로 만들어진 것으로 메시지를 읽어들여 어떠한 값을 출력하는 함수다. 해쉬 함수의 한 예로 모든 바이트를 읽어들여 더한 후 256으로 나눈 나머지를 구하는 함수도 해쉬 함수라고 할 수 있다.

어떤 사람이 다음과 같은 메시지를 보냈다고 하자. "give him 1000 dollars." [41] 이를 읽어들여 256으로 나누면 41의 값이 나온다. 이 해쉬값을 어딘가에 공고해 놓으면, 이 메시지를 변조하기 어려울 것이다. 만약 돈을 수령하는 사람이 욕심이 생겨 1000을 2000으로 바꿨다고 하자. 그럼 해쉬값이 변하게 돼 거짓이 들통날 것이다. 그러나, 1000 대신에 182222000이라는 큰 숫자를 넣어버리면 해쉬값이 똑같이 나온다. 왜냐하면 2는 아스키코드로 50이고, 8은 56이다. 2가 4번 8이 1번 더해지면 256이 되므로, 위의 해쉬 함수는 똑같은 값을 출력하게 된다. 그러므로, 이러한 함수는 해쉬 함수로 적합하지 않다.

코드 4.1: 원시적인 해쉬 함수

```
1   int hash1(const char *p) {
2       int sum = 0;
```

---

[41]물론 이렇게 짧은 메시지는 해쉬 함수의 대상으로 잘 쓰이지 않는다. 프로그램같이 매우 긴 메시지일 경우가 많다.

```
3        while(*p) sum += *p++;
4        return sum % 256;
5   }
6
7   int main() {
8        char p[100] = "give him 1000 dollars";
9        cout << hash1(p);// 해쉬값 251
10       p[9] = '2';
11       cout << hash1(p);// 해쉬값 252
12       strcpy(p, "give him 182222000 dollars");
13       cout << hash1(p);// 해쉬값 251
14   }
```

그렇다면 좋은 해쉬 함수의 요건에는 어떤 것이 있을까?

- 해쉬 함수는 메시지의 위변조를 막기 위해 쓰이므로, TLS에서는 메시지를 주고받을 때마다 호출된다. 그러므로, 속도가 빨라야 한다.

- 위의 예에서 보듯이 메시지를 바꿔서 같은 해쉬값을 만들어 내기가 거의 불가능해야 한다.

- 역함수를 구할 수 없어야 한다.

제 1 절
SHA1

Sha1[42]은 임의의 길이의 메시지를 해쉬해 20바이트의 해쉬 다이제스트digest를 도출한다. 우선 헤더 파일을 정의해두고, SHA1 해쉬를 구현해보자.

코드 4.2: SHA1 헤더

```
1   class SHA1
```

---

[42]Donald Eastlake and Paul Jones. "RFC 3174: US secure hash algorithm 1 (SHA1)". In: *Network Working Group* (2001).

```
 2  {
 3  public:
 4      static const int block_size = 64;
 5      static const int output_size = 20;
 6      SHA1();
 7      template<class It> std::array<unsigned char, 20> hash(const It begin, const
            It end);
 8
 9  protected:
10      bool big_endian_ = false;
11      uint32_t h[5], w[80];
12      static constexpr uint32_t h_stored_value[5] =
13          {0x67452301, 0xEFCDAB89, 0x98BADCFE, 0x10325476, 0xC3D2E1F0};
14
15  private:
16      static void preprocess(std::vector<unsigned char> &v);
17      void process_chunk(unsigned char *p);//64 byte chunk
18  };
```

1.1 전처리 과정

원본 메시지의 길이(비트 단위로 계산)를 sz라 하자. 메시지 뒤에 0x80을 덧붙인다. 메시지의 길이를 64로 나눈 나머지가 56이 되도록 메시지의 뒤에 여러 개의 0을 덧붙인다. 원본 메시지의 길이를 비트로 계산한 sz를 8바이트의 빅엔디안으로 뒤에 덧붙인다. 결과적으로 이제 메시지는 64바이트의 배수가 됐다.

전처리 구현 임의의 메시지를 unsigned char형의 벡터에 넣어서 전달했을 때, 이 벡터를 전처리 과정에 맞춰 변형시키는 함수를 구현하자.

코드 4.3: SHA1 전처리 과정 구현

```
 1  void SHA1::preprocess(vector<unsigned char> &v) {
 2      size_t sz = v.size() * 8;
```

```
3        v.push_back(0x80);
4        for(int i=0; i<8; i++) v.push_back(0);// size를 채워넣을 공간
5        while(v.size() % 64) v.push_back(0);
6        for(auto it = v.rbegin(); sz; sz /= 0x100)
7            *it++ = sz % 0x100;
8    }
```

6라인의 rbegin()은 begin()과는 달리 뒤로부터 앞으로 거꾸로 진행하는 반복자를 리턴한다.

1.2 블록의 확장

이렇게 생성된 메시지를 64바이트 단위의 블록으로 쪼갠다. 이 64바이트를 4바이트 정수값 80개 즉, 320바이트로 확장한다. 이 정수값 80개를 w[80]이라고 하자. w[0] ∼ w[15]까지는 그냥 64바이트의 메시지를 카피한다. 그리고, 이 16개의 정수를 빅엔디안 표현으로 보고, 나머지 64개의 정수를 w[i] = left_rotate(w[i-3] ∧ w[i-8] ∧ w[i-14] ∧ w[i-16], 1);의 방식으로 구한다.

1.3 확장된 블록의 처리

확장된 80개의 정수에 대해 다음과 같은 처리 절차를 거친다.

다섯 개의 정수 h[5] = {0x67452301, 0xEFCDAB89, 0x98BADCFE, 0x10325476, 0xC3D2E1F0}을 초기 해쉬값으로 한다. 각각을 a, b, c, d, e의 정수에 대입한다.

80개의 정수를 w[i]라 하면 다음과 같이 a, b, c, d, e 값을 갱신한다.

코드 4.4: 해쉬 처리 과정

```
1    for(int i=0; i<80; i++) {
2        tmp = left_rotate(a, 5) + f + e + k + w[i];
3        e = d;
4        d = c;
5        c = left_rotate(b, 30);
6        b = a;
7        a = tmp;
```

```
8     }
```

이때 f와 k 값은 다음과 같다.

i가 1부터 19일 때는 $f = (b \& c) | (\sim b \& d)$), k = 0x5a827999

i가 20부터 39일 때는 $f = b \wedge c \wedge d$, k = 0x6ed9eba1

i가 40부터 59일 때는 $f = (b \& c) | (b \& d) | (c \& d)$, k = 0x8f1bbcdc

i가 60부터 79일 때는 $f = b \wedge c \wedge d$, k = 0xca62c1d6

이후 초기 해쉬값에 갱신된 a, b, c, d, e 값을 더한다.

h[0] += a; h[1] += b; h[2] += c; h[3] += d; h[4] += e;

블록 처리 구현 64바이트의 전처리된 블록 메시지를 포인터 p로 줬을 때, 이를 확장해서 80개의 4바이트 정수값 w[80][43]에 빅엔디안 형식으로 채워넣고, 이를 처리하는 함수를 만들어보자.

다음의 생성자는 시스템의 엔디안 형식을 멤버변수에 저장한다.

코드 4.5: SHA1 클래스 생성자

```
1  SHA1::SHA1() {
2      int k = 0x12345678;
3      if(htonl(k) == k) big_endian_ = true;
4  }
```

3라인의 htonl 함수는 host to network long의 준말로, 호스트의 시스템에 있는 32비트 변수의 엔디안 형식을 네트워크의 엔디안 형식으로 변환해 주는 함수다. 네트워크의 엔디안 형식은 빅엔디안이다.

코드 4.6: SHA1 블록의 확장과 처리

```
1  static uint32_t left_rotate(uint32_t a, int bits) {
2      return a << bits | a >> (32 - bits);
3  }
4  void SHA1::process_chunk(unsigned char *p) {
```

---

[43]SHA1 클래스의 protected 멤버변수다.

```
5     // 블록의 확장
6     memcpy(w, p, 64);
7     if(!big_endian_) for(int i=0; i<16; i++) w[i] = htonl(w[i]);
8     for(int i=16; i<80; i++)
9         w[i] = left_rotate(w[i-3] ^ w[i-8] ^ w[i-14] ^ w[i-16], 1);
10
11    // 블록의 처리
12    uint32_t a=h[0], b=h[1], c=h[2], d=h[3], e=h[4], f, tmp;
13    const uint32_t k[4] =
14        { 0x5a827999, 0x6ed9eba1, 0x8f1bbcdc, 0xca62c1d6 };
15    for(int i=0; i<80; i++) {
16        switch(i/20) {
17            case 0: f = (b & c) | ((~b) & d);        break;
18            case 1: f = b ^ c ^ d;                   break;
19            case 2: f = (b & c) | (b & d) | (c & d); break;
20            case 3: f = b ^ c ^ d;                   break;
21        }
22        tmp = left_rotate(a, 5) + f + e + k[i/20] + w[i];
23        e = d; d = c; c = left_rotate(b, 30); b = a; a = tmp;
24    }
25    h[0] += a; h[1] += b; h[2] += c; h[3] += d; h[4] += e;
26 }
```

7라인은 인텔이든 ARM이든 상관없이 process chunk 함수를 사용할 수 있게
해준다.

하나의 블록을 처리하는 것은 완성했다. 이를 모든 블록에 걸쳐 반복하면 최종
해쉬값이 얻어진다. 계속 초기 해쉬값에 더하다 보면 오버플로[44]가 발생하는데, 이는
버린다. 최종 해쉬값은 h[0]부터 h[4]를 빅엔디안 형식으로 이어 붙여서 나온다.

코드 4.7: SHA1 최종 해쉬 함수

```
1  template<class It>
```

---

[44]32비트로 표현할 수 있는 것보다 큰 값이 됨

```
2    std::array<unsigned char, 20> hash( const It begin, const It end)
3    {
4        for(int i=0; i<5; i++) h[i] = h_stored_value[i];
5        std::vector<unsigned char> msg(begin, end);
6        preprocess(msg);
7        for(int i=0; i<msg.size(); i+=64) process_chunk(&msg[i]);
8        if(!big_endian_) for(int i=0; i<5; i++) h[i] = htonl(h[i]);
9        std::array<unsigned char, 20> digest;
10       unsigned char *p = (unsigned char*)h;
11       for(int i=0; i<20; i++) digest[i] = *p++;
12       return digest;
13   }
```

1.4 테스트

테스트 벡터를 이용해 SHA1 해쉬를 테스트해보자.

코드 4.8: SHA1 해쉬 테스트

```
1    TEST_CASE("sha1") {
2        const string s[] = {"abc", "abcdbcdecdefdefgefghfghighijhijkijkl\
3            jklmklmnlmnomnopnopq", "abcdefghbcdefghicdefghijdefghijkefgh\
4            ijklfghijklmghijklmnhijklmnoijklmnopjklmnopqklmnopqrlmnopqrs\
5            mnopqrstnopqrstu"};
6        const char *result[] = {
7            "0xa9993e364706816aba3e25717850c26c9cd0d89d",
8            "0x84983e441c3bd26ebaae4aa1f95129e5e54670f1",
9            "0xa49b2446a02c645bf419f995b67091253a04a259"};
10       unsigned char nresult[20];
11       SHA1 sha;
12       for(int i=0; i<3; i++) {
13           mpz2bnd(mpz_class{result[i]}, nresult, nresult + 20);
14           auto a = sha.hash(s[i].begin(), s[i].end());
15           REQUIRE(equal(a.begin(), a.end(), nresult));
```

```
16     }
17 }
```

결과가 예상한대로 나오는 것을 알 수 있다.

제 2 절
SHA256

SHA1의 구현으로 해쉬 함수가 어떤 것인지는 알았으니, SHA256은 nettle의 래퍼 클래스로 만들어보자.

nettle sha256 사용법 nettle은 다음의 세 함수를 사용해 Sha256 해쉬를 한다.

void sha256_init(struct sha256_ctx *ctx);

void sha256_update(struct sha256_ctx *ctx, size_t length, const uint8_t *data);

void sha256_digest(struct sha256_ctx *ctx, size_t length, uint8_t *digest);

코드 4.9: nettle SHA256 사용법

```
1 uint8_t data[30], digest[32];
2 struct sha256_ctx sha;
3 sha256_update(&sha, 30, data);
4 sha256_digest(&sha, 32, digest);
```

우리가 직접 구현한 SHA1 클래스와 인터페이스가 동일하도록 구현해보자.

코드 4.10: SHA1 nettle 래퍼 클래스

```
1 class SHA2
2 {
3 public:
4 static const int block_size = 64;
5     static const int output_size = 32;
6     SHA2() {
7         sha256_init(&sha_);
8     }
```

```
9    template<typename It> std::array<unsigned char, output_size>
10   hash(const It begin, const It end) {
11       std::array<unsigned char, output_size> r;
12       sha256_update(&sha_, end-begin, (const unsigned char*)&*begin);
13       sha256_digest(&sha_, 20, &r[0]);
14       return r;
15   }
16 protected:
17   sha256_ctx sha_;
18 };
```

제 3 절
HMAC

TLS에서 주로 사용하는 해쉬는 HMAC[45]라는 해쉬 함수다.

HMAC은 내부적으로 SHA1 혹은 SHA256 등의 해쉬 함수를 사용하는 일종의 래퍼 해쉬 함수로 임의의 길이의 키를 가지고 해쉬를 하기 때문에, 키가 없이 그냥 해쉬를 하는 SHA 등에 비해 보안성이 좋다고 할 수 있다. 이 내부적으로 사용하는 해쉬 함수에 따라 HMAC의 종류가 정해진다.

MAC	Algorithm	mac length	mac key length
MD5	HMAC-MD5	16	16
SHA	HMAC-SHA1	20	20
SHA256	HMAC-SHA256	32	32

표 4.1: IIMAC 내부 사용 해쉬에 따른 맥 결과값과 맥 키의 크기

SHA1은 블록 크기는 64바이트이고 아웃풋^{output} 크기는 20바이트이다. HMAC<SHA1>에서는 만일 키가 내부 해쉬 함수의 아웃풋 사이즈보다 크면 이 키를 SHA1로 해쉬

---

[45]Hugo Krawczyk, Ran Canetti, and Mihir Bellare. "HMAC: Keyed-hashing for message authentication". In: (1997).

한다(아웃풋 사이즈로 됨). 만약 키가 아웃풋 사이즈보다 작으면 0을 뒤에 아웃풋 사이즈까지 채운다. 이번엔 이 키를 0x5c5c5c5c5c5c5c5c5c5c5c5c5c...5c(아웃풋 사이즈와 바이트수가 같음)과 xor 연산한다. 이것을 o_key_pad라고 한다. 한편으로는 0x36363636363636......36(아웃풋 사이즈와 바이트 수가 같음)과 xor 연산해 이것을 i_key_pad라고 한다. 최종적으로 사용하는 해쉬 함수로 hash(o_key_pad + hash(i_key_pad + message))를 해쉬값으로 계산한다. 여기에서 +는 이어 붙이는 것을 의미한다.

HMAC을 구현해보자. HMAC은 내부적으로 여러 가지 해쉬 함수를 사용할 수 있으므로, 템플릿 인자로 해쉬 함수를 선택하게 하면 좋을 것이다. 코드 4.2의 4, 5 라인의 상수는 실은 HMAC 클래스에서 사용하기 위한 것이었다. SHA256이라던가, MD5 해쉬 함수를 작성할 때도, 같은 인터페이스^{interface}를 가지게 하고, 이 상수를 추가하면, 코드 4.11의 HMAC 클래스에서 사용할 수 있을 것이다. 또한 HMAC은 임의의 길이의 키를 사용하므로, 키 세팅 함수도 반복자 인터페이스를 이용하면 좋을 것이다.

코드 4.11: HMAC 클래스

```
1   template<class H> class HMAC
2   {
3   public:
4       HMAC() : o_key_pad_(H::block_size), i_key_pad_(H::block_size)
5       { }
6       template<typename It> void key(const It begin, const It end)
7       {// block size보다 작으면 0으로 패딩, 크면 해쉬 -> 20
8           int length = end - begin;
9           // 아래의 (int)0x0은 컴파일러가 null pointer와 혼동하지 않게 함.
10          std::valarray<unsigned char> key((int)0x0, H::block_size),
11              out_xor(0x5c, H::block_size), in_xor(0x36, H::block_size);
12          if(length > H::block_size) {
13              auto h = sha_.hash(begin, end);
14              for(int i=0; i<H::output_size; i++) key[i] = h[i];
15          } else if(int i = 0; length <= H::block_size) {
```

```
16              for(auto it = begin; it != end; it++) key[i++] = *it;
17          }
18          o_key_pad_ = key ^ out_xor;
19          i_key_pad_ = key ^ in_xor;
20      }
21      template<typename It> auto hash(const It begin, const It end)
22      {
23          std::vector<unsigned char> v;
24          v.insert(v.begin(), std::begin(i_key_pad_), std::end(i_key_pad_));
25          v.insert(v.end(), begin, end);
26          auto h = sha_.hash(v.begin(), v.end());
27          v.clear();
28          v.insert(v.begin(), std::begin(o_key_pad_), std::end(o_key_pad_));
29          v.insert(v.end(), h.begin(), h.end());
30          return sha_.hash(v.begin(), v.end());
31      }
32  protected:
33      H sha_;
34      std::valarray<unsigned char> o_key_pad_, i_key_pad_;
35  };
```

코드의 valarray는 C++ 스탠다드 라이브러리의 컨테이너 중 하나로, 내부 데이터의 연산을 간편하고 빠르게 할 수 있다. 18, 19라인과 같이 하면, 컨테이너에 있는 모든 데이터에 대해 xor 연산이 행해진다.

HMAC 테스트 테스트 벡터를 이용해 HMAC을 테스트해보자.

코드 4.12: HMAC 테스트

```
1  TEST_CASE("hmac") {
2      const string data[] = {
3          "Sample message for keylen=blocklen",
4          "Sample message for keylen<blocklen",
5          "Sample message for keylen=blocklen",
6          "Sample message for keylen<blocklen, with truncated tag"
```

```
7      };
8      const char *key[] = {
9          "0x000102030405060708090A0B0C0D0E0F10111213141516171819191A1B1C\
10         1D1E1F202122232425262728292A2B2C2D2E2F303132333435363738393A3\
11         B3C3D3E3F", "0x000102030405060708090A0B0C0D0E0F10111213",
12         "0x000102030405060708090A0B0C0D0E0F10111213141516171819191A1B1C1\
13         D1E1F202122232425262728292A2B2C2D2E2F303132333435363738393A3B3\
14         C3D3E3F404142434445464748494A4B4C4D4E4F505152535455565758595A5\
15         B5C5D5E5F60616263", "0x000102030405060708090A0B0C0D0E0F1011121\
16         31415161718191A1B1C1D1E1F202122232425262728292A2B2C2D2E2F30"
17     };
18     const char *result[] = {
19         "0x5FD596EE78D5553C8FF4E72D266DFD192366DA29",
20         "0x4C99FF0CB1B31BD33F8431DBAF4D17FCD356A807",
21         "0x2D51B2F7750E410584662E38F133435F4C4FD42A",
22         "0xFE3529565CD8E28C5FA79EAC9D8023B53B289D96"};
23     int data_len[] = {34, 34, 34, 54};
24     int key_len[] = {64, 20, 100, 49};
25     unsigned char nkey[100], nresult[32];
26
27     HMAC<SHA1> hmac;
28     for(int i=0; i<4; i++) {
29         mpz2bnd(mpz_class{key[i]}, nkey, nkey + key_len[i]);
30         mpz2bnd(mpz_class{result[i]}, nresult, nresult + 20);
31         hmac.key(nkey, nkey + key_len[i]);
32         auto a = hmac.hash(data[i].begin(), data[i].end());
33         REQUIRE(equal(a.begin(), a.end(), nresult));
34     }
35 }
```

SHA1과 SHA256 클래스가 하나는 우리가 직접 구현했고, 다른 하나는 래퍼 클래스를 작성했지만, 인터페이스를 동일하게 했으므로 HMAC 클래스에서 모두 사용할 수 있다.

암호학의 기초를 마치며

제 1 절
보안의 목표

이상으로 암호학의 핵심이 되는 부분을 어느 정도 살펴본 셈이다. 고대의 카이사르가 고안한 단순한 암호화에서 시작해, 키 교환 알고리즘의 필요성과 암호화와 인증 기법, 해쉬를 모두 살펴봤다.

보안에는 세 가지 목표가 있다.[46]

기밀성(Confidentiality) 정보는 비밀스럽게 유지돼야 한다.

무결성(Integrity) 정보는 인가받지 않은 자에 의해 변경될 수 없어야 한다.

가용성(Availability) 정보는 인가받은 자가 원할 때 사용될 수 있어야 한다.

기밀성은 도청, 가장[47] 혹은 Traffic analisys[48]에 의해 위협받을 수 있으며, 키 교

---

[46]Forouzan, *암호학과 네트워크 보안*, op. cit.
[47]신분을 위장해 정보를 가로채는 것
[48]통신망의 정보를 분석해 기밀을 알아내는 것

환, 암호화, 인증 알고리즘이 이에 대한 방어를 한다. 무결성은 부인[49], 재연[50], 가장, 변경 등에 의해 위협받을 수 있으며, 인증, 해쉬 알고리즘이 이에 대한 방어를 한다. 가용성에 대한 공격은 DOS(Denial of Service) 공격이 이에 해당하며, TLS 체제 밖에 있는 보안의 영역으로 간주된다.

보안은 물리적인 접근제어, 인적 자원을 이용한 정보의 탈취 등도 광범위하게 포함되므로, 암호학보다도 범위가 넓다.

제 2 절
비트코인의 암호학

최근 암호화폐가 큰 반향을 일으키고 있다. 암호화폐의 보급이 어려운 이유 중 하나는 이해하기가 어렵다는 것이다. 이미 암호학의 전반적인 내용을 훑어봤기에, 우리는 암호화폐를 쉽게 이해할 수 있는 유리한 위치에 있다.

본격적인 TLS에 들어가기에 앞서 한 번 암호화폐에 대해 간략히 살펴보자. 비트코인은 사토시 나카모토라는 가명의 인물이 만든, 블록체인 기반의 디지털 화폐다. 블록체인은 해쉬 알고리즘에 기반한 일종의 거래 장부이다.

비트코인에서 거래란 임의의 계좌에서 다른 계좌로의 금액의 이동이다. 비트코인은 앞서 소개한 secp256k1 타원곡선을 이용해, 계좌번호와 서명을 생성한다. 임의의 타원곡선의 좌표를 P = nG(제너레이터 포인트)라고 했을 때, P점이 공개키가 되고 n이 비밀키가 된다. 공개키 값은 계좌번호가 되고, 비밀키를 이용해 ECDSA 방식으로 거래에 서명함으로써 자신이 그 거래에 동의했음을 알린다. 돈을 보내는 사람의 공개키와 받는 사람의 공개키, 보내는 금액과 서명값을 포함한 정보가 비트코인 서버들이 다룰 거래 정보다.

비트코인 서버는 참여에 제한이 없고, 모두가 탈중앙적인 동등한 지위를 지니고 있으며, 각각 장부의 복사본을 가지고 있다. 다수의 서버의 합의에 의해 장부의 유효성이 보장된다.

---

[49]보낸 정보를 보내지 않았다고 하는 것. 이를테면 신용카드를 사용하고도 사용하지 않았다고 하는 경우.

[50]인가된 사용자가 보낸 것과 동일한 메시지를 보내 시스템을 해킹

비트코인 서버들은 여러 사용자가 생성한 거래 정보를 임의의 단위로 묶어서(20개 혹은 30개 등등) 이전 블록의 해쉬값, 거래정보, 현재시간, nonce 등을 도합해 다시 해쉬(SHA256)를 도출한다. 이 해쉬값이 특정한 값 이하일 경우만 유효한 것으로 한다. 여기에서 nonce 값은 임의의 비트열이다. 해쉬 함수는 역함수가 없는 단방향이기 때문에, 유효한 해쉬값을 찾기 위해서는, 특정한 값 이하의 해쉬가 나올 때까지 nonce를 변경하면서, 반복적으로 해쉬를 도출해 적합한 nonce를 찾을 수밖에 없다. 이를 채굴이라고 한다.[51]

이렇게 하는 이유는 우선적으로 거래장부의 조작이 불가능하게 하기 위해서다. 거래장부를 조작하려면 유효한 해쉬값을 도출하는 nonce 값을 처음부터 다시 찾아내야 하기 때문에, 막대한 연산이 소모되므로 거의 불가능하게 된다. 만약 아무 해쉬값이나 유효한 것으로 한다면, 쉽게 거래를 변경하고 다시 해쉬값을 도출해 거래장부에 써넣을 수 있다.

처음으로 유효한 nonce를 알아낸 서버는 이를 새로운 블록으로 생성해, 다른 서버에게 알리고 다른 서버는 이를 검증하고 동의함으로써, 거래가 장부에 기록되고 확정된다. 이 블록은 바로 전에 생성된 블록에 대한 해쉬값을 포함하고 있고, 다음에 생성될 블록은 이 블록에 대한 해쉬값을 포함하고 있으므로, 모든 블록은 체인을 이루게 된다. 또, 이렇게 채굴에 성공한 서버에게는 비트코인으로 금전적 보상이 주어진다. 비트코인이 생성되는 방법은 이렇게 유효한 nonce 값을 찾아내 새로운 블록을 만들어낸 서버에게 주는 것밖에 없으므로, 마치 금을 캐는 것과 같다고 해 채굴이라는 이름이 붙었다.

비트코인이 암호화폐의 선구적인 자리를 차지하고 있으나, 실제 현금으로의 환금이 어렵고, 비트코인을 받아주는 상점은 매우 제한돼 있다. 또, 코인 가격의 등락이 심해 투기성이 농후하며, 거래가 취소되지 않는 점 때문에 도난이나 사기, 해킹 등에 취약한 위험성이 있다. 일반인이 금융 서비스에 원하는 것은 익명성보다는 저렴한 서비스 가격과 안전성이기 때문에, 비트코인은 진정한 통용수단으로는 쓰이지 않을

---

[51] 비트코인은 이러한 채굴이 매번 동일한 시간이 걸리도록(대략 10분 정도), 계속해서 유효한 해쉬값의 범위를 조절하고 있다. 이는 비트코인 수급과 장부의 안정성을 위해 필수 불가결한 것이지만, 비트코인 채굴을 위한 하드웨어가 발달함에 따라 채굴 난이도가 급격하게 상승해, 현재는 일반적인 컴퓨터로는 거의 채굴이 불가능하며, 많은 전기를 낭비하는 요인이 되고 있다.

것 같다.

얼마 전 페이스북^{facebook}에서 리브라^{libra}라는 암호화폐를 발표했다. 리브라가 비트코인과 가장 다른 점은 마치 은행이 화폐의 가치를 보증하기 위해 금을 보관하는 것처럼, 달러, 유로화, 파운드화 혹은 채권 등을 보유하겠다는 것이다. 가치의 변동성을 최소화해 진정한 화폐로서의 역할을 하겠다는 뜻이다.

또한, 비트코인의 채굴 과정이 가진 단점인 막대한 에너지 낭비를 개선했다. 리브라는 모든 서버가 채굴을 경쟁하는 것이 아니고, 채굴할 서버를 매번 선출해 한 서버에서만 채굴이 이뤄진다. 다른 서버들은 이를 검증하고 동의하는 역할만 한다.

마지막으로 페이스북은 리브라의 탈취 혹은 사기 시, 환불이 가능하도록 하겠다고 한다. 이는 리브라가 소유자의 신원을 확실히 하는 익명이 아닌 화폐 시스템이기에 가능할 것이다.

이상을 보면 어느 정도 암호화폐의 취약성을 보완했다고 볼 수 있다. 리브라가 비트코인의 부정적인 측면을 해결해, 금융 취약계층이 손쉽게 저렴한 금융 서비스를 접근할 수 있게 하는 새로운 화폐가 되기를 기대한다.

제Ⅱ편
TLS 1.2의 구조

TLS의 개괄

TLS 1.2의 구현에 대한 정의는 RFC5246[52] 문서에 담겨있다. 이 문서는 암호화 통신을 구현하기 위해 서로에게 전달하는 정보 구조체와 그 의미에 대해 설명한다.

이 문서는 무료로 얻을 수 있다. TLS 1.2의 전체 내용이 궁금하다면 이 문서를 항상 옆에 두고 참조하면 좋을 것이다.

TLS 메시지는 합의한 사이퍼 수트에 따라 그 구조가 약간씩 달라진다. 만약 키 교환 알고리즘으로 디피헬만이나 타원곡선을 선택했다면, 그에 따라서 키 교환 메시지가 달라질 것이다. 어떤 사이퍼 수트에서는 아예 인증서 메시지가 없는 경우도 있다.

이러한 모든 경우에 대비한 라이브러리를 만들려면, 내용이 복잡해질 것이고, 결론적으로 학습용으로 적합하지 않을 것이다. 서론에서 언급했듯이, 우리는 단 하나의 사이퍼 수트를 지원하는 라이브러리를 만들 것이며, 이 사이퍼 수트를 기준으로, TLS 메시지들의 구조를 설명할 것이다. 이 사이피 수드는 TLS ECDHE RSA AES128 GCM SHA256이다. 키 교환 알고리즘으로 ECDHE(secp256r1, 무압축 포맷), 인증 알고리즘으로 RSA, 블록 암호화로 AES128을 GCM 모드로 사용할 것이고, SHA256

---

[52]Tim Dierks and Eric Rescorla. "RFC 5246-the transport layer security (TLS) protocol version 1.2". In: *Internet Engineering Task Force* (2008).

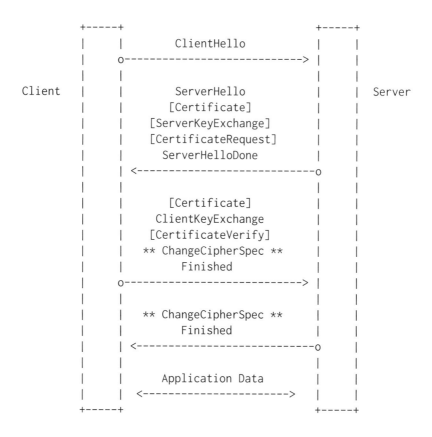

```
          +-----+                                      +-----+
          |     |           ClientHello                |     |
          |     |  o-------------------------------->  |     |
          |     |                                      |     |
 Client   |     |           ServerHello                |     |  Server
          |     |           [Certificate]              |     |
          |     |           [ServerKeyExchange]        |     |
          |     |           [CertificateRequest]       |     |
          |     |           ServerHelloDone            |     |
          |     |  <--------------------------------o  |     |
          |     |                                      |     |
          |     |           [Certificate]              |     |
          |     |           ClientKeyExchange          |     |
          |     |           [CertificateVerify]        |     |
          |     |           ** ChangeCipherSpec **     |     |
          |     |           Finished                   |     |
          |     |  o-------------------------------->  |     |
          |     |                                      |     |
          |     |           ** ChangeCipherSpec **     |     |
          |     |           Finished                   |     |
          |     |  <--------------------------------o  |     |
          |     |                                      |     |
          |     |           Application Data           |     |
          |     |  <----------------------------->     |     |
          +-----+                                      +-----+
```

그림 6.1: TLS 진행 과정

을 해쉬로 사용할 것이다.

하나의 방식으로 전체적인 큰 줄기를 이해한 후, 다른 경우에 적용되는 변칙을 차차 배워 나간다면, 모든 경우의 TLS 구조에 대해서도 알게 될 것이다.

제 1 절
TLS의 진행 과정

서버와 클라이언트는 크게 두 개의 과정으로 나눠 통신한다.

핸드세이크 우선 사이퍼 수트를 결정하고, 키를 교환해 암호화 통신을 시작할 준비를 한다. 이를 핸드세이크^{Handshake}라고 한다.

암호화된 통신 통신을 시작하면, 암호화 키로 상대방이 보낸 메시지는 복호화하고, 내가 보낼 메시지는 암호화한다. 이를 애플리케이션 데이터^{Application Data}라 한다.

기타 이외에 Change Cipher Spec과 Alert protocol의 메시지가 있다.

TLS 통신은 그림 6.1과 같은 방식으로 진행된다. 애플리케이션 데이터 이전까지의 Change Cipher Spec을 제외한 모든 메시지가 핸드세이크 메시지다.

어떠한 메시지는 사이퍼 수트에 따라 보낼 수도, 안 보낼 수도 있다. 이러한 메시지는 [ ]로 감쌌다.

제 2 절
TLS 헤더

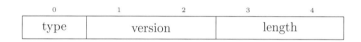

그림 6.2: TLS 헤더

모든 TLS 메시지는 TLS 헤더를 맨 앞에 가진다. 그리고, 핸드세이크 메시지는 핸드세이크 헤더를 TLS 헤더의 뒤에 가진다. 애플리케이션 데이터의 경우에는 핸드세이크 헤더가 없고, 암호화된 데이터가 곧장 붙는다. Alert 메시지일 경우에는 Alert 타입을 표시하는 2바이트가 붙는다. TLS 헤더의 형식은 다음의 다섯 바이트이다.

```
uint8_t content_type = 0x16;
uint8_t version[2] = {0x03, 0x03};
uint8_t length[2] = {0, 4};// 디폴트로 핸드세이크 헤더만 있을 경우의 길이
```

첫 번째 바이트는 실제 애플리케이션의 데이터가 오가기 전의 준비 과정인 핸드세이크일 경우에는 22, 애플리케이션 데이터일 경우는 23, Alert 메시지일 경우는 21이 되고, Change Cipher Spec은 20이 된다.

TLS 타입	number
Change Cipher Spec	0x14
Alert	0x15
Handshake	0x16
Application Data	0x17

표 6.1: TLS 타입

version의 두 바이트는 TLS 버전을 의미한다. TLS 1.2 Version은 {3, 3}을 사용하는데, 이것은 TLS 1.0이 {3, 1}을 사용했기 때문일 뿐 특별한 이유는 없다. 마지막 두 바이트는 뒤에 따라올 메시지의 길이이며, 헤더의 길이는 포함하지 않는다. 뒤에 붙는 메시지의 길이만을 표현한다. TLS 통신에서는 하나의 패킷은 2의 14승 이상의 데이터를 가지지 못하도록 돼 있다. 그러므로, 길이를 두 바이트로 표현하면 2의 16승의 데이터를 표현할 수 있기에 두 바이트로도 충분하다. 모든 숫자는 빅엔디안 방식으로 표현된다.

제 3 절
핸드세이크 헤더

그림 6.3: 핸드세이크 헤더

핸드세이크 헤더는 다음의 4바이트로 구성된다.

```
uint8_t handshake_type;
uint8_t length[3] = {0,0,0};
```

첫 번째 바이트는 핸드세이크 타입을 정의하고, 나머지 세 바이트는 뒤에 붙을 메시지의 길이를 말한다. 핸드세이크 타입은 다음의 10가지가 있다.

핸드세이크 타입	번호
HELLO_REQUEST	0x00
CLIENT_HELLO	0x01
SERVER_HELLO	0x02
CERTIFICATE	0x0b
SERVER_KEY_EXCHANGE	0x0c
CERTIFICATE_REQUEST	0x0d
SERVER_DONE	0x0e
CERTIFICATE_VERIFY	0x0f
CLIENT_KEY_EXCHANGE	0x10
FINISHED	0x14

표 6.2: 핸드세이크 타입

길이는 역시 빅엔디안 방식이다. 0, 1, 1이라면 0x101의 길이의 메시지가 뒤에 붙는다는 것을 뜻한다. 0, 0, 0이라면 뒤에 아무것도 붙지 않는다는 것을 뜻한다.

Client Hello

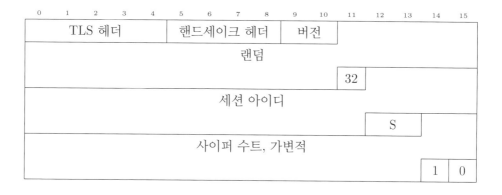

그림 7.1: Client Hello 메시지의 구조[53]

앞으로 하나하나의 메시지의 구조와 의미에 대해 설명하겠다. Client Hello 메시지는 TLS 통신에서 제일 처음 보내는 메시지다. 메시지의 순서가 틀릴 경우나 예측하지 못한 메시지가 왔을 경우 핸드세이크를 중단하고 TLS 통신을 단절하게 된다. Client Hello 메시지는 핸드세이크 메시지이기에 TLS 헤더 뒤에 핸드세이크 헤더가 붙고, 그 뒤에는 다음과 같은 바이트가 붙는다.

---

[53]32: 세션 아이디 길이, S: 사이퍼 수트 길이, 1: 압축 필드 길이, 0: 압축 방식 없음

```
uint8_t version[2] = {0x03, 0x03};
uint8_t random[32];
uint8_t session_id_length = 32;
uint8_t session_id[32];
uint8_t cipher_suite_length[2] = {0, 2};
uint8_t cipher_suite[2] = {0xc0, 0x2f};// 이 길이는 가변적이다.
uint8_t compression_length = 1;
uint8_t compression_method = 0;// none
```

버전^{version}은 TLS의 버전을 의미한다. 랜덤^{random}은 클라이언트가 무작위적인 값을 생성해 보낸다.[54] 이는 나중에 키 재료로 이용된다.

서버에 재접속할 때 이전에 핸드셰이크한 키를 계속 사용하고 싶은 경우, 클라이언트는 세션 아이디$^{\text{session id}}$ 필드에 이전에 사용했던 세션 아이디를 채워 보낸다. 서버는 이를 승인할 수도 거절할 수도 있다. 처음 접속하는 경우는 세션 아이디는 비워 둔다. 다음으로 클라이언트가 사용할 수 있는 사이퍼 수트를 나열한다. 사이퍼 수트는 두 바이트로 표현한다. 위의 경우 단 하나의 사이퍼 수트[55]를 사용할 수 있다고 한 것이다. 만약 이 사이퍼 수트의 리스트가 길어지면 그에 따라 사이퍼 수트 길이 필드의 값도 바뀐다. 서버가 자신이 사용 가능한 사이퍼 수트를 이 리스트에서 발견하지 못하면 통신은 실패한다.

브라우저마다 지원하는 사이퍼 수트가 조금씩 다르다.

https://www.ssllabs.com/ssltest/viewMyClient.html에 접근해보면, 현재 사용하고 있는 브라우저가 지원하는 사이퍼 수트가 나온다. 우리가 지원하는 사이퍼 수트는 일반적인 브라우저라면 모두 지원할 것이다.

마지막 두 바이트는 압축 방법을 규정한다. 총 길이와 압축 방법이 나열된다. 만약 압축을 하지 않을 경우는 위의 경우와 같이 1, 0으로 하면 된다.

---

[54]대부분의 경우 이를 유닉스 타임$^{\text{unix time}}$과 랜덤 바이트의 조합으로 표현하고 있으나, 그냥 랜덤 32 바이트로 생각해도 아무 상관이 없다.

[55]TLS_ECDHE_RSA_WITH_AES_128_GCM_SHA256 = { 0xC0, 0x2F }

Server Hello

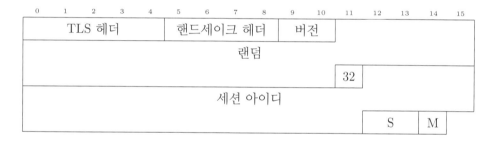

그림 8.1: Server Hello 메시지의 구조[56]

Server Hello는 다음과 같은 구조를 TLS 헤더와 핸드세이크 헤더 뒤에 가진다.

```
uint8_t version[2] = {0x03, 0x03};//length is from here

uint8_t random[32];

uint8_t session_id_length = 32;

uint8_t session_id[32];

uint8_t cipher_suite[2] = {0xc0, 0x2f};

uint8_t compression = 0;
```

---

[56]32: 세션 아이디 길이, S: 사이퍼 수트, M: 압축방식 0 = 없음

version과 random은 Client Hello와 동일하다. 이 랜덤값은 클라이언트측이 보낸 랜덤값과 함께 나중에 키를 생성하는 데 재료로 사용한다. 세션 아이디는 서버에서 클라이언트에 할당하는 아이디다. 사이퍼 수트는 클라이언트가 보낸 사이퍼 수트 리스트 중 하나를 선택한다. 여기서 정한 사이퍼 수트가 본 통신에서 사용할 사이퍼 수트가 된다. 마찬가지로 압축을 하지 않을 경우 0을 할당한다. Server Hello 혹은 Client Hello 메시지에는 확장된 정보인 extension이 맨 뒤에 붙는 경우도 있다.

CHAPTER

9

Certificate

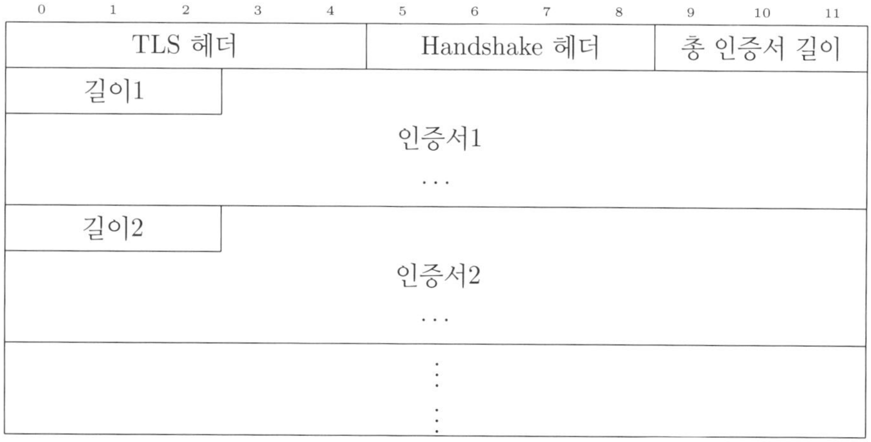
0 1 2 3 4 5 6 7 8 9 10 11
TLS 헤더
Handshake 헤더
총 인증서 길이
길이1
인증서1
길이2
인증서2

그림 9.1: Certificate 메시지의 구조

Server Hello 메시지를 보낸 후에 서버는 연이어 인증서 메시지를 보낸다. 이 메시지 또한 핸드셰이크 메시지이기에, TLS 헤더와 핸드셰이크 헤더를 가지고, 그 이후에 인증서들이 붙게 된다.

```
uint8_t whole_certificate_length[3];
uint8_t certificate_length[3];
```

```
uint8_t certificate[];
uint8_t certificate_length[3];
uint8_t certificate[];
```

구조는 위와 같은데, 맨 처음에는 전체 인증서 체인의 크기를 3바이트로 나타내고, 다음으로 첫 번째 인증서, 즉 자신의 인증서의 길이와 인증서의 내용이 온다. 다음으로 두 번째 인증서가 온다. 두 번째 인증서의 공개키로 자신의 인증서의 서명을 확인할 수 있다. 세 번째 인증서가 있다면, 두 번째 인증서의 서명을 확인할 공개키를 이로 부터 얻어야 한다. 이 리스트는 계속해서 이어질 수 있다. 인증서의 길이는 당연히 가변적이고, certificate_length 필드에 정확하게 표시해야 한다.

제 1 절
DER

인증서는 DER[57]이라는 특별한 형식으로 자신의 암호화 키와 모듈러 값 K를 표현한다. 핵심적인 이 두 정보 이외에도 인증서 발행 기관이라든가 이 사이트의 위치, 인증서 유효기간 등의 여러 가지 정보를 포함하고 있다. 물론, 사이퍼 수트에 따라 인증서의 내용도 조금씩 달라지고, 때로는 인증서 메시지가 없을 수도 있다.

우리가 구현하려는 RSA 인증방식은 가장 널리 통용되는 인증방식이다. DER은 BER의 일종으로서 json 형식처럼 데이터를 형식과 값의 쌍으로 표현한다. 단, DER은 텍스트가 아닌 바이트 값으로 표현한다. DER은 형식^{Type}과 길이^{length}, 데이터^{contents}를 차례대로 붙여서 표현한다.

1.1   Type

Type은 다시 class, p/c, tag라는 세 가지 정보의 조합으로 이뤄져 있다. Type은 class를 2비트, P/C를 1비트, tag를 5비트로 해 1바이트에 이를 표현한다.

Class, P/C, Tag에 가능한 값들은 다음과 같다.

---

[57]DER은 BER을 좀 더 제한적으로 만든 것이다. 대부분의 애플리케이션에서 BER보다는 DER이 많이 쓰인다.

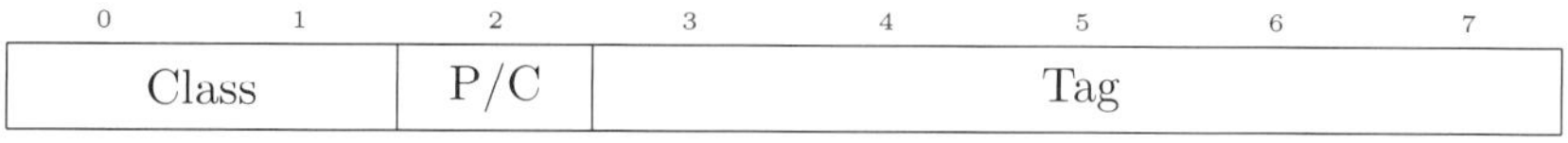

0	1	2	3	4	5	6	7
Class		P/C	Tag				

그림 9.2: DER Type 구조

Class	값
UNIVERSAL	0
APPLICATION	1
CONTEXT SPECIFIC	2
PRIVATE	3

표 9.1: Type Class bit의 값

P/C	값
PRIMITIVE	0
CONSTRUCTED	1

표 9.2: Type P/C bit의 값

Tag	값
EOC	0
BOOLEAN	1
INTEGER	2
BIT STRING	3
OCTET STRING	4
NULL TYPE	5
OBJECT IDENTIFIER	6
OBJECT DESCRIPTOR	7
EXTERNAL	8
REAL	9

ENUMERATED	10
EMBEDDED PDV	11
UTF8STRING	12
RELATIVE OID	13
RESERVED1	14
RESERVED2	15
SEQUENCE	16
SET	17
NUMERIC STRING	18
PRINTABLE STRING	19
T61 STRING	20
VIDEOTEX STRING	21
IA5 STRING	22
UTCTIME	23
GENERALIZED TIME	24
GRAPHIC STRING	25
VISIBLE STRING	26
GENERAL STRING	27
UNIVERSAL STRING	28
CHARACTER STRING	29
BMP STRING	30

표 9.3: Type Tag bit의 값

class는 데이터가 어떠한 종류의 것인지를 나타낸다. P/C는 하나의 데이터인지 아니면 여러 데이터를 모아서 만든 데이터의 집합인지를 나타낸다. 데이터의 집합일 경우는 Contents에 다시 집합 혹은 Primitive Data가 나열된다. 이것은 Json 형식에서 하나의 Json 값 안에 배열이 있는 것과 비슷하게 이해하면 된다. 자세한 것은 구현에서 좀 더 살펴보자. 마지막으로 tag는 이것이 숫자인지, 문자열인지, 혹은 시간인지를 나타낸다. 이러한 타입을 바탕으로 뒤에 올 바이트열을 해석한다. 같은 63이라는 바이트가 와도 문자인지 숫자인지에 따라 다르게 표현할 수 있다.

이 세 가지를 합해 Type 구조체를 코드 9.1로 나타낼 수 있다.

코드 9.1: Type 구조체의 정의

```
1  namespace ber {
2  enum Class {
3      UNIVERSAL, APPLICATION, CONTEXT_SPECIFIC, PRIVATE
4  };
5  // 이와 마찬가지로 PC, Tag의 enum 값들을 정의하자.
6  :
7  struct Type {
8      Class cls;
9      PC pc;
10     Tag tag;
11 };
12 }
```

한 바이트를 줬을 때 그것을 해석해 Type 구조체를 반환하는 함수를 작성해보자.

코드 9.2: DER read type 함수

```
1  static ber::Type read_type(unsigned char c)
2  {
3      ber::Type type;
4      type.cls = static_cast<ber::Class>((c & 0b11000000) >> 6);
5      type.pc = static_cast<ber::PC>((c & 0b00100000) >> 5);
6      type.tag = static_cast<ber::Tag>(c & 0b00011111);
7      return type;
8  }
```

1.2   Length

멀티 바이트의 길이 필드   DER에서 Type 다음에는 길이 필드가 온다. 길이 필드의 크기는 가변적이다. 첫 바이트의 첫 비트를 멀티 바이트인지 한 바이트인지를 나타내는 마크로 사용한다. 만약 7비트의 정보로 길이를 표현할 수 있다면 그냥 한 바이트로 길이를 표현하고, 길이가 이를 넘어설 때는 첫 비트를 1로 세트하고, 나머지 7비트를 이용해 뒤에 딸려오는 몇 바이트의 데이터가 길이를 표현하는 것인지를 나타낸다. 멀티 바이트일 경우의 예를 들어보자.

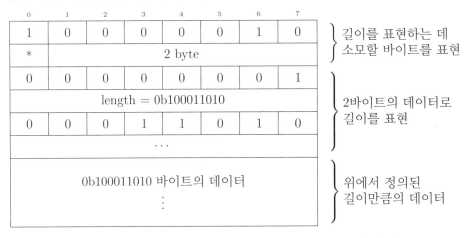

그림 9.3: DER contents 길이가 한 바이트 이상으로 표현해야 할 경우

첫 비트가 세팅됐으므로, 멀티 바이트다. 나머지 7비트를 해석하면 뒤에 올 2 바이트로 길이를 표현하겠다는 것을 알 수 있다. 그럼 뒤의 두 바이트를 빅엔디안 방식으로 해석하면 데이터의 길이를 구할 수 있다.

한 바이트의 길이 필드   한 바이트일 경우는 매우 간단하다. 첫 비트를 0으로 세팅하고 그 뒤에 7비트로 데이터의 길이를 나타낸다. 2의 7승 크기까지의 데이터를 나타낼 수 있을 것이다. 이 길이 필드 뒤에는 실제 데이터가 올 것이다.

길이 필드를 읽는 함수의 구현   그럼 이제 input stream을 읽어들여서 길이를 리턴하는 함수를 작성해보자. 길이 필드는 가변적이므로 스트림에서 읽어들이는 함수로

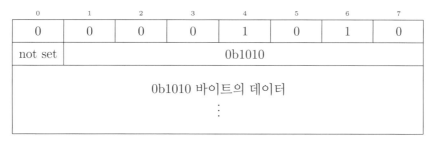

0	1	2	3	4	5	6	7
0	0	0	0	1	0	1	0
not set	0b1010						
0b1010 바이트의 데이터 ⋮							

그림 9.4: DER contents 길이가 한 바이트로 표현 가능할 경우

작성해야 한다. 함수가 호출된 후에 스트림은 정확히 길이 필드의 다음을 가리켜야 한다.

코드 9.3: DER read length 함수

```
1  static int read_length(istream& is)
2  {
3      unsigned char c;
4      if(!(is >> noskipws >> c)) throw "reached eof in read_length";
5      if(c & 0b10000000) {// 여러 바이트로 길이를 표현하는 경우
6          vector<unsigned char> v;
7          for(int i = 0, j = c & 0b01111111; i < j; i++) {
8              is >> c;
9              v.push_back(c);
10         }
11         return bnd2mpz(v.begin(), v.end()).get_si();
12     } else return c;
13 }
```

1.3 Contents

이제 데이터를 읽어 들이는 일만 남았는데, 이미 데이터 필드의 길이도 알고 타입도 알고 있으므로 그냥 읽어들이기만 하면 된다. 단지 처리를 어떻게 할 것인지 혹은 표현을 어떻게 할 것인지는 프로그래머에게 달려 있다.

이제 콘텐츠를 스트림으로부터 읽어 들여, 벡터^{vector}로 리턴하는 함수를 만들어

보자. 이 함수에는 스트림과 길이가 인자로 주어질 것이다.

코드 9.4: DER read value 함수

```
1  vector<unsigned char> read_value(istream& is, int len)
2  {// len만큼 입력 스트림에서 읽어들여서 벡터에 채워 리턴한다.
3      unsigned char c; vector<unsigned char> v;
4      for(int i=0; i<len; i++) {
5          if(!(is >> noskipws >> c)) throw "reached eof in read_value";
6          v.push_back(c);
7      }
8      return v;
9  }
```

1.4   DER 구문 분석

Certificate 메시지에서 DER 형식을 읽어들여 공개키(지수^{exponent}와 모듈러 값)를 추출해야 하기 때문에, DER을 구문 분석^{parsing}할 필요가 있다. DER은 여러 가지의 데이터 형을 표현할 수 있으며, P/C가 복합 데이터인 경우 데이터의 집합으로 하나의 데이터를 표현하는데, 이는 json 표기법과 상당히 유사하다. 이 점에 착안해 DER을 읽어 들여 구문 분석을 해 json 값으로 만드는 함수를 만들어 보자. json 값으로 만들면 프로그램에서 사용하기가 더 수월할 것이다.

jsoncpp 라이브러리   Json 값으로 변환하기 위해 jsoncpp 라이브러리를 사용할 것이다. 이 라이브러리는 무료로 얻을 수 있으며 https://en.wikibooks.org /wiki/JsonCpp 에 잘 정리된 매뉴얼이 있다. 매우 간단한 사용법만 숙지하면 된다.

우리가 목표로 하는 der2json 함수를 정의하기 위해 read_constructed와 type_change 함수를 정의했다.

코드 9.5: der2json 함수

```
1  static Json::Value type_change(ber::Tag tag, vector<unsigned char> v)
2  {// 벡터에 담긴 contents를 타입에 따라서 형식을 달리 해 json 값으로 만든다.
```

```
3      switch(tag) {
4          case ber::EOC:
5          case ber::BOOLEAN: return v[0] ? true : false;
6          case ber::INTEGER:
7          case ber::BIT_STRING:
8          case ber::OCTET_STRING:
9          case ber::NUMERIC_STRING:
10         case ber::OBJECT_IDENTIFIER:
11         case ber::OBJECT_DESCRIPTOR:
12         {// 두 바이트씩 16진수로 해석
13             stringstream ss;
14             for(auto a : v)
15                 ss << hex << setw(2) << setfill('0') << +a << ':';
16             return ss.str();
17         }
18         case ber::NULL_TYPE: return "null";
19         case ber::EXTERNAL:
20         case ber::REAL: return *(float*)v.data();
21         case ber::ENUMERATED:
22         case ber::EMBEDDED_PDV:
23         case ber::RELATIVE_OID:
24
25         default:
26         {// 문자열로 해석
27             stringstream ss;
28             for(auto a : v) ss << a;
29             return ss.str();
30         }
31     }
32 }
33
34 static Json::Value read_constructed(istream& is, int length)
35 {// 복합적인 데이터일 경우 재귀적으로 호출돼, 중층적인 Json 값을 만든다.
36     Json::Value jv;
```

```
37    int start_pos = is.tellg();
38    unsigned char c;
39    for(int i=0, l; (int)is.tellg()-start_pos < length && is >> noskipws >> c;
          i++) {
40        auto type = read_type(c);
41        l = read_length(is);
42        jv[i] = type.pc == ber::PRIMITIVE ?
43            type_change(type.tag, read_value(is, l)) : read_constructed(is, l);
44    }
45    return jv;
46 }
47
48 Json::Value der2json(istream& is)
49 {
50    Json::Value jv;
51    unsigned char c;
52    for(int i=0, l; is >> noskipws >> c; i++) {
53        auto type = read_type(c);
54        l = read_length(is);
55        jv[i] = type.pc == ber::PRIMITIVE ?
56            type_change(type.tag, read_value(is, l)) : read_constructed(is, l);
57    }
58    return jv;
59 }
```

제 2 절
PEM

인증서를 핸드셰이크 메시지에서 보낼 때는 DER 바이트로 인코딩해서 보내지만, 파일로 저장할 때는 PEM이라는 텍스트 파일 형식으로 저장한다. 그림 9.5는 인증서의 구조를 나타내고 있다. 인증서는 크게 세 부분으로 나뉜다. 서명할 주체측에 대한 정보와 서명 알고리즘, 서명값이다. 서명할 정보는 인증서의 유효기간, 공개키

등이 있다. 인증서 발행기관은 이를 해쉬하고 자신의 비밀키로 서명해 그 결과값을 인증서의 마지막 부분에 붙인다.

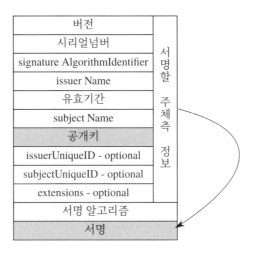

그림 9.5: 인증서의 구조

PEM 파일을 살펴보자.

```
Certificate:
    Data:
        Version: 3 (0x2)
        Serial Number: 1 (0x1)
        Signature Algorithm: sha256WithRSAEncryption
        Issuer: C=US, ST=Montana, L=Bozeman, O=Sawtooth, OU=Consulting,
                CN=www.wolfssl.com/emailAddress=info@wolfssl.com
        Validity
            Not Before: Aug 11 20:07:37 2016 GMT
            Not After : May  8 20:07:37 2019 GMT
        Subject: C=US, ST=Montana, L=Bozeman, O=wolfSSL, OU=Support,
                CN=www.wolfssl.com/emailAddress=info@wolfssl.com
        Subject Public Key Info:
            Public Key Algorithm: rsaEncryption
                Public-Key: (2048 bit)
                Modulus:
                    00:c0:95:08:e1:57:41:f2:71:6d:b7:d2:45:41:27:
                    중략...
                Exponent: 65537 (0x10001)
        X509v3 extensions:
```

```
        X509v3 Subject Key Identifier:
        B3:11:32:C9:92:98:84:E2:C9:F8:D0:3B:6E:03:42:CA:1F:0E:8E:3C
        X509v3 Authority Key Identifier:
            keyid:27:8E:67:11:74:C3:26:1D:3F:ED:33:63:B3:A4:D8:
            1D:30:E5:E8:D5
        DirName:/C=US/ST=Montana/L=Bozeman/O=Sawtooth/OU= Consulting/
            CN=www.wolfssl.com/emailAddress=info@wolfssl.com
                serial:B7:B6:90:33:66:1B:6B:23

        X509v3 Basic Constraints:
            CA:TRUE
    Signature Algorithm: sha256WithRSAEncryption
        51:fe:2a:df:07:7e:43:ca:66:8d:15:c4:2b:db:57:b2:06:6d:
        중략...
-----BEGIN CERTIFICATE-----
MIIEnjCCA4agAwIBAgIBATANBgkqhkiG9w0BAQsFADCBlDELMAkGA1UEBhMCVVMx
EDAOBgNVBAgMB01vbnRhbmExEDAOBgNVBAcMB0JvemVtYW4xETAPBgNVBAoMCFNh
d3Rvb3RoMRMwEQYDVQQLDApDb25zdWx0aW5nMRgwFgYDVQQDDA93d3cud29sZnNz
bC5jb20xHzAdBgkqhkiG9w0BCQEWEGluZm9Ad29sZnNzbC5jb20wHhcNMTYwODEx
MjAwNzM3WhcNMTkwNTA4MjAwNzM3WjCBkDELMAkGA1UEBhMCVVMxEDAOBgNVBAgM
B01vbnRhbmExEDAOBgNVBAcMB0JvemVtYW4xEDAOBgNVBAoMB3dvbGZTU0wxEDAO
BgNVBAsMB1N1cHBvcnQxGDAWBgNVBAMMD3d3dy53b2xmc3NsLmNvbTEfMB0GCSqG
SIb3DQEJARYQaW5mb0B3b2xmc3NsLmNvbTCCASIwDQYJKoZIhvcNAQEBBQADggEP
ADCCAQoCggEBAMCVCOFXQfJxbbfSRUEnAWXGRa7yvCQwuJXOL07W9hyIvHyf+6hn
f/5cnFF194rKB+c1L4/hvXvAL3yrZKgX/Mpde7rgIeVyLm8uhtiVc9qsG1O5Xz/X
GQ0lT+FjY1GLC2Q/rUO4pRxcNLOuAKBjxfZ/C1loeHOmjBipAm2vwxkBLrgQ48bM
QLRpo0YzaYduxLsXpvPo3a1zvHsvIbX9ZlEMvVSz4W1fHLwjc9EJA4kU0hC5ZMMq
0KGWSrzh1Bpbx6DAwWN4D0Q3MDKWgDIjlaF3uhPSl3PiXSXJag3DOWCktLBpQkIJ
6dgIvDMgs1gip6rrxOHmYYPF0pbf2dBPrdcCAwEAAaOB/DCB+TAdBgNVHQ4EFgQU
sxEyyZKYhOLJ+NA7bgNCyh8OjjwwgckGA1UdIwSBwTCBvoAUJ45nEXTDJh0/7TNj
s6TYHTDl6NWhgZqkgZcwgZQxCzAJBgNVBAYTAlVTMRAwDgYDVQQIDAdNb250YW5h
MRAwDgYDVQQHDAdCb3plbWFuMREwDwYDVQQKDAhTYXd0b290aDETMBEGA1UECwwK
Q29uc3VsdGluZzZYMBYGA1UEAwwPd3d3LndvbGZzc2wuY29tMR8wHQYJKoZIhvcN
AQkBFhBpbmZvQHdvbGZzc2wuY29tggkAt7aQM2YbayMwDAYDVR0TBAUwAwEB/zAN
BgkqhkiG9w0BAQsFAAOCAQEAUf4q3wd+Q8pmjRXEK9tXsgZtDZBm/6UknBTvgfKk
q5mpakkgpdJx5xw8mQfHR/zolrT1QjDOOQFL0cLovJWEh85VXZefz3jzVpulCG2s
9qVcxO8+KjmmSCYpey3gzaaMV0gLuzEywr/ZQ0xHJRiBqMkzgkGbumGG14STFyQl
NspNY2tPlXnYYOAe9azBiqGxfoWOhyAvCDGtXsZKyGH0ngceoiLtc3yF7vpi3FA2
qv3HnaoYBPvqzCxom7OpwpbYwcxafvcNngjgnSmLhEaP05Fqtbh6XMxPVQG4mkig
lEPKJUdSCvf0vrDRcW2lUkplULKtTh3gbAHY+0OA5uQMNw==
-----END CERTIFICATE-----
Certificate:
```

```
Data:
    Version: 3 (0x2)
    Serial Number:
        b7:b6:90:33:66:1b:6b:23
    Signature Algorithm: sha256WithRSAEncryption
    Issuer: C=US, ST=Montana, L=Bozeman, O=Sawtooth, OU=Consulting,
            CN=www.wolfssl.com/emailAddress=info@wolfssl.com
    Validity
        Not Before: Aug 11 20:07:37 2016 GMT
        Not After : May  8 20:07:37 2019 GMT
    Subject: C=US, ST=Montana, L=Bozeman, O=Sawtooth, OU=Consulting,
            CN=www.wolfssl.com/emailAddress=info@wolfssl.com
    Subject Public Key Info:
        Public Key Algorithm: rsaEncryption
            Public-Key: (2048 bit)
            Modulus:
                00:bf:0c:ca:2d:14:b2:1e:84:42:5b:cd:38:1f:4a:
                중략...
            Exponent: 65537 (0x10001)
    X509v3 extensions:
        X509v3 Subject Key Identifier:
            27:8E:67:11:74:C3:26:1D:3F:ED:33:63:B3:A4:D8:1D:30:E5:E8:D5
        X509v3 Authority Key Identifier:
        keyid:27:8E:67:11:74:C3:26:1D:3F:ED:33:63:B3:A4:D8:1D:30:E5:E8:D5
        DirName:/C=US/ST=Montana/L=Bozeman/O=Sawtooth/OU=Consulting/
                    CN=www.wolfssl.com/emailAddress=info@wolfssl.com
            serial:B7:B6:90:33:66:1B:6B:23

        X509v3 Basic Constraints:
            CA:TRUE
    Signature Algorithm: sha256WithRSAEncryption
        0e:93:48:44:4a:72:96:60:71:25:82:a9:2c:ca:60:5b:f2:88:
        중략...
```

```
-----BEGIN CERTIFICATE-----
MIIEqjCCA5KgAwIBAgIJALe2kDNmG2sjMA0GCSqGSIb3DQEBCwUAMIGUMQswCQYD
VQQGEwJVUzEQMA4GA1UECAwHTW9udGFuYTEQMA4GA1UEBwwHQm96ZW1hbjERMA8G
A1UECgwIU2F3dG9vdGgxEzARBgNVBAsMCkNvbnN1bHRpbmcxGDAWBgNVBAMMD3d3
dy53b2xmc3NsLmNvbTEfMB0GCSqGSIb3DQEJARYQaW5mb0B3b2xmc3NsLmNvbTAe
Fw0xNjA4MTEyMDA3MzdaFw0xOTA1MDgyMDA3MzdaMIGUMQswCQYDVQQGEwJVUzEQ
MA4GA1UECAwHTW9udGFuYTEQMA4GA1UEBwwHQm96ZW1hbjERMA8GA1UECgwIU2F3
dG9vdGgxEzARBgNVBAsMCkNvbnN1bHRpbmcxGDAWBgNVBAMMD3d3dy53b2xmc3Ns
LmNvbTEfMB0GCSqGSIb3DQEJARYQaW5mb0B3b2xmc3NsLmNvbTCCASIwDQYJKoZI
```

hvcNAQEBBQADggEPADCCAQoCggEBAL8Myi0Ush6EQlvNOB9K8k11EPG2NZ/fyn0D
mNOs3gNm7irx2LB9bgdUCxCYIU2AyxIg58xP3kV9yXJ3MurKkLtpUhADL6jzlcXx
i2JWG+9nb6QQQZWtCpvjpcCw0nB2UDBbqOgILHztp6J6jTgpHKzH7fJ8lbCVgn1J
XDjNdyXvvYB1U5Q8PcpjW58VtdMdEy8Z0TzbdjrMuH3J5cLX2kBv2CHccxtCLVOc
/hr8fat6Nj+Y3oR8BWfOahQ4h6nxjLVoy2h/cSAr9aBj9VYvoybSt2+xWhfXOJkI
/pNYb/7DE0kIFgunTWcAUjFnI06Y7VFFHbkE2Qvs2CizS73tNnkCAwEAAaOB/DCB
+TAdBgNVHQ4EFgQUJ45nEXTDJh0/7TNjs6TYHTDl6NUwgckGA1UdIwSBwTCBvoAU
J45nEXTDJh0/7TNjs6TYHTDl6NWhgZqkgZcwgZQxCzAJBgNVBAYTAlVTMRAwDgYD
VQQIDAdNb250YW5hMRAwDgYDVQQHDAdCb3plbWFuMREwDwYDVQQKDAhTYXd0b290
aDETMBEGA1UECwwKQ29uc3VsdGluZZYMBYGA1UEAwwPd3d3LndvbGZzc2wuY29t
MR8wHQYJKoZIhvcNAQkBFhBpbmZvQHdvbGZzc2wuY29tggkAt7aQM2YbayMwDAYD
VR0TBAUwAwEB/zANBgkqhkiG9w0BAQsFAAOCAQEADpNIREpylmBxJYKpLMpgW/KI
Ps8RdFoRStzZ2PZYLAXTVtnpjzfvjj47/yI2AMrY4pY/p9HtH956sNePNr1BVR7U
uYY7hyVpNWBI1uRalM6i+nA4NsSFtEsj/nGeL9sGx7WcIfA+fOuR+FwJ/YRDpLNO
BAwiMXFqSMiru+jO+mcVGjqCmEMztQ4fHon4N94b5rWg9KKLtxyQuphtlCEIgF3z
v2atyXIoempI7s9jaTGMxY5m2kt4ZegDOkv4zEJU01JcLQSuJofhfkDLRUEWS26j
Lkp2vSl/HFM3Bq3pW2rWt06UonzorE6mUD4rMp5oQhvkWWdh6seaUZwcVaN3dg==
-----END CERTIFICATE-----

매우 길지만 TLS에서 핵심적인 부분이므로 반드시 이해해야 한다. 자세히 살펴보면 certificate:라는 부분이 두 번 반복됨을 알 수 있다. 즉, 두 개의 인증서가 체인을 이루고 있음을 알 수 있다.

이 인증서는 RSA 방식으로 서명을 하기 때문에 $Sign_1^{e_2} \% K_2$($Sign_1$: 첫 번째 인증서의 서명, e_2, K_2: 두 번째 인증서의 공개키인 지수 e와 모듈러 K 값)으로 서명을 확인할 수 있다. 함수로는 $\text{powm}(Sign_1, e_2, K_2)$을 호출하면 된다.

첫 번째 인증서를 살펴보면 이는 다시 두 개의 큰 카테고리로 나눠져 있다. Data와 Signature Algorithm이다. Data에는 사람이 읽을 수 있는 텍스트로 버전, 시리얼 넘버, 서명 알고리즘, 발행기관, 유효기간 등이 있고, 가장 핵심적인 Subject Public Key info에 공개키 비트수와 modulus, Exponent가 있다. modulus가 바로 K 값이고, Exponent가 e 값이다. 이를 16진수를 한 바이트씩 :로 구분해서 나타냈다. 바로 뒤에 서명 알고리즘과 서명한 것도 16진수로 나타냈다. 이것이 RSA로 서명한 것으로 이를 두 번째 인증서의 공개키로 복호화했을 때, 첫 번째 인증서의 Data를 해쉬한 값이 복원돼야 한다. 그 이후에 ──BEGIN CERTIFICATE──와 ──END CERTIFICATE──로 싸인 이상한 문자들이 나타나는데, 실은 이 부분이 인증서 파일의 핵심이고, 나머지는 사람이 읽게 하기 위한 주석문이라고 보면 된다. 이 부분이 인증서 핸드세이크에서 보낼 DER 바이트를 base64 인코딩해 표현한 부분이다.

입력 스트림으로부터 인증서의 핵심 부분만 추출하는 함수를 만들어보자.

코드 9.6: 인증서의 base64 인코딩 부분만 추출하는 함수

```
1  string get_certificate_core(istream& is)
2  {// 인증서에서 Base64 인코딩된 부분만 리턴
3      string s, r;
4      while(s != "-----BEGIN") if(!(is >> s)) return r;
5      getline(is, s);
6      for(is >> s; s != "-----END"; is >> s) r += s;
7      return r;
8  }
```

제 3 절
Base64 인코딩

base64 인코딩은 바이트열을 A-Z, a-z, 0-9와 +와 /의 표시 가능한 문자열로 변환하는 인코딩 방법이다. $26 + 26 + 10 + 2 = 64$개의 문자로 표현하므로 base64로 이름지었다. 이 방법은 바이트 열을 그냥 표현하면 콘트롤 문자들이 포함되기 때문에, 이상하게 표현되는 경우가 많고, html이나 데이터베이스 같은 여타의 양식에서도 일정한 문자는 특수 문자로 취급되기 때문에, 이런 문자들을 피해 텍스트로 표현 가능한 방법으로 고안된 것이다. 64개의 문자는 6비트($2^6 = 64$)의 정보를 표현할 수 있기 때문에 3바이트(24비트)를 쪼개어 네 개의 문자(6×4)로 표현한다. 각 문자는 위에서 나열한 차례대로 0-63의 숫자를 나타낸다.

0	1	2	3	4	5	6	7	8	9	10	11	12	13	14	15	16	17	18	19	20	21	22	23
0b10010010								0b101111110								0b00011110							
1	0	0	1	0	0	1	0	1	0	1	1	1	1	1	0	0	0	0	1	1	1	1	0
36 = k						43 = r						56 = 4						30 = e					

그림 9.6: Base64 인코딩

그러나, 임의의 데이터가 반드시 3의 배수의 바이트 수를 가질 수는 없다. 그렇기에 3의 배수가 아닌 경우에는 뒤를 모두 0으로 채워서 3의 배수로 데이터의 길이를 만든 후에 인코딩을 하고, 패딩을 붙인 부분은 = 기호로 치환한다.

0 1 2 3 4 5 6 7	8 9 10 11 12 13 14 15	16 17 18 19 20 21 22 23
0b10010010	0으로 채운 패딩	0으로 채운 패딩
1 0 0 1 0 0 1 0	0 0 0 0 0 0 0 0	0 0 0 0 0 0 0 0
36 = k	32 = g	=	=

그림 9.7: 패딩을 채운 Base64 인코딩

이와 같은 정보를 바탕으로 Base64의 인코딩과 디코딩을 하는 함수를 구현해보자. 구현한 후에 앞에 나온 인증서의 Base64로 인코딩된 부분을 시험삼아 디코딩해보자.

코드 9.7: Base64 변환

```
1   static char b2c(unsigned char n)
2   {// 6bit to char
3       if(n < 26) return 'A' + n;
4       if(n < 52) return 'a' + (n - 26);
5       if(n < 62) return '0' + (n - 52);
6       return n == 62 ? '+' : '/';
7   }
8
9   static unsigned char c2b(char c)
10  {// char to 6bit
11      if('A' <= c && c <= 'Z') return c - 'A';
12      if('a' <= c) return c - 'a' + 26;
13      if('0' <= c) return c - '0' + 52;
14      return c == '+' ? 62 : 63;
15  }
16
17  string base64_encode(vector<unsigned char> v)
18  {
19      string s;
```

```
20      int padding = (3 - v.size() % 3) % 3;
21      for(int i=0; i<padding; i++) v.push_back(0);
22      for(int i=0; i<v.size(); i+=3) {
23          s += b2c((v[i] & 0b11111100) >> 2);
24          s += b2c((v[i] & 0b00000011) << 4 | (v[i+1] & 0b11110000) >> 4);
25          s += b2c((v[i+1] & 0b00001111) << 2 | (v[i+2] & 0b11000000) >> 6);
26          s += b2c(v[i+2] & 0b00111111);
27      }
28      for(int i=0; i<padding; i++) s[s.size() - 1 - i] = '=';
29      return s;
30  }
31
32  vector<unsigned char> base64_decode(string s)
33  {
34      int padding = 0;
35      for(int i=0; s[s.size()-1-i] == '='; i++) padding++;
36      unsigned char bit[4];
37      vector<unsigned char> v;
38      for(int i=0; i<s.size(); i+=4) {
39          for(int j=0; j<4; j++) bit[j] = c2b(s[i+j]);
40          v.push_back(bit[0] << 2 | bit[1] >> 4);
41          v.push_back(bit[1] << 4 | bit[2] >> 2);
42          v.push_back(bit[2] << 6 | bit[3]);
43      }
44      for(int i=0; i<padding; i++) v.pop_back();
45      return v;
46  }
```

인증서에서 공개키의 추출

이제 인증서를 처리하기 위한 모든 준비가 끝났다. 우선 2절의 인증서의 첫 번째 Base64 인코딩된 부분만을 추출해 base64를 DER로 변환해보자.

이 DER은 다음과 같은 구조다.[58]

```
Certificate ::= SEQUENCE {

    tbsCertificate TBSCertificate,

    signatureAlgorithm AlgorithmIdentifier,

    signatureValue BIT STRING

}

TBSCertificate ::= SEQUENCE {

    version [0] EXPLICIT Version DEFAULT v1,

    serialNumber CertificateSerialNumber,

    signature AlgorithmIdentifier,

    issuer Name,

    validity Validity,

    subject Name,

    subjectPublicKeyInfo SubjectPublicKeyInfo,

    issuerUniqueID [1] IMPLICIT UniqueIdentifier OPTIONAL,

    subjectUniqueID [2] IMPLICIT UniqueIdentifier OPTIONAL,

    extensions [3] EXPLICIT Extensions OPTIONAL

}
```

위의 TBSCertificate는 나중에 인증서에 전자 서명을 할 때 해쉬를 해야 할 대상이다. PEM 파일에서 본 Data에 해당한다. 전자 서명은 많은 연산이 소요되는 작

---

[58]David Cooper et al. "RFC 5280: Internet X. 509 public key infrastructure certificate and certificate revocation list (CRL) profile". In: *IETF, May* (2008).

업이므로, 인증서 전체를 서명하지 않고 해쉬한 값에 서명한다. 이 서명한 결과값이 인증서의 마지막에 붙는 signatureValue가 된다.

인증서 자체가 하나의 큰 시퀀스고, 그 속에 있는 첫 번째 시퀀스가 TBSCertificate이 된다. 예제로 사용한 인증서를 DER로 변환한 값은 다음과 같다.

0x308204aa30820392a003020102020900b7b69033661b···후략

0x30은 이진수로 0b00110000이다. DER의 type 정의에 의하면, 세 번째 비트 1은 복합 데이터임을 나타내고, 뒤의 5비트가 나타내는 태그값 16은 시퀀스다. 0x82는 type 다음에 나오는 길이 필드이며, 이진수로 0b10000010이다. 첫 비트가 세팅됐으므로 뒤에 따라나오는 7비트가 의미하는 바는 길이가 아니라, 길이를 표현하는 데 사용할 길이이다. 뒤의 2바이트로 길이를 표현하겠다는 것이다. 뒤의 두 바이트인 0x04aa는 이 시퀀스의 길이 즉, 전체 인증서의 길이가 된다.

다시 0x3082가 나오는데 내부에 포함돼 있는 시퀀스를 말한다. 마찬가지로 두 바이트로 길이를 표현한다. 0x0392가 TBSCertificate의 길이가 된다. 우리가 해쉬해야할 것은 헤더에 해당하는 0x30820392를 포함한 TBSCertificate다.

이 DER을 다시 json 형식으로 변환해 출력해보자.

코드 9.8: 서버 인증서의 json 형식으로 출력

```
1  ifstream f("server-cert.pem");
2  string s = get_certificate_core(f);
3  auto v = base64_decode(s);
4  stringstream ss;
5  for(uint8_t c : v) ss << c;
6  auto jv = der2json(ss);
7  cout << jv;
```

다음과 같은 매우 장황한 내용이 출력된다. 주석 부분은 인증서의 구조에 따라 추가한 것이다.

코드 9.9: 인증서의 json 출력

```
1  [// Certificate
2      [// Data, TBSCertificate
```

```
3      [
4      [ "02:" ],// 버전
5      "01:",// 시리얼 넘버
6      [ "2a:86:48:86:f7:0d:01:01:0b:", "null" ],// 인증 알고리즘 0b:SHA256
7      [// 발행자
8          [ [ "55:04:06:", "US" ] ],
9          [ [ "55:04:08:", "Montana" ] ],
10         [ [ "55:04:07:", "Bozeman" ] ],
11         [ [ "55:04:0a:", "Sawtooth" ] ],
12         [ [ "55:04:0b:", "Consulting" ] ],
13         [ [ "55:04:03:", "www.wolfssl.com" ] ],
14         [ [ "2a:86:48:86:f7:0d:01:09:01:", "info@wolfssl.com" ] ]
15     ],
16     [ "160811200737Z", "190508200737Z" ],// 유효기간
17     [// 주체
18         [ [ "55:04:06:", "US" ] ],
19         [ [ "55:04:08:", "Montana" ] ],
20         [ [ "55:04:07:", "Bozeman" ] ],
21         [ [ "55:04:0a:", "wolfSSL" ] ],
22         [ [ "55:04:0b:", "Support" ] ],
23         [ [ "55:04:03:", "www.wolfssl.com" ] ],
24         [ [ "2a:86:48:86:f7:0d:01:09:01:", "info@wolfssl.com" ] ]
25     ],
26     [// 공개키 정보
27         [ "2a:86:48:86:f7:0d:01:01:01:", "null" ],
28         // Key 값과 Modulus
29         "00:30:82:01:0a:02:82:01:01:00:c0:95:08:e1:57:41:f2:71:6d:b7:d2
               :45:41:27:01:65:c6:45:ae:f2:bc:24:30:b8:95:ce:2f:4e:d6:f6:1c
               :88:bc:7c:9f:fb:a8:67:7f:fe:5c:9c:51:75:f7:8a:ca:07:e7:35:2f:8f
               :e1:bd:7b:c0:2f:7c:ab:64:a8:17:fc:ca:5d:7b:ba:e0:21:e5:72:2e:6f
               :2e:86:d8:95:73:da:ac:1b:53:b9:5f:3f:d7:19:0d:25:4f:e1
               :63:63:51:8b:0b:64:3f:ad:43:b8:a5:1c:5c:34:b3:ae:00:a0:63:c5:f6
               :7f:0b:59:68:78:73:a6:8c:18:a9:02:6d:af:c3:19:01:2e:b8:10:e3:c6
               :cc:40:b4:69:a3:46:33:69:87:6e:c4:bb:17:a6:f3:e8:dd:ad:73:bc:7b
```

```
              :2f:21:b5:fd:66:51:0c:bd:54:b3:e1:6d:5f:1c:bc:23:73:d1
              :09:03:89:14:d2:10:b9:64:c3:2a:d0:a1:96:4a:bc:e1:d4:1a:5b:c7:a0
              :c0:c1:63:78:0f:44:37:30:32:96:80:32:23:95:a1:77:ba:13:d2
              :97:73:e2:5d:25:c9:6a:0d:c3:39:60:a4:b4:b0:69:42:42:09:e9:d8
              :08:bc:33:20:b3:58:22:a7:aa:eb:c4:e1:e6:61:83:c5:d2:96:df:d9:d0
              :4f:ad:d7:02:03:01:00:01:"
30        ],
31        [// optional ID
32          [
33              [ "55:1d:0e:", "04:14:b3:11:32:c9:92:98:84:e2:c9:f8:d0:3b:6e
                    :03:42:ca:1f:0e:8e:3c:" ],
34              [
35                  "55:1d:23:",
36                  "30:81:be:80:14:27:8e:67:11:74:c3:26:1d:3f:ed:33:63:b3:a4:
                        d8:1d:30:e5:e8:d5:a1:81:9a:a4:81:97:30:81:94:31:0b
                      :30:09:06:03:55:04:06:13:02:55:53:31:10:30:0e
                      :06:03:55:04:08:0c:07:4d:6f:6e:74:61:6e:61:31:10:30:0e
                      :06:03:55:04:07:0c:07:42:6f:7a:65:6d:61:6e:31:11:30:0f
                      :06:03:55:04:0a:0c:08:53:61:77:74:6f:6f
                      :74:68:31:13:30:11:06:03:55:04:0b:0c:0a:43:6f:6e
                      :73:75:6c:74:69:6e:67:31:18:30:16:06:03:55:04:03:0c:0f
                      :77:77:77:2e:77:6f:6c:66:73:73:6c:2e:63:6f:6d:31:1f
                      :30:1d:06:09:2a:86:48:86:f7:0d:01:09:01:16:10:69:6e
                      :66:6f:40:77:6f:6c:66:73:73:6c:2e:63:6f:6d:82:09:00:b7:
                        b6:90:33:66:1b:6b:23:"
37              ],
38              [ "55:1d:13:", "30:03:01:01:ff:" ]
39          ]
40        ]
41        ],
42        [ "2a:86:48:86:f7:0d:01:01:0b:", "null" ],// 인증알고리즘
43        "00:51:fe:2a:df:07:7e:43:ca:66:8d:15:c4:2b:db:57:b2:06:6d:0d:90:66:ff:a5
              :24:9c:14:ef:81:f2:a4:ab:99:a9:6a:49:20:a5:d2:71:e7:1c:3c:99:07:c7:47:
              fc:e8:96:b4:f5:42:30:ce:39:01:4b:d1:c2:e8:bc:95:84:87:ce:55:5d:97:9f:
```

```
        cf:78:f3:56:9b:a5:08:6d:ac:f6:a5:5c:c4:ef:3e:2a:39:a6:48:26:29:7b:2d:
        e0:cd:a6:8c:57:48:0b:bb:31:32:c2:bf:d9:43:4c:47:25:18:81:a8:c9
        :33:82:41:9b:ba:61:86:d7:84:93:17:24:25:36:ca:4d:63:6b:4f:95:79:d8:60:
        e0:1e:f5:ac:c1:8a:a1:b1:7e:85:8e:87:20:2f:08:31:ad:5e:c6:4a:c8:61:f4:9
        e:07:1e:a2:22:ed:73:7c:85:ee:fa:62:dc:50:36:aa:fd:c7:9d:aa:18:04:fb:ea:
        cc:2c:68:9b:b3:a9:c2:96:d8:c1:cc:5a:7e:f7:0d:9e:08:e0:9d:29:8b:84:46:8
        f:d3:91:6a:b5:b8:7a:5c:cc:4f:55:01:b8:9a:48:a0:94:43:ca:25:47:52:0a:f7:
        f4:be:b0:d1:71:6d:a5:52:4a:65:50:b2:ad:4e:1d:e0:6c:01:d8:fb:43:80:e6:
        e4:0c:37:"// signature
44    ]
45 ]
```

der2json 함수에서 큰 숫자를 :으로 바이트를 나눈 스트링으로 표현했다. 이 스트링값을 mpz_class로 변환하는 함수를 구현해보자.

코드 9.10: str2mpz 함수

```
1 mpz_class str2mpz(string s) {
2     stringstream ss; char c; string r = "0x";
3     ss << s;
4     while(ss >> setw(2) >> s >> c) r += s;
5     return mpz_class{r};
6 }
```

인증서에는 사람이 읽을 수 있는 주석문이 존재한다. 주석문과 위의 출력을 비교하면, 함수가 제대로 DER을 파싱했다는 것을 알 수 있다. 139쪽의 인증서 주석문에서 첫 번째 인증서의 Exponent 값(e)이 $65537 = 0x10001$이며, K 값(Modulus)이 0x00c09508$\cdots$, 서명값이 0x51fe2adf$\cdots$라는 것을 알 수 있다. 위의 출력에서 보면 29라인의 긴 숫자에 0x00c09508이 12바이트 후에서 시작하며, 맨 마지막에 0x10001이 나온다는 것을 알 수 있다. 그리고 마지막 줄의 긴 숫자가 서명과 동일하다는 것도 알 수 있다. 이 두 긴 숫자를 대괄호를 따져 잘 세어보면, jv[0][0][6][1]과 jv[0][2]가 된다. 자세히 살펴보면 jv[0][0][6][1]은 DER 바이트 열이라는 것을 알 수 있다. DER 안에 있는 DER인 셈이다. 이 부분만을 추출해 다시 der2json에 인자로 집어 넣으면 첫 번째 배열 요소와 두 번째 배열 요소가 K, e 값이 된다. 이를 process_bitstring이라는 함수로 이름 짓고 구현해보자.

코드 9.11: process bitstring 함수

```
1  array<mpz_class, 2> process_bitstring(string s)
2  {// jv[0][0][6][1]을 다시 처리해서 e, K를 추출
3      stringstream ss, ss2; char c;
4      ss << s;
5      ss >> setw(2) >> s >> c;// c는 16진수를 구분하는 :을 받아들이기 위함
6      while(ss >> setw(2) >> s >> c) {
7          c = stoi(s, nullptr, 16);
8          ss2 << c;
9      }
10     auto jv = der2json(ss2);
11     return {str2mpz(jv[0][0].asString()), str2mpz(jv[0][1].asString())};
12 }
```

이제 최종적으로 코드 9.9의 json 값에서 K, e 값과 서명 값을 구하는 함수를 만들어보자.

코드 9.12: get pubkeys 함수

```
1  array<mpz_class, 3> get_pubkeys(const Json::Value& jv)
2  {
3      auto [a, b] = process_bitstring(jv[0][0][6][1].asString());
4      auto c = str2mpz(jv[0][2].asString());// signature
5      return {a, b, c};// K, e, signature
6  }
```

제 5 절
인증서 체인의 확인

get certificate core 함수를 두 번째 부르면 두 번째 인증서를 스트링^{string}으로 리턴한다. 그러므로, 두 번째 인증서에서 공개키를 얻을 수 있다. 첫 번째 인증서의 서명과

두 번째 인증서의 공개키를 이용해 $\text{powm}(\text{sign}, e_2, K_2)$ 함수를 실행하면 주석문과 같은 출력을 얻을 수 있다. 이는 그림 10.3의 구조체와 내용이 동일하다.

코드 **9.13**: 인증서 체인 확인

```
 1  ifstream f("server-cert.pem");
 2  string s = get_certificate_core(f);
 3  auto v = base64_decode(s);
 4
 5  SHA2 sha;
 6  int length = v[6] * 256 + v[7] + 4;// 0x3082xxxx3082yyyy
 7  cout << hexprint("hash", sha.hash(v.begin() + 4, v.begin() + length + 4)) <<
        endl;
 8  // hash : 0x374dbaf09c08e4df4c4eeb31ac1799676f39f4bc07993eeb10806bec72efca76
 9
10  stringstream ss;
11  for(uint8_t c : v) ss << c;
12  auto jv = der2json(ss);
13  auto [K,e,sign] = get_pubkeys(jv);
14
15  s = get_certificate_core(f);
16  v = base64_decode(s);
17  stringstream ss2;
18  for(uint8_t c : v) ss2 << c;
19  jv = der2json(ss2);
20  auto [K2,e2,sign2] = get_pubkeys(jv);
21
22  cout << powm(sign, e2, K2);
23  // 출력   : 1ffffffffffffffffffffffffffffffffffffffffffffffffffffffff
24  //ffffffffffffffffffffffffffffffffffffffffffffffffffffffffffffffff
25  //ffffffffffffffffffffffffffffffffffffffffffffffffffffffffffffffff
26  //ffffffffffffffffffffffffffffffffffffffffffffffffffffffffffffffff
27  //ffffffffffffffffffffffffffffffffffffffffffffffffffffffffffffffff
28  //ffffffffffffffffffffffffffffffffffffffffffffffffffffffffffffffff
29  //fffffffffffffffffffffffffffffffffffff003031300d060960864801650 3040
```

```
30   //20105000420374dbaf09c08e4df4c4eeb31ac1799676f39f4bc07993eeb1080
31   //6bec72efca76
```

6라인에서 첫 번째 인증서의 TBSCertificate의 길이를 계산했다. TBSCertificate은 DER 시퀀스 속에 있는 첫 번째 시퀀스이므로, 0x3082xxxx3082yyyy로 인증서의 DER 바이트열이 시작될 것이다. 여기에서 xxxx는 총 인증서의 길이이고, yyyy는 TBSCertificate의 길이이다. TBSCertificate를 해쉬하려면 두 번째 3082에서부터 시작해 TBSCertificate의 길이만큼 해쉬해야 한다.

코드 9.13의 출력에서 앞부분의 ff…는 패딩이고, 실제 내용은 뒤쪽에 있다. 300d로 시작되는 DER 바이트열이 있는데, 300d060960864801650304020105000d이다. 맨 마지막에 나오는 01(050004)는 인증서를 SHA256으로 해쉬했음을 의미하며, 02일 경우는 SHA384, 03일 경우는 SHA512이다.

마지막 부분의 0x20374d로 시작되는 부분의 처음 0x20은 해쉬값의 길이이다. 그 뒤의 32바이트열이 라인 8에서 나온 해쉬의 결과값과 일치해야 한다. 두 값이 정확히 일치함을 알 수 있다. 이로써 인증서 체인을 확인한 것이다.

물론 이외에도 인증서의 유효기간 등 다른 것도 확인해야 한다.

Server Key Exchange

Server Key Exchange 메시지 구조체

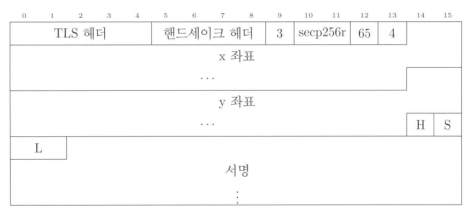

그림 10.1: Server Key Exchange 메시지의 구조[59]

ECDHE_RSA_AES128_GCM_SHA256 사이퍼 수트일 경우에는 다음과 같은 형

---

[59]H: signature hash, S: signature sign, L: signature length, 3: named curve, 4: legacy form, 65: length

식의 데이터가 헤더 이후에 붙어서 클라이언트에게 전달된다. 키 길이(65) 다음에 나오는 1바이트가 타원곡선의 좌표를 어떻게 표현할 것인지 정한다. 이것이 4일 경우는 x, y 좌표를 32바이트씩 이어 붙여서 표현한다. 다른 좌표 형식의 경우에는 4가 아닌 2 혹은 다른 값이 온다. 우리는 일반적인 경우인 4인 경우만을 생각하기로 하자. 키 길이는 이 좌표형식 한 바이트와 좌표 64바이트를 합해 65바이트다.

```
uint8_t named_curve = 3;
uint8_t secp256r[2] = {0, 23};
uint8_t key_length = 65;
uint8_t legacy_form = 4;
uint8_t x[32], y[32];
uint8_t signature_hash = 3; //SHA256
uint8_t signature_sign = 1; //rsa
uint8_t signature_length[2] = {1, 0};
uint8_t sign[256];
```

signature_hash와 signature_sign에 가능한 값은 표 33.4에서 좀 더 자세히 설명했다. secp256r1 대신에 가능한 타원곡선 리스트는 다음과 같다.[60]

타원곡선	number
secp256r1	23
secp384r1	24
secp521r1	25
x25519	29
x448	30

표 10.1: 지정된 타원곡선 함수들

---

[60]Yoav Nir, Simon Josefsson, and Manuel Pegourie-Gonnard. "Elliptic Curve Cryptography (ECC) cipher suites for Transport Layer Security (TLS) versions 1.2 and earlier". In: *Internet Requests for Comments, RFC Editor, RFC 8422* (2018).

해쉬할 구조체

0 1 2 3 4 5 6 7 8 9 10 11 12 13 14 15 16 17 18 19 20 21 22 23 24 25 26 27 28 29 30 31

client random				
server random				
3	T	65	4	x 좌표
...				y 좌표
...				

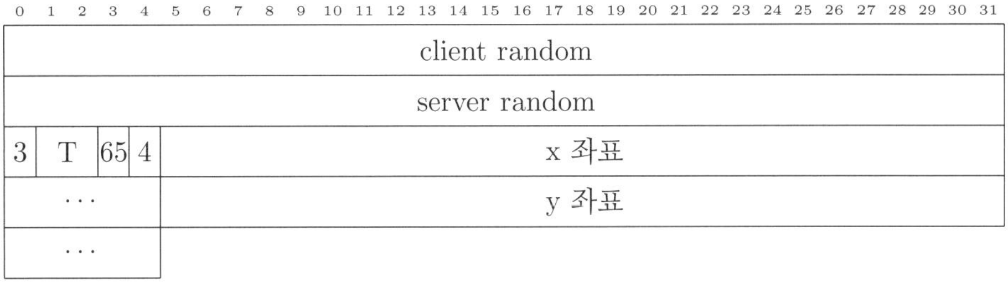

그림 10.2: 해쉬할 구조체[61]

좌표값이 변조되지 않았음을 확인하기 위해, 앞에서 교환한 client random 값과 server random 뒤에 위의 타원곡선에 해당하는 자료구조를 덧붙여 이를 signature_hash(그림 10.1의 H)에 정의된 해쉬 방법으로 해쉬한다. 해쉬할 구조는 다음과 같다.[62]

```
uint8_t client_random[32], server_random[32];

uint8_t named_curve = 3;

uint8_t secp256r[2] = {0, 0x17};

uint8_t key_length = 65;

uint8_t uint8_t legacy_form = 4;

uint8_t x[32], y[32];
```

제 3 절
서명할 구조체

signature_sign(그림 10.1의 S)에 정의된 방법으로 서명할 구조체는 다음과 같다.

---

[61]T: curve type secp256r1

[62]S Blake-Wilson et al. "Elliptic Curve Cryptography (ECC) Cipher Suites for Transport Layer Security (TLS), RFC4492". In: (2006).

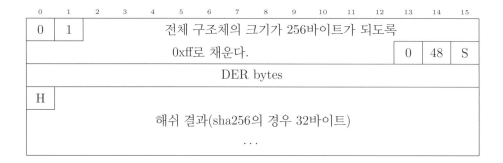

그림 10.3: 서명할 구조체

```
uint8_t padding[] = {0, 1, 0xff, 0xff, ..., 0xff, 0, 48};
uint8_t S;// 이후의 데이터의 총길이
unsigned char DER[16] = {0x30, 0x0d, 0x06, 0x09, 0x60, 0x86, 0x48, 0x01,
                         0x65, 0x03, 0x04, 0x02, 0x01, 0x05, 0x00, 0x04};
uint8_t H;// 해쉬값의 길이
uint8_t hash_result[H];
```

앞 절의 구조체를 SHA256으로 해쉬해 나온 32바이트의 해쉬값을 hash_result에 포함한다. 최종적으로 이 구조체에 대해 서명한 결과를 클라이언트에 보낼 Server key Exchange 메시지에 채워 넣는다. 대부분이 인증서에 대한 서명과 비슷하고, 단지 해쉬할 대상이 인증서의 데이터인지, 키 값과 랜덤을 포함한 구조체인지만 다르다.

DER 배열 값은 서명 방법에 따라 고정된 상수값으로 생각해도 상관 없다.

Server Hello Done

그림 11.1: Server Hello Done 메시지

Server Hello Done 메시지는 Server Hello 과정이 종료됐음을 나타내는 메시지로 매우 단순하다. 그저 TLS 헤더와 핸드세이크 헤더를 보내면 된다. 핸드세이크 헤더에서 종류를 Server Hello Done으로 세팅해야 한다.

Client Key Exchange

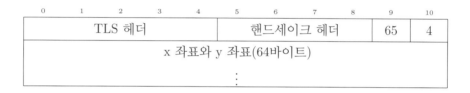

그림 12.1: Client Key Exchange 메시지

  클라이언트는 Server Hello Done 메시지를 받은 후, 클라이언트 키 교환 메시지를 서버에게 보낸다.

  클라이언트는 타원곡선에서 얻어진 자신의 공개키 좌표값을 서버에게 보낸다. 이는 일반적으로 65바이트의 길이를 갖게 된다. 그림 12.1에서 4는 뒤에 올 좌표값이 무압축된 x, y 죄표라는 것을 니디낸다. x, y 좌표가 각각 32바이트가 된나.

```
uint8_t key_sz = 65;
uint8_t compress = 4;
uint8_t x[32], y[32];
```

제 1 절
Premaster Secret

Client Key Exchange로 타원곡선 키 교환이 이뤄졌으므로, 이제 K 값을 구할 수 있다. 코드 1.12에서 봤듯이 상대방으로부터 받은 좌표값에 나의 비밀키를 곱해 생긴 좌표의 x 좌표가 K 값이 된다.

이를 그냥 AES 암호화 키로 사용하는 것이 아니고, 이것을 premaster secret이라 하며, 이를 바탕으로 키를 확장해서 사용하게 된다.

제 2 절
PRF

PRF는 Pseudo Random Function의 약자로, HMAC 해쉬를 이용해 일정한 크기의 비밀^{secret}을 원하는 길이의 랜덤 문자열로 확장해준다. 여기서 랜덤은 의사 난수로 진짜 난수 발생적인 것이 아니고, 라벨과 씨앗^{seed} 값을 바탕으로 확장하는 것이다. secret, label, seed 값을 인자로 갖는 PRF 함수는 다음과 같이 정의된다.

$$PRF(secret, label, seed) = P\_hash(secret, label + seed)$$

$$\begin{aligned} P\_hash(secret, seed) = &HMAC\_hash(secret, A(1) + seed) + \\ &HMAC\_hash(secret, A(2) + seed) + \\ &HMAC\_hash(secret, A(3) + seed) + ... \end{aligned}$$

$$A(0) = seed$$
$$A(i) = HMAC\_hash(secret, A(i-1))$$

위에서 +는 이어 붙이는 것을 의미한다. P_hash는 원하는 길이의 문자열을 얻기 위해 HMAC 해쉬를 얼마든지 반복할 수 있다. 예를 들면 내부적으로 SHA256을 사용하는 PRF 함수가 80바이트의 데이터를 얻기 위해서는 SHA256을 사용하는 HMAC이 32바이트의 아웃풋을 생성하므로 해쉬를 세 번 반복해야 한다.

PRF 함수는 seed, label, secret, byte열 크기의 네 개의 인자가 필요하다. 이들을 각각 나눠서 세팅하고 마지막에 몇 바이트를 구할 것인지를 정해주면 그 크기의 바이트열이 리턴되도록 클래스를 디자인하자. HMAC은 내부적으로 다른 해쉬 함수를 사용하기에 어떤 해쉬 함수를 사용할지는 템플릿 인자로 정하자.

코드 **12.1**: Pseudo Random Function

```
1   template<class H> class PRF
2   {// H : hash function i.e)sha256
3   public:
4       template<class It> void secret(const It begin, const It end) {
5           hmac_.key(begin, end);
6       }
7       void label(const char* p) {
8           label_.clear();
9           while(*p) label_.push_back(*p++);
10      }
11      template<class It> void seed(const It begin, const It end) {
12          seed_.clear();
13          for(It it = begin; it != end; it++) seed_.push_back(*it);
14      }
15      std::vector<unsigned char> get_n_byte(int n) {
16          auto seed = label_;// seed = label + seed_
17          seed.insert(seed.end(), seed_.begin(), seed_.end());
18          std::vector<unsigned char> r, v;
19          for(auto A = hmac_.hash(seed.begin(), seed.end());
20              r.size() < n;
21              A = hmac_.hash(A.begin(), A.end()), v.clear())
22          {//A(i+1)
```

```
23            v.insert(v.end(), A.begin(), A.end());
24            v.insert(v.end(), seed.begin(), seed.end());
25            auto h = hmac_.hash(v.begin(), v.end());
26            r.insert(r.end(), h.begin(), h.end());
27        }
28        r.resize(n);
29        return r;
30    }
31
32 protected:
33    HMAC<H> hmac_;
34    std::vector<unsigned char> label_, seed_;
35 };
```

코드 12.2: PRF 클래스 테스트

```
1  TEST_CASE("prf") {
2      PRF<SHA1> prf;
3      unsigned char seed[100], secret[100];
4      vector<vector<unsigned char>> vv;
5      mpz_class z1{"0x3a64b675191395ba19842ad7d14c2d798fe9e2dab\
6      6b9ebcdfab50ec68a862691effbff693bc68643a6463c71b322c9d7cb\
7      3e0b29c15dbee6d11d42667a014183"};
8      mpz_class z2{"0xc5048557a1a02314403003ee56326aaf33bc3c10f\
9      d7f00007280a784ca5500006b9ccfad52e06aedb01f4eab6c2caaa6"};
10     mpz_class res{"0x3b6b817ecb6fd456d4989b24832ecdad44a8349b\
11     c0c7551d84fb2da638909846fbb1f984f4b35b6ff7103e687493b3e7b\
12     7296096fcb3ee8358082da129eaceb4766e1f20cdf25901"};
13     int sz1 = (mpz_sizeinbase(z1.get_mpz_t(), 16) + 1) / 2;
14     int sz2 = (mpz_sizeinbase(z2.get_mpz_t(), 16) + 1) / 2;
15     mpz2bnd(z1, seed, seed + sz1);
16     mpz2bnd(z2, secret, secret + sz2);
17     prf.label("master secret");
18     prf.seed(seed, seed + sz1);
```

```
19    prf.secret(secret, secret + sz2);
20    auto a = prf.get_n_byte(72);
21    REQUIRE(res == bnd2mpz(a.begin(), a.end()));
22 }
```

Master Secret

키 교환 알고리즘으로 교환된 키 값(Premaster secret)을 그냥 쓰는 것이 아니라, 이를 토대로 여러 개의 키 값을 도출해 사용한다.

PRF 함수를 다음과 같은 인자로 호출하여 48바이트를 얻는다. 이를 Master secret 이라고 한다.

secret	ECDHE 혹은 DiffieHellman으로 교환한 키 = premaster secret
label	"master secret"
seed	client random + server random
byte	48

표 12.1: Master Secret을 얻기 위한 PRF 함수의 인자

제 4 절
키 확장

키 재료를 생성하기 위해 secret, label, seed 인자를 다음과 같이 정해 PRF 함수를 실행한다.

secret	master secret
label	"key expansion"
seed	server random + client random
byte	40

표 12.2: master secret으로부터 모든 키 재료를 얻기 위한 PRF 함수의 인자

현재로서는 AES256_CBC_SHA256이 가장 긴 키 재료를 요구한다. AES128_GCM 의 경우 HMAC이 필요 없고 8바이트의 salt 값을 가지므로 $16 \times 2 + 4 \times 2 = 40$ 바이트의 키만이 필요하다. AES128_CBC의 경우는 HMAC 키와 AES 키를 두 개씩 요구하므로, 72바이트가 필요하다. 표 12.2에서 바이트만 72로 바꿔서 PRF 함수를 호출하면 된다.

제 5 절
키 재료의 분할 사용

AES128_GCM_SHA256과 AES128_CBC_SHA1은 키 확장에서 얻어진 키 블록을 다음과 같이 나눠 사용한다.

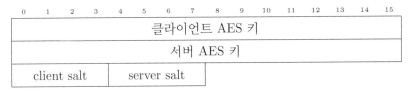

그림 12.2: AES128 GCM 방식 키 재료의 분할 사용, 40바이트

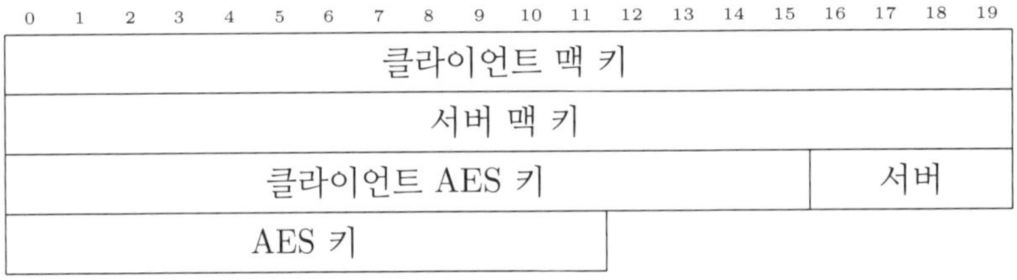

그림 12.3: AES128 CBC 방식 키 재료의 분할 사용, 72바이트

GCM 방식의 salt 값은 매 패킷마다 있는 공개된 8바이트의 nonce와 합쳐져서 AES의 IV로 사용된다.

13

Change Cipher Spec

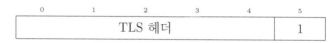

0	1	2	3	4	5
TLS 헤더					1

그림 13.1: Change Cipher Spec message

Client Key Exchange 메시지 이후에는 Change Cipher Spec 메시지가 온다. 이 메시지는 이후로부터의 메시지는 암호화해 통신하겠다는 의미다. Client Key Exchange 를 기점으로 디피헬만 방식으로 이미 모든 키 교환을 마쳤다. 이제 암호화 통신을 할 준비가 된 것이다.

이 메시지는 핸드세이크 메시지가 아니므로, 핸드세이크 헤더가 붙지 않는다. TLS 헤더에서 종류가 0x14로 세팅되고, 이 헤더 뒤에 단 1바이트가 붙는다. 값은 1이다.

14

Finished

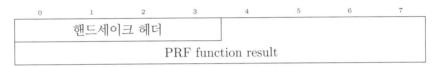

| 0 | 1 | 2 | 3 | 4 | 5 | 6 | 7 |

핸드세이크 헤더

PRF function result

그림 14.1: Finished 메시지

Finished는 핸드세이크 메시지다. 헤더 뒤에 12바이트의 값이 오는데, 이는 PRF 함수를 다음과 같은 인자로 호출해 얻은 결과다.

secret	master secret
label	"client finished" or "server finished"
seed	이전의 모든 핸드세이크 메시지를 SHA256으로 해쉬한 값
byte	12

표 14.1: Finished 메시지의 해쉬값을 구하는 PRF 함수의 인자

여기서 이전의 모든 핸드세이크 메시지라는 것은 현재 자신이 보낼 이 메시지를 제외한 모든 주고받은 핸드세이크 메시지를 의미한다. Change Cipher Spec은 핸드세이크가 아니니 포함되지 않는다. 또, 주고받은 메시지의 TLS 헤더는 제외하고 모든 메시지를 이어 붙인다. 실수하기 쉬운 내용이니 유의하기 바란다. Finished 메시지는

클라이언트측에서 먼저 보낸다. 그러므로, 서버측은 클라이언트측이 보낸 Finished 메시지까지 이어 붙이지만, 클라이언트측은 자신의 메시지는 포함하지 않는다. 그러므로, 클라이언트와 서버가 다른 이전의 핸드세이크 메시지를 가지게 된다.

Finished 메시지는 Change Cipher Spec 이후의 메시지이므로 이대로 보내는 것이 아니라 지금까지 정의한 암호규약에 따라 이 메시지를 암호화해서 보낸다. 그러므로, 실제 보내지는 메시지는 그림 14.1에서 얻어진 헤더와 12바이트 PRF 결과값의 구조를 암호화해야 할 평문으로 보고, 통째로 암호화하고 HMAC해서 그림 15.3에서 보는 레코드 메시지의 형태로 보낸다.

Finished 메시지는 일종의 확인 메시지다. 정한 암호규약에 따라 처음으로 메시지를 보냈으므로, 시스템 구현에서 지금까지의 교환한 키로 제대로 암호화 통신을 할 수 있는지 확인해야 한다.

레코드 메시지

레코드^{record} 메시지는 규약상 2의 14승의 크기를 넘어선 안 된다. 그 이상의 긴 데이터를 암호화할 때는 비밀문을 나눠서 암호화해야 한다. 이는 헤더와 IV 값, 뒤에 붙는 해쉬[63]를 모두 포함한 길이이니, 비밀문은 2의 14승보다 최소 5 + 16 + 20(혹은 32) 바이트는 적어야 한다.

제 1 절
AAD 혹은 HMAC 해쉬

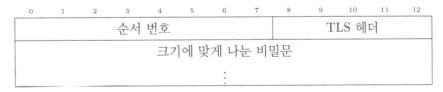

그림 15.1: Additional Auth Data 혹은 HMAC할 구조체

GCM 방식에서는 시퀀스 넘버와 TLS 헤더를 이어 붙인 것이 부가적인 인증 데

---

[63]HMAC<SHA1>은 20바이트의 다이제스트를 아웃풋한다. HMAC<SHA2>는 32바이트의 다이제스트를 아웃풋한다.

이터(AAD)가 된다. CBC 방식에서는 이것에 비밀문을 이어 붙인 것을 HMAC으로 해쉬한다.

암호문을 푸는 쪽에서는 이 해쉬값을 확인해 암호문의 무결성을 확인할 수 있다. 순서 번호에는 클라이언트측 순서 번호와 서버측 순서 번호가 있는데, 자신이 암호화한 1패킷마다 0부터 시작해 1씩 올라간다. Finished 메시지에서 한 번 암호화를 했으므로, 0은 이미 쓰였다. 서버측 Finished 메시지에서 서버측 순서 번호 0, 클라이언트측 Finished 메시지에서 클라이언트측 순서 번호 0을 썼다. 다음번 암호화에서는 순서 번호 1이 쓰인다.

제 2 절
암호화할 구조체

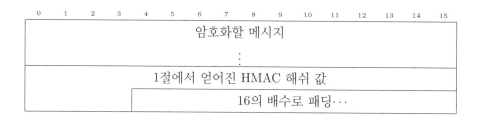

그림 15.2: CBC 방식에서 암호화할 구조체

앞 절에서 얻어진 해쉬값을 그림 15.2와 같이 메시지 뒤에 이어 붙인다. 그리고, AES 블록 암호화를 위해 16의 배수가 되도록 패딩을 넣는다. 이 구조체를 AES128로 암호화한다. GCM 방식의 경우 패딩이 필요없고, 해쉬값이 암호화와 동시에 얻어지기 때문에 암호화할 메시지만 암호화해 다음 단계로 가면 된다.

제 3 절
상대방에게 보낼 레코드 메시지

레코드 메시지는 핸드세이크에서 정한 룰에 따라 만들어진 암호화된 통신문이다. 핸드세이크 메시지가 아니므로 TLS 헤더만 존재하고, 그 뒤에 AES128의 경우 IV가 따라 나온다.

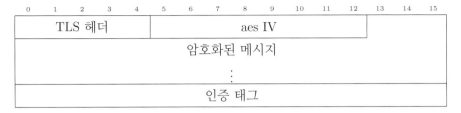

그림 15.3: GCM 방식의 레코드 메시지

0	1	2	3	4	5	6	7	8	9	10	11	12	13	14	15
TLS 헤더					aes IV										
위에서 이어짐															
2절에서 얻어진 암호화된 메시지															
⋮															

그림 15.4: CBC 방식의 레코드 메시지

GCM의 경우 위의 그림처럼 8바이트의 IV 데이터가 온다. 이 8바이트를 키 확장으로 얻은 4바이트와 합쳐 GCM 방식의 12바이트의 IV로 사용한다. CBC의 경우 16바이트의 IV가 오고, 이를 통째로 사용한다. GCM 방식의 경우는 인증 태그가 맨 마지막에 16바이트 붙어서 나온다. CBC의 경우 인증을 위한 해쉬값이 암호화된 메시지 내부에 존재한다. 암호를 풀고 패딩을 제거하면, 맨 끝의 32바이트[64]가 HMAC 해쉬값이다.

앞서 말한 바와 같이 IV는 암호문의 엔트로피를 높이기 위한 것으로 밖으로 노출돼도 상관없다. 이미 키 값은 통신 양자간에 합의됐으므로. IV만 있으면 암호문을 해독할 수 있다. 이 IV의 뒤에 앞 절에서 얻어진 암호문을 이어 붙여서 상대방에게 보낸다.

---

[64]SHA256일 경우는 32 바이트, SHA1일 경우는 20바이트가 된다.

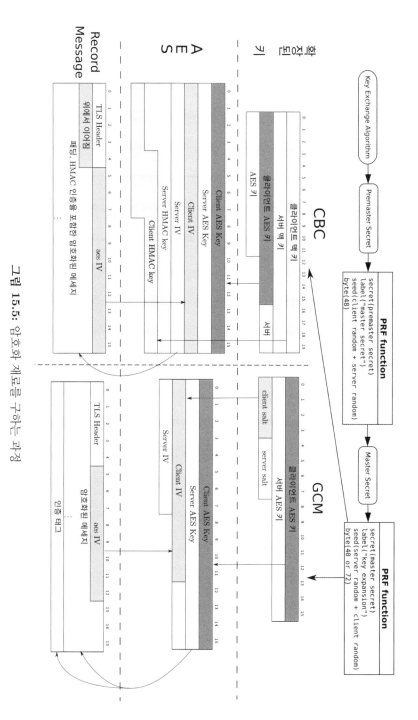

그림 15.5: 암호화 재료를 구하는 과정

CHAPTER

16

Alert 메시지

0	1	2	3	4	5	6
TLS 헤더					alert level	alert desc

그림 16.1: alert 메시지

Alert 메시지는 핸드셰이크나 레코드 메시지에서 에러가 발생했을 때 보낸다. Alert 메시지는 Change Cipher Spec 메시지와 마찬가지로 핸드셰이크 메시지가 아니므로, TLS 헤더 뒤에 핸드셰이크 헤더 없이 두 바이트의 alert 데이터가 붙는다. Change Cipher Spec 메시지 이후에 Alert 메시지가 발생하면 암호화해서 보내야 한다. 그 이전에 발생했을 경우는 암호화하지 않고 보낸다.

Alert 메시지의 종류는 다음과 같다.

```
close notify(0)
unexpected message(10)
bad record mac(20)
decryption failed RESERVED(21)
record overflow(22)
decompression failure(30)
```

```
handshake failure(40)

no certificate RESERVED(41)

bad certificate(42)

unsupported certificate(43)

certificate revoked(44)

certificate expired(45)

certificate unknown(46)

illegal parameter(47)

unknown ca(48)

access denied(49)

decode error(50)

decrypt error(51)

export restriction RESERVED(60)

protocol version(70)

insufficient security(71)

internal error(80)

user canceled(90)

no renegotiation(100)

unsupported extension(110)
```

Alert 메시지는 두 개의 레벨이 있다.

```
warning(1)
fatal(2)
```

fatal 레벨에서는 즉시 접속이 종료된다.

제 III 편
TLS 1.2의 구현

17

디자인 선택

대부분의 TLS 라이브러리는 TCP/IP 연결된 파일 디스크립터^{descriptor}를 매개변수로 가지는 형식을 취한다. 그러나, TLS 1.2의 정의는 본질적으로 오로지 메모리 구조만을 기술하기 때문에, 우리가 구현할 라이브러리도 메모리 구조만을 다루는 것으로 하고자 한다. 스트링으로 메시지를 주고받는 방식으로 하면 데이터의 크기와 버퍼의 용량 등을 따로 고려하지 않아도 되므로 좋을 것이다. 원한다면 나중에 버퍼를 이용한 통신과의 인터페이스도 쉽게 만들 수 있을 것이다.

TLS 1.2는 통신 양자간의 여러 메시지의 교환으로 볼 수 있으므로, 각각의 메시지를 생성하거나 분석할 함수를 클래스의 public 멤버로 가지면 좋을 것이다. 모든 메시지가 그 메시지를 생성할 것인지 분석할 것인지만 다를 뿐, 클라이언트와 서버에서 같은 메모리 구조를 가지기에, 충분히 하나의 템플릿^{template} 클래스로 서버와 클라이언트를 모두 정의할 수 있을 것이다.

우리의 라이브러리는 메모리 구조만을 다루기에, 그 메시지를 주고받는 방식은 정의돼 있지 않다. 대부분의 경우 TCP/IP로 write 혹은 read 함수를 사용할 것이다. 우리의 라이브러리는 이 함수의 사용까지 간섭하지는 않고, 오로지 보낼 메시지의 생성과 받은 메시지의 분석만 담당할 것이다. 이 생성된 메시지를 보내고 받는 것은 프로그래머, 혹은 다른 라이브러리의 몫으로 남겨둔다.

우리는 TLS-ECDHE-RSA-AES128-GCM-SHA256만을 구현할 것이기 때문에, AES128, ECDHE, RSA 등의 클래스를 단순하게 클래스의 멤버변수로 가져도 될 것이다. 만약 다른 사이퍼 수트도 동시에 지원하도록 구현한다면, 메모리 관리상 모든 클래스의 개체^{instance}를 멤버변수로 가지지 않고, 합의된 Cipher Suite의 암호화 클래스나 해쉬 클래스를 동적으로 생성하는 것이 좋다.

이상과 같은 클래스의 개괄을 기반으로 클래스의 헤더 파일을 정의해보자.

코드 17.1: TLS 클래스의 헤더 파일

```
 1  template<bool SV = true> class TLS
 2  {
 3  public:
 4      std::pair<int, int> get_content_type(const std::string &s);
 5      std::optional<std::string> decode(std::string &&s = "");
 6      std::string encode(std::string &&s = "", int type = 0x17);
 7
 8      // 핸드세이크 함수
 9      std::string client_hello(std::string &&s = "");
10      std::string server_hello(std::string &&s = "");
11      std::string server_certificate(std::string &&s = "");
12      std::string server_key_exchange(std::string &&s = "");
13      std::string server_hello_done(std::string &&s = "");
14      std::string client_key_exchange(std::string &&s = "");
15      std::string change_cipher_spec(std::string &&s = "");
16      std::string finished(std::string &&s = "");// if s=="" send, else recv
17      int alert(std::string &&s = "");
18      std::string alert(uint8_t level, uint8_t desc);
19
20  protected:
21      GCM<AES> aes_[2];// 0 client, 1 server
22      mpz_class enc_seq_num_ = 0, dec_seq_num_ = 0, // 암복호화 시 사용할 순서값
23          prv_key_ = random_prime(31);// 타원곡선의 비밀키
24      EC_Field secp256r1_{// secp256r1 타원곡선 정의
25          0xFFFFFFFF00000001000000000000000000000000FFFFFFFFFFFFFFFFFFFFFFFC_mpz,
```

```
26          0x5AC635D8AA3A93E7B3EBBD55769886BC651D06B0CC53B0F63BCE3C3E27D2604B_mpz,
27          0xFFFFFFFF00000001000000000000000000000000FFFFFFFFFFFFFFFFFFFFFFFF_mpz
28      };
29      EC_Point G_{// 타원곡선 secp256r1의 Generator Point
30          0x6B17D1F2E12C4247F8BCE6E563A440F277037D812DEB33A0F4A13945D898C296_mpz,
31          0x4FE342E2FE1A7F9B8EE7EB4A7C0F9E162BCE33576B315ECECBB6406837BF51F5_mpz,
32          secp256r1_
33      }, P_{G_ * prv_key_};// P : 타원곡선 공개키
34      std::array<unsigned char, 32> session_id_, server_random_, client_random_;
35      std::vector<unsigned char> master_secret_;// 키 교환으로 얻어진다.
36      std::string accumulated_handshakes_;// 핸드세이크 진행 과정의 누적 기록
37      static std::string certificate_;// RSA 인증서를 읽어들여 이 변수에 저장
38      std::string accumulate(const std::string &s);
39      static RSA rsa_;// 인증서의 공개키 값으로 초기화
40
41  private:
42      void generate_signature(unsigned char* p_length, unsigned char* p);
43      void derive_keys(mpz_class premaster_secret);
44  };
```

이 클래스는 템플릿 클래스이며 템플릿 인자인 불리언 값으로 서버인지 클라이언트인지를 선언하도록 돼 있다. SV는 server의 약자다. public에 구현된 함수들은 모두 string을 매개변수로 가지며, 기본 파라미터로 ""값을 가지도록 돼 있다. 빈 스트링일 경우는 메시지를 생성해내는 것을 상정하고, 스트링에 값이 채워져 있을 경우는 그 메시지를 분석하는 것을 상정한다. 서버와 클라이언트에서 동일한 함수의 호출을 통해 핸드세이킹을 할 수 있게 된다. 서버에서는 client_hello(recv( )) 식으로 호출하고, 클라이언트에서는 send(client_hello( )) 식으로 호출하게 될 것이다. 대부분의 함수가 인자로 받는 스트링 값을 우측값(string &&s)으로 받게 했는데, 이는 스트링을 카피하는 과정을 생략해, 속도를 빠르게 하기 위함이다. 프로그래머로 하여금 스트링을 우측값으로 넘기도록 강제한다. string s 와 같이 우측값을 사용하지 않아도 구현에 큰 차이는 없다.

코드 17.2: Client 혹은 Server Hello 함수의 사용법

```
1  #define SERVER true
2  #define CLIENT false
3
4  TLS<CLIENT> client;
5  void send(string s);
6  string recv();
7  // TCP/IP로 메시지를 주고받는 send와 recv 함수가 있다고 가정하자.
8  send(client.client_hello());
9  client.server_hello(recv());
```

퍼블릭 멤버 함수의 스트링 리턴값은 다음과 같이 사용된다. 보낼 메시지를 생성할 경우에는 이 리턴값을 보낼 데이터로 삼으면 된다. 받은 메시지를 분석할 경우에는 이 리턴값이 널 스트링이어야 한다. 만약 무언가 메시지가 있으면 이는 Alert 메시지로, 받은 메시지에 뭔가 에러가 있음을 의미한다. 에러 발생의 경우에 적절한 서버 혹은 클라이언트측에서의 처리[65] 이후에 이 리턴값을 현재 핸드세이크의 상태에 따라 암호화하거나, 혹은 특별한 처리 없이 보내면 된다. 그럼 상대편에 Alert 메시지가 보내진다.

코드 17.3: Client Hello 함수의 스트링 리턴값 활용

```
1  if constexpr(SV) {// 서버: Client Hello 메시지 분석 후 에러 체크
2      if(string s = t.client_hello(recv(client_fd)); s != "")
3          send(s);// send alert message
4      else cout << "client hello ok" << endl;
5  } else send(t.client_hello());// 클라이언트: 보낼 메시지 생성
```

---

[65]접속 종료 혹은 경고 등.

헤더 구현

제 1 절
구조체의 패딩과 pragma pack(1)

코드 18.1: 구조체 정의

```
1   struct S {
2       char c;
3       int i;
4   };
5
6   int main() {
7       cout << sizeof(S) << endl;
8   }
```

위와 같이 구조체를 정의하면, 컴파일러는 메모리 액세스의 효율성을 높이기 위해 char형의 변수 뒤에 3바이트의 패딩을 붙인다.[66] 그래서 위의 출력 결과는 int 4바이트, char 1바이트를 합한 5바이트가 아니라, 패딩 3바이트를 더한 8바이트가 된다.

---

[66]이는 컴파일러에 따라 혹은 시스템에 따라 다를 수 있다.

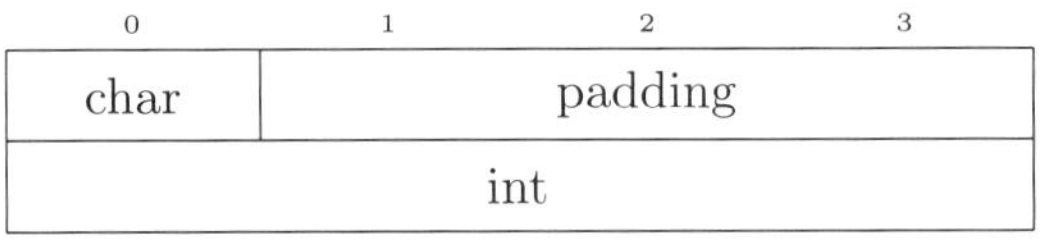

0	1	2	3
char	padding		
int			

그림 18.1: 구조체의 패딩

우리는 메모리 구조를 정확히 TLS 1.2에서 정의한 것과 일치시켜야 하기 때문에, 이러한 속도를 높이기 위한 패딩을 사용해서는 안 된다. pragma pack(n)이라는 지시어는 구조체의 멤버의 크기를 n바이트 단위로 저장하겠다는 뜻이다. pragma pack()은 원래의 기본 세팅으로 돌아간다.

코드 18.2: pragma pack(n)

```
1   #include<iostream>
2   #pragma pack(2)
3   struct S1 { char c; int k; };
4   #pragma pack(1)
5   struct S2 { char c; int k; };
6   #pragma pack()
7   struct S3 { char c; int k; };
8
9   int main() {
10      std::cout << sizeof(S1) << std::endl;
11      std::cout << sizeof(S2) << std::endl;
12      std::cout << sizeof(S3) << std::endl;
13  }
```

위의 코드의 출력은 패딩을 합친 char의 크기가 2, 1, 4바이트가 되므로, int의 크기 4바이트를 더해 6, 5, 8이 된다. 구조체의 헤더 파일을 정의할 때 pragma pack(1)을 사용할 것이다. 정의가 끝난 후에는 pragma pack()으로 원래의 세팅으로 돌아가는 것을 잊지 말자.

제 2 절
TLS 헤더의 구현

이미 그림 6.2에서 그 구조를 살펴봤다. 이를 그대로 코드에 옮기면 된다. 거기에 length 멤버 변수에 대한 setter와 getter 함수를 추가해보자.

코드 18.3: TLS 헤더 구현

```
1  #pragma pack(1)
2  struct TLS_header {
3      uint8_t content_type = 0x16;// 0x17:Application Data, 0x16:handshake
4      uint8_t version[2] = {0x03, 0x03};// 0x0303 for TLS 1.2
5      uint8_t length[2] = {0, 4};
6      void set_length(int k) { length[0] = k / 0x100; length[1] = k % 0x100; }
7      int get_length() { return length[0] * 0x100 + length[1]; }
8  };
```

기본 값은 코딩의 양을 줄여준다. content_type은 핸드세이크 메시지인 경우에는 건드리지 않아도 된다. TLS 버전은 1.2만을 지원할 것이므로, version 변수는 앞으로 건드리지 않아도 될 것이다.

제 3 절
핸드세이크 헤더의 구현

마찬가지로 핸드세이크 헤더를 구현해보자.

코드 18.4: 핸드세이크 헤더 구현

```
1  #pragma pack(1)
2  struct Handshake_header {
3      uint8_t handshake_type;
4      uint8_t length[3] = {0,0,0};
5      void set_length(int k) {
6          length[0] = k / 0x10000;
7          length[1] = (k % 0x10000) / 0x100;
```

```
8        length[2] = k % 0x100;
9    }
10   int get_length() {
11       return length[0] * 0x10000 + length[1] * 0x100 + length[0];
12   }
13 };
```

Hello 헤더의 구현

Client Hello와 Server Hello 메시지는 동일한 시작 부분을 가지고 있다. 핸드세이크 헤더 뒤의 버전, 랜덤, 세션 아이디 부분이다. 이를 따로 헤더로 구현하면 반복되는 코딩을 조금 줄일 수 있다. pragma pack은 앞으로 생략하겠다.

코드 18.5: Hello 헤더

```
1 struct Hello_header {
2    uint8_t version[2] = {0x03, 0x03};
3    uint8_t random[32];
4    uint8_t session_id_length = 32;
5    uint8_t session_id[32];
6 };
```

Alert 함수의 구현

Alert 메시지는 모든 TLS 통신 과정에서 호출될 수 있으므로, 우선 Alert 메시지를 구현하자. Alert 메시지를 읽는 함수와 보낼 메시지를 생성하는 함수로 나눠 구현하자. Alert 함수는 핸드세이크 과정뿐만 아니라, 암호화된 통신 중에서도 발생할 수 있으므로, 암호화된 메시지도 해독할 수 있도록 해야 한다. 메시지 생성 함수는 경고 레벨과 alert description을 인자로 받아서 스트링으로 메시지를 리턴한다. 이것을 암호통신 이전의 핸드세이크 단계에서는 바로 보내면 되고, 암호화를 해서 보낼 경우는 생성된 메시지를 TLS 헤더 부분을 제외하고 암호화해서 보낸다. 이는 앞으로 구현할 encode 함수에 종속된 문제이므로, 이후에 좀 더 살펴보자.

또, Alert 메시지 분석을 위해 에러 메시지를 적절하게 콘솔로 출력하자.

코드 19.1: Alert 메시지 구현

```
1  template<bool SV> string TLS<SV>::alert(uint8_t level, uint8_t desc)
2  {// alert 레벨과 타입에 따른 alert 메시지를 생성
3  // 암호화해 보낼 때는 다음과 같이 호출할 수 있다.
4  // send(encode(alert(2, 20).substr(sizeof(TLS_header)), 0x15));
5      struct {
6          TLS_header h1;
7          uint8_t alert_level;
```

```
8          uint8_t alert_desc;
9      } h;
10     h.h1.content_type = 0x15;
11     h.alert_level = level;
12     h.alert_desc = desc;
13     h.h1.set_length(2);
14     return struct2str(h);
15 }
16
17 template<bool SV> int TLS<SV>::alert(string &&s)
18 {// 받은 alert 메시지의 분석
19     struct H {
20         TLS_header h1;
21         uint8_t alert_level;
22         uint8_t alert_desc;
23     } *p = (H*)s.data();
24     int level, desc;
25     if(p->h1.get_length() == 2) {// 암호화되지 않은 alert 메시지의 경우
26         level = p->alert_level;
27         desc = p->alert_desc;
28     } else {// 암호화된 alert 메시지인 경우
29         s = decode(s);
30         level = static_cast<uint8_t>(s[0]);
31         desc = static_cast<uint8_t>(s[1]);
32     }
33     switch(desc) {// s  재사용
34         case 0: s = "close_notify(0)"; break;
35         case 10: s = "unexpected_message(10)"; break;
36         case 20: s = "bad_record_mac(20)"; break;
37         case 21: s = "decryption_failed_RESERVED(21)"; break;
38         case 22: s = "record_overflow(22)"; break;
39         case 30: s = "decompression_failure(30)"; break;
40         case 40: s = "handshake_failure(40)"; break;
41         case 41: s = "no_certificate_RESERVED(41)"; break;
```

```
42        case 42: s = "bad_certificate(42)"; break;
43        case 43: s = "unsupported_certificate(43)"; break;
44        case 44: s = "certificate_revoked(44)"; break;
45        case 45: s = "certificate_expired(45)"; break;
46        case 46: s = "certificate_unknown(46)"; break;
47        case 47: s = "illegal_parameter(47)"; break;
48        case 48: s = "unknown_ca(48)"; break;
49        case 49: s = "access_denied(49)"; break;
50        case 50: s = "decode_error(50)"; break;
51        case 51: s = "decrypt_error(51)"; break;
52        case 60: s = "export_restriction_RESERVED(60)"; break;
53        case 70: s = "protocol_version(70)"; break;
54        case 71: s = "insufficient_security(71)"; break;
55        case 80: s = "internal_error(80)"; break;
56        case 90: s = "user_canceled(90)"; break;
57        case 100: s = "no_renegotiation(100)"; break;
58        case 110: s = "unsupported_extension(110)"; break;
59      }
60      if(level == 1) cerr << s << endl;
61      else if(level == 2) cerr << s << endl;
62      return desc;
63  }
```

Client Hello 함수의 구현

그림 7.1을 참조해, 클라이언트 메시지를 생성하고 분석하는 함수를 작성해보자. 클라이언트측일 경우는 메시지를 생성해 리턴할 것이고, 서버측일 경우는 받은 메시지를 분석할 것이다. 함수의 앞부분에 메시지의 개략적인 구조체를 정의하고, 이를 이용해 편하게 메시지를 생성하고 분석한다. 메시지 생성의 경우에는 이 구조체에 적절한 데이터를 채워넣고, 구조체를 스트링으로 변환해 리턴한다. 메시지 분석의 경우에는 받은 메시지를 구조체의 포인터를 이용해 분석한다.

C++17 이후부터는 constexpr 키워드를 사용해, if문에서 컴파일 타임에 조건분기를 할 수 있다. 이를 이용해 서버와 클라이언드일 경우를 하나의 함수에 넣을 수 있다.

코드 **20.1:** constexpr

```
1  int main() {
2      if constexpr(false) {
3          ⋮
4          // 이 부분은 아예 컴파일이 되지 않는다.
5      }
6  }
```

코드 17.1의 Client_hello 함수를 구현해보자. 템플릿 클래스이므로 다음과 같이 구현 함수를 작성하자.

코드 20.2: Client Hello 메시지 구현

```cpp
template<bool SV> string TLS<SV>::client_hello(string&& s)
{
    struct H {
        TLS_header h1;
        Handshake_header h2;
        Hello_header h3;
        uint8_t cipher_suite_length[2] = {0, 2};
        uint8_t cipher_suite[2] = {0xc0, 0x2f};// ECDHE RSA AES128 GCM SHA256
        uint8_t compression_length = 1;
        uint8_t compression_method = 0;// none
    } r;
    if constexpr(!SV) {// if client
        r.h2.handshake_type = CLIENT_HELLO;
        r.h1.set_length(sizeof(r) - sizeof(TLS_header));
        r.h2.set_length(sizeof(r)-sizeof(TLS_header)-sizeof(Handshake_header));
        mpz2bnd(random_prime(32), r.h3.random, r.h3.random + 32);
        memcpy(client_random_.data(), r.h3.random, 32);// unix time + 28 random
        return accumulate(struct2str(r));
    } else {// server
        if(get_content_type(s) != pair{HANDSHAKE, CLIENT_HELLO})
            return alert(2, 10);
        accumulate(s);
        H *p = (H*)s.data();
        memcpy(client_random_.data(), p->h3.random, 32);//unix time + 28 random
        unsigned char *q = &p->h3.session_id_length;
        q += *q + 1;
        int len = *q++ * 0x100 + *q++;
        for(int i=0; i<len; i+=2) if(*(q+i)==0xc0 && *(q+i+1)==0x2f) return "";
        return alert(2, 40);
    }
```

```
31    }
```

코드 20.2의 12라인의 if constexpr(!SV){···}는 서버측일 경우는 아예 컴파일이 되지 않고, 클라이언트측일 경우에만 컴파일이 된다. 클라이언트는 이 메시지를 보내야 하므로, 앞부분에 정의된 구조체를 채워넣는다. cipher_suite에는 우리가 지원할 사이퍼 수트[67]에 해당하는 0xc0과 0x2f를 채워넣는다. 만약 여기에 여러 개의 사이퍼 수트를 나열한다면, 그 순서가 그대로 서버에게 요청하는 우선 순위가 된다. 코드 20.2의 28라인에서, 서버측은 클라이언트가 원하는 사이퍼 수트 중 ECDHE RSA AES128 GCM SHA256이 있는지 확인한다. 만약 있으면 에러가 없음을 알리는 널 스트링을 리턴하고, 없으면 다음 라인에서 핸드세이크 실패 alert 메시지를 리턴한다.

Finished 메시지에서 모든 이전의 핸드세이크 메시지를 누적한 것을 사이퍼 수트에 정의된 해쉬 함수인 SHA256으로 해쉬한다. accumulate 함수는 이를 위해 핸드세이크 메시지를 class의 protected 멤버인 accumulated_handshakes_에 누적하는 함수다. mpz2bnd는 코드 1.3에서 이미 살펴봤다.

코드 **20.3:** accumulate 함수

```
1    template<bool SV> string TLS<SV>::accumulate(const string &s)
2    {
3        accumulated_handshakes_ += s.substr(sizeof(TLS_header));
4        return s;
5    }
```

struct2str 함수는 struct 구조를 리턴할 형식인 string으로 변환해 주는 함수다.

코드 **20.4:** struct2str 함수

```
1    template<class S> static std::string struct2str(const S &s)
2    {
3        return std::string{(const char*)&s, sizeof(s)};
4    }
```

---

[67]TLS_ECDHE_RSA_AES128_GCM_SHA256

Server Hello 함수의 구현

Server Hello 함수도 Client Hello 함수와 대동소이하다. 단지 이번에는 서버측에서 보낼 메시지를 생성하고, 클라이언트측에서는 받은 메시지를 분석한다. 서버측에서는 앞의 Client Hello 메시지에서 분석한 결과에 따라 사이퍼 수트를 확정해 구조체에 채워넣는다.

코드 **21.1:** Server hello 구현

```
1  template<bool SV> string TLS<SV>::server_hello(string &&s)
2  {
3      struct H {
4          TLS_header h1;
5          Handshake_header h2;
6          Hello_header h3;
7          uint8_t cipher_suite[2] = {0xc0, 0x2f};
8          uint8_t compression = 0;
9          uint8_t extension_length[2] = {0, 0};
10     } r;
11     if constexpr(SV) {
12         r.h1.length[1] = sizeof(Hello_header) + sizeof(Handshake_header) + 3;
13         r.h2.length[2] = sizeof(Hello_header) + 3;
```

```
14        r.h2.handshake_type = SERVER_HELLO;
15        mpz2bnd(random_prime(32), server_random_.begin(),server_random_.end());
16        mpz2bnd(random_prime(32), session_id_.begin(), session_id_.end());
17        memcpy(r.h3.random, server_random_.data(), 32);
18        memcpy(r.h3.session_id, session_id_.data(), 32);
19        return accumulate(struct2str(r));
20    } else {
21        if(get_content_type(s) != pair{HANDSHAKE, SERVER_HELLO})
22            return alert(2, 10);
23        accumulate(s);
24        H *p = (H*)s.data();
25        memcpy(server_random_.data(), p->h3.random, 32);
26        memcpy(session_id_.data(), p->h3.session_id, 32);
27        if(p->cipher_suite[0] == 0xc0 && p->cipher_suite[1] == 0x2f) return "";
28        else return alert(2, 40);
29    }
30 }
```

22

Certificate 함수의 구현

openssl로 자가서명한 인증서를 만들어 낼 수 있다. 우선 2048비트의 RSA 형식 키 파일을 다음의 명령으로 만들어 낸다.

```
> openssl genrsa 2048 > key.pem
```

이 키 파일을 이용해 인증서 파일을 다음과 같은 명령으로 만들어 낼 수 있다.

```
> openssl req -x509 -days 1000 -new -key key.pem -out cert.pem
```

이 두 개의 파일로부터 클래스의 static 멤버인 certificate_ 멤버를 초기화하는 함수를 구현하자. get_certificate_core 함수는 인증서에서 base64 인코딩된 핵심 부분만 추출하는 함수다. 이미 코드 9.6에서 구현했다. 인증서를 가공해서 스트링으로 저장하는 멤버변수인 certificate_은 인증서를 바꾸지 않는다면, 항상 같을 것이므로 static으로 선언하고 메인 함수 외부에서 초기화한다.

코드 22.1: certificate 멤버의 초기화

```
1  static string init_certificate()
2  {// 이 함수는 메인 함수 이전에 실행돼 초기화에 이용한다.
3      ifstream f2("key.pem");// 비밀키 PEM 파일
4      ifstream f("cert.pem");// 인증서 PEM 파일
5      auto [K, e, d] = get_keys(f2);
```

```
6        zK = K; ze = e; zd = d;
7
8        vector<unsigned char> r;
9        for(string s; (s = get_certificate_core(f)) != "";) {
10           auto v = base64_decode(s);
11           for(int i=0; i<3; i++) r.push_back(0);
12           mpz2bnd(v.size(), r.end() - 3, r.end());// 인증서의 크기
13           r.insert(r.end(), v.begin(), v.end());// 인증서
14       }
15       vector<uint8_t> v = {HANDSHAKE, 3, 3, 0, 0, CERTIFICATE, 0, 0, 0, 0, 0, 0};
16       mpz2bnd(r.size(), v.end() - 3, v.end());// 전체 인증서의 크기
17       mpz2bnd(r.size()+3, v.end()-6, v.end()-3);// 핸드세이크 헤더의 크기 필드
18       mpz2bnd(r.size() + 7, v.begin() + 3, v.begin() + 5);// TLS 헤더의 크기 필드
19       r.insert(r.begin(), v.begin(), v.end());
20       return {r.begin(), r.end()};
21   }
22
23   template<bool SV> string TLS<SV>::certificate_ = init_certificate();
24   template<bool SV> RSA TLS<SV>::rsa_{ze, zd, zK};
```

코드 22.1의 23라인에서 인증서 내용을 정적 멤버변수에 초기화하고, 다음 줄에서 init
certificate 함수 내에서 세팅한 공개키와 비밀키 정보로 RSA 클래스를 초기화한다.
단, 이것은 서버측일 경우다. 클라이언트측에서는 서버측으로부터 받은 인증서로부터
비밀키를 제외한 RSA키 값을 추출해내야 한다.

인증서 체인을 스트링으로 리턴하기 위해서 약간 변칙적인 방법을 사용했다. 인증
서를 읽어들이고 그 앞에 인증서의 크기를 삽입하는 방법을 썼다. 이 방법은 인증서의
크기를 일일이 계산할 필요가 없어 편리하다.

키 파일과 인증서 파일로 서버를 초기화했으니 이제 인증서 메시지를 구현하자.
서버측에서는 이미 인증서를 초기화했으니 그냥 그것을 리턴하면 된다.

코드 22.2: Certificate 메시지의 구현

```
1   template<bool SV> string TLS<SV>::server_certificate(string&& s)
```

```
 2  {
 3      if constexpr(SV) return accumulate(certificate_);
 4      else {
 5          if(get_content_type(s) != pair{HANDSHAKE, CERTIFICATE})
 6              return alert(2, 10);
 7          accumulate(s);
 8          struct H {
 9              TLS_header h1;
10              Handshake_header h2;
11              uint8_t certificate_length[2][3];
12              // 전체 인증서 길이 + 첫 번째 인증서 길이
13              unsigned char certificate[];// 첫 번째 인증서
14          } *p = (H*)s.data();
15          std::stringstream ss;
16          uint8_t *q = p->certificate_length[1];
17          for(int i=0, j = *q * 0x10000 + *(q+1) * 0x100 + *(q+2); i < j; i++)
18              ss << noskipws << p->certificate[i];//first certificate
19          Json::Value jv;
20          try {// DER을 파싱하는 과정에서 예외가 발생할 수 있다.
21              jv = der2json(ss);
22          } catch(const char *e) {
23              cerr << "certificate error : " << e << '\n';
24              return alert(2, 44);
25          }
26          auto [K, e, sign] = get_pubkeys(jv);
27          rsa_.K = K; rsa_.e = e;
28          return "";
29      }
30  }
```

클라이언트측에서 인증서 메시지를 분석하는 것을 첫 번째 인증서의 공개키와 서명을 얻는 것으로 끝마쳤다. 제대로 구현하려면, 인증서 체인이 있는지 확인한 후, 다음번의 인증서의 공개키와 서명을 동일한 방식으로 얻고, 이 다음번 인증서의 공개

키로 첫 번째 인증서의 서명을 확인한다. 이를 자신이 신뢰하는 인증기관의 인증서를 만날 때까지 반복한다. 인증서 체인을 확인하는 과정은 코드 9.13에서 확인했으므로 생략하기로 한다.

23

Server Key Exchange 함수의 구현

그림 10.3의 내용과 같이 서명을 생성할 함수를 구현해보자. 이 함수는 pub_key 포인터에서 서명할 데이터를 읽어들여, 결과값을 sign 포인터가 가리키는 메모리 위치에쓴다. 서명할 구조체를 편하게 만들어내기 위해 push_front 함수로 앞부분에 데이터를집어넣을 수 있는 deque를 사용한다.

코드 23.1: generate signature 함수의 구현

```
1  template<bool SV>
2  void TLS<SV>::generate_signature(unsigned char* pub_key, unsigned char* sign)
3  {
4      unsigned char a[64 + 69];
5      memcpy(a, client_random_.data(), 32);
6      memcpy(a + 32, server_random_.data(), 32);
7      memcpy(a + 64, pub_key, 69);
8      SHA2 sha;
9      auto b = sha.hash(a, a + 64 + 69);
10     std::deque<unsigned char> dq{b.begin(), b.end()};
```

```
11      dq.push_front(dq.size());
12      unsigned char d[] = {0x30, 0x0d, 0x06, 0x09, 0x60, 0x86, 0x48, 0x01,
13                           0x65, 0x03, 0x04, 0x02, 0x01, 0x05, 0x00, 0x04};
14      dq.insert(dq.begin(), d, d + 16);
15      dq.push_front(dq.size());
16      dq.push_front(0x30);
17      dq.push_front(0x00);
18      while(dq.size() < 254) dq.push_front(0xff);
19      dq.push_front(0x01);
20      dq.push_front(0x00);
21      auto z = rsa_.sign(bnd2mpz(dq.begin(), dq.end()));
22      mpz2bnd(z, sign, sign + 256);
23  }
```

그림 12.2와 같이 premaster secret을 GCM 방식의 key와 IV로 사용될 40바이트로 확장하고 이를 aes_ 멤버변수에 세팅하는 함수를 구현하자.

코드 23.2: derive key 함수의 구현

```
1   template<bool SV>
2   void TLS<SV>::derive_keys(mpz_class premaster_secret)
3   {
4       unsigned char pre[32], rand[64];
5       mpz2bnd(premaster_secret, pre, pre + 32);
6       PRF<SHA2> prf;
7       prf.secret(pre, pre + 32);
8       memcpy(rand, client_random_.data(), 32);
9       memcpy(rand + 32, server_random_.data(), 32);
10      prf.seed(rand, rand + 64);
11      prf.label("master secret");
12      master_secret_ = prf.get_n_byte(48);
13      prf.secret(master_secret_.begin(), master_secret_.end());
14      memcpy(rand, server_random_.data(), 32);
15      memcpy(rand + 32, client_random_.data(), 32);
16      prf.seed(rand, rand + 64);
```

```
17    prf.label("key expansion");
18    auto v = prf.get_n_byte(40);
19    aes_[0].key(&v[0]);
20    aes_[1].key(&v[16]);
21    aes_[0].iv(&v[32], 0, 4);
22    aes_[1].iv(&v[36], 0, 4);
23  }
```

이제 최종적으로 위의 함수를 사용해 서버 키 교환 함수를 구현해보자. 구조체의
맨 마지막에 있는 256바이트의 sign 배열은 서명을 생성하는 함수를 이용해 채워넣
는다.

코드 23.3: 서버 키 교환 함수 구현

```
 1  template<bool SV> string TLS<SV>::server_key_exchange(string&& s)
 2  {
 3      struct H {
 4          TLS_header h1;
 5          Handshake_header h2;
 6          uint8_t named_curve = 3,
 7                  secp256r[2] = {0, 0x17},
 8                  key_length = 65,
 9                  uncommpressed = 4,
10                  x[32], y[32];
11          uint8_t signature_hash = 4, // SHA256
12                  signature_sign = 1, // rsa
13                  signature_length[2] = {1, 0},
14                  sign[256];
15      } r;
16
17      if constexpr(SV) {
18          r.h1.set_length(sizeof(r) - sizeof(TLS_header));
19          r.h2.set_length(sizeof(r) - sizeof(TLS_header) - sizeof(
                Handshake_header));
20          r.h2.handshake_type = SERVER_KEY_EXCHANGE;
```

```
21        mpz2bnd(P_.x, r.x, r.x+32);// 나의 공개키를 구조체에 채워넣는다.
22        mpz2bnd(P_.y, r.y, r.y+32);
23        generate_signature(&r.named_curve, r.sign);
24        return accumulate(struct2str(r));
25    } else {
26        if(get_content_type(s) != pair{HANDSHAKE, SERVER_KEY_EXCHANGE})
27            return alert(2, 10);
28        accumulate(s);
29        const H *p = reinterpret_cast<const H*>(s.data());
30        EC_Point Y{bnd2mpz(p->x, p->x+32), bnd2mpz(p->y, p->y+32), secp256r1_};
31        // 받은 메시지에서 좌표를 추출해 상대방의 공개키를 생성한다.
32        derive_keys((Y * prv_key_).x);
33        // 나의 비밀키와 곱해 합의된 키(x 좌표)를 도출한다.
34
35        // 서명값을 확인한다.
36        auto z = rsa_.encode(bnd2mpz(p->sign, p->sign + 256));
37        mpz2bnd(z, r.sign, r.sign+256);
38        memcpy(r.sign, client_random_.data(), 32);
39        memcpy(r.sign+32, server_random_.data(), 32);
40        memcpy(r.sign+64, &p->named_curve, 69);
41        SHA2 sha;
42        auto a = sha.hash(r.sign, r.sign + 64 + 69);
43        if(equal(r.sign + 224, r.sign + 256, a.begin())) return "";
44        else return alert(2, 51);//decrypt error
45    }
46 }
```

코드 23.3의 11라인의 signature_hash에 가능한 값은 다음과 같다.

signature hash	value
NONE	0
MD5	1
SHA1	2
SHA224	3
SHA256	4
SHA384	5
SHA512	6

표 23.1: signature hash 값

코드 23.3의 12라인의 signature_sign에 가능한 값은 다음과 같다.

signature sign	value
anonymous	0
RSA	1
DSA	2
ECDSA	3

표 23.2: signature sign 값

Server Hello Done 함수의 구현

Server Hello Done 함수는 매우 간단하다. 핸드세이크 타입만을 정해주면 된다. 그러므로, 메시지의 분석도 차례에 맞게 Server Hello Done이 왔는지만 확인하면 된다.

코드 24.1: Server Hello Done 함수의 구현

```
1   template<bool SV> string TLS<SV>::server_hello_done(string&& s)
2   {
3       struct {
4           TLS_header h1;
5           Handshake_header h2;
6       } r;
7       if constexpr(SV) {
8           r.h2.handshake_type = SERVER_DONE;
9           return accumulate(struct2str(r));
10      } else {
11          if(get_content_type(s) != pair{HANDSHAKE, SERVER_DONE})
12              return alert(2,10);
13          accumulate(s);
```

```
14        return "";
15    }
16 }
```

Client Key Exchange 함수의 구현

Client Key Exchange 함수는 클라이언트가 자신의 디피헬만 공개키를 보내는 과정이다. 이 메시지를 분석함으로써 서버측에서는 키 교환에 필요한 모든 정보를 얻게된다. 이제 각종 키 재료를 생성할 수 있다.[68]

코드 25.1: 클라이언트 키 교환 함수의 구현

```
1  template<bool SV> string TLS<SV>::client_key_exchange(string&& s)
2  {// 클라이언트 키 교환 메시지를 만들거나 분석한다.
3      struct H {
4          TLS_header h1;
5          Handshake_header h2;
6          uint8_t len = 65;
7          uint8_t uncommpressed = 4;
8          uint8_t x[32], y[32];
9      } r;
```

---

[68]클라이언트 측에서는 이미 서버 키 교환 함수에서 모든 정보를 얻었다.

```
10
11      if constexpr(SV) {
12          if(get_content_type(s) != pair{HANDSHAKE, CLIENT_KEY_EXCHANGE})
13              return alert(2, 10);
14          accumulate(s);
15          H* p = (H*)s.data();
16          EC_Point Y{bnd2mpz(p->x, p->x+32), bnd2mpz(p->y, p->y+32), secp256r1_};
17          derive_keys((Y * prv_key_).x);
18          // 계산된 좌표의 x 값이 합의한 키가 된다.
19          return "";
20      } else {
21          r.h2.handshake_type = 16;
22          r.h1.set_length(sizeof(H) - sizeof(TLS_header));
23          r.h2.set_length(sizeof(H) -sizeof(TLS_header) -sizeof(Handshake_header)
                );
24          mpz2bnd(P_.x, r.x, r.x+32);// 나의 공개키를 채워 넣는다
25          mpz2bnd(P_.y, r.y, r.y+32);
26          return accumulate(struct2str(r));
27      }
28  }
```

16라인에서 상대편으로부터 받은 x, y 좌표를 추출하고 이를 이용해 상대방의 공개키를 생성한다. 이 공개키 Y와 자신의 비밀키를 다음 줄에서 곱해 나온 x 좌표가 최종 합의된 키 재료가 된다.

Change Cipher Spec 함수의 구현

Change Cipher Spec 함수를 기점으로 이후의 모든 메시지는 암호화돼 오가게 된다. 이 메시지는 단지 하나의 데이터만을 가지고 있다. 그러므로 메시지 타입을 확인하는 것으로 메시지 분석이 끝난다.

코드 **26.1**: Change Cipher Spec 함수의 구현

```
1  template<bool SV> string TLS<SV>::change_cipher_spec(string &&s)
2  {
3      struct {
4          TLS_header h1;
5          uint8_t spec = 1;
6      } r;
7      r.h1.content_type = CHANGE_CIPHER_SPEC;
8      r.h1.length[1] = 1;
9      return s == "" ? struct2str(r) :
10         (get_content_type(s).first == CHANGE_CIPHER_SPEC ? "" : alert(2, 10));
11 }
```

encode, decode 함수의 구현

이제 교환한 키를 이용해 암호화/복호화하는 함수를 구현할 차례다. 그리고 암호화할 경우는 인증 태그를 첨부해야 하고, 복호화할 경우는 인증 태그를 비교해 변조의 여부를 확인해야 한다. 복호화 함수는 C++ 스탠다드 라이브러리의 optional이란 클래스를 이용해 에러에 대비하도록 했다. 우선 에러일 경우 디폴트 생성자를 리턴 (return {})하면 된다는 것만 알아두자. 자세한 것은 TCP/IP 클래스의 설계에서 다루겠다.

코드 27.1: 복호화 함수의 구현

```
1  template<bool SV> optional<string> TLS<SV>::decode(string &&s)
2  {// GCM 방식의 decoding
3      struct H {// 받은 레코드 메시지의 형식
4          TLS_header h1;
5          uint8_t iv[8],
6          unsigned char m[];
7      } *p = (H*)s.data();
8      struct {// 인증 태그를 위한 부가 정보
9          uint8_t seq[8];
10         TLS_header h1;
11     } header_for_mac;
```

```
12
13    if(int type = get_content_type(s).first; type != HANDSHAKE &&
14        type != APPLICATION_DATA) return {};// 에러
15    mpz2bnd(dec_seq_num_++, header_for_mac.seq, header_for_mac.seq + 8);
16    // 순서 번호를 넣고 증가시킨다.
17    header_for_mac.h1 = p->h1;
18    int msg_len = p->h1.get_length() - sizeof(H::iv) - 16;// tag length 16
19    header_for_mac.h1.set_length(msg_len);
20    uint8_t *aad = (uint8_t*)&header_for_mac;
21    aes_[!SV].aad(aad, sizeof(header_for_mac));
22    aes_[!SV].iv(p->iv, 4, 8);// IV 값의 뒷부분 8바이트는 레코드 메시지에서 구함
23    auto auth = aes_[!SV].decrypt(p->m, msg_len);
24    if(equal(auth.begin(), auth.end(), p->m + msg_len))
25        return string{p->m, p->m + msg_len};
26    else return {};// 인증 태그 확인 실패
27 }
```

21라인에서 복호화 시 상대방의 AES 클래스 즉 !SV를 사용해야 한다는 것을 유의하자. 24라인의 equal은 algorithm 헤더에 있는 함수로, 일정 범위의 모든 요소가 동일할 때 true를 리턴한다. 인증 태그를 확인해 정상일 경우만 복호화된 스트링을 리턴한다.

코드 27.2: 암호화 함수의 구현

```
1  template<bool SV> string TLS<SV>::encode(string &&s, int type)
2  {// GCM 방식의 encoding
3      struct {
4          TLS_header h1;
5          uint8_t iv[8];
6      } header_to_send;
7      struct {// 인증 태그를 위한 부가 정보
8          uint8_t seq[8];
9          TLS_header h1;
10     } header_for_mac;
```

```
11      header_for_mac.h1.content_type = header_to_send.h1.content_type = type;
12
13      mpz2bnd(enc_seq_num_++, header_for_mac.seq, header_for_mac.seq + 8);
14      const size_t chunk_size = (1 << 14) - 64;// 하나의 패킷에 허용할 최대 길이
15      int len = min(s.size(), chunk_size);
16      header_for_mac.h1.set_length(len);
17      string frag = s.substr(0, len);
18
19      mpz2bnd(random_prime(8), header_to_send.iv, header_to_send.iv + 8);
20      aes_[SV].iv(header_to_send.iv, 4, 8);
21      uint8_t *aad = (uint8_t*)&header_for_mac;
22      aes_[SV].aad(aad, sizeof(header_for_mac));
23      auto tag = aes_[SV].encrypt(reinterpret_cast<unsigned char*>(&frag[0]),
            frag.size());
24      frag += string{tag.begin(), tag.end()};// 인증 태그 첨부
25      header_to_send.h1.set_length(sizeof(header_to_send.iv) + frag.size());
26      // 메시지 길이 세팅
27      string s2 = struct2str(header_to_send) + frag;
28      if(s.size() > chunk_size) s2 += encode(s.substr(chunk_size));
29      // 매우 긴 길이의 메시지일 경우는 재귀적으로 암호화 함수를 호출한다.
30      return s2;
31  }
```

28

Finished 함수의 구현

Finished 함수는 지금까지 누적된 핸드세이크 메시지를 PRF 함수로 처리해서 12바이트를 얻어 핸드세이크 헤더 뒤에 붙인다. 그리고 이를 암호화해서 상대방에게 보낸다. 이 메시지는 첫 번째 암호화된 메시지이며, 상호간에 암호화 통신을 할 수 있는 준비가 됐는가를 확인하는 수단이 된다. 코드 28.1의 8라인에서 서버인지 클라이언트인지, 보낼 때인지 받을 때인지에 따라 PRF 함수의 라벨이 달라진다.

코드 **28.1**: finished 함수의 구현

```
1  template<bool SV> string TLS<SV>::finished(string &&s)
2  {// 메시지를 작성할 때는 인자없이 호출
3      PRF<SHA2> prf; SHA2 sha;
4      prf.secret(master_secret_.begin(), master_secret_.end());
5      auto h = sha.hash(accumulated_handshakes_.cbegin(), accumulated_handshakes_
           .cend());
6      prf.seed(h.begin(), h.end());
7      const char *label[2] = {"client finished", "server finished"};
8      prf.label(label[s == "" ? SV : !SV]);
9  // 위와 같이 하면 client finished인지, server finished인지에 맞게 라벨이 세팅된다
10     auto v = prf.get_n_byte(12);
11     LOGD << hexprint("finished", v) << endl;
```

```
12
13      Handshake_header hh;
14      hh.handshake_type = FINISHED;
15      hh.set_length(12);
16
17      string msg = struct2str(hh) + string{v.begin(), v.end()};
18      accumulated_handshakes_ += msg;
19
20      if(s == "") return encode(move(msg), HANDSHAKE);// 메시지를 보내는 경우
21      else if(decode(move(s)) != msg) return alert(2, 51);
22      else return "";
23  }
```

21라인은 Finished 메시지를 받은 경우다. Finished 메시지를 복호화한 뒤, 제대로 쌍방이 암호화 핸드세이킹을 했는지 확인한다. 이는 msg와 복호화한 값을 비교하는 것으로 대체할 수 있다. 이 값이 다르다면 alert 메시지를 리턴한다. 같다면 다음 줄에서 널 스트링을 리턴해 Finished 메시지가 제대로 처리됐음을 알린다.

제 IV 편
TLS 1.2의 테스트

TCP/IP를 거치지 않는 테스트

우리는 TLS 라이브러리를 완성했다. 메모리만을 다루는 것으로 TLS 클래스를 디자인했기에, 그림 6.1의 TLS 진행 과정을 네트워킹과 같은 중간 전달 과정 없이 테스트해볼 수 있다.

코드 **29.1**: TLS flow 코딩

```
1   #define private public
2   #define protected public
3   #include"src/tls.h"
4   #undef private
5   #undef protected
6   TEST_CASE("tls") {
7       TLS<true> server; TLS<false> client;
8       server.client_hello(client.client_hello());
9       client.server_hello(server.server_hello());
10      client.server_certificate(server.server_certificate());
11      client.server_key_exchange(server.server_key_exchange());
12      client.server_hello_done(server.server_hello_done());
13      server.client_key_exchange(client.client_key_exchange());
14      server.change_cipher_spec(client.change_cipher_spec());
```

```
15    server.finished(client.finished());
16    client.change_cipher_spec(server.change_cipher_spec());
17    client.finished(server.finished());
18    REQUIRE(server.diffie_.K == client.diffie_.K);
19    REQUIRE(equal(server.master_secret_.begin(), server.master_secret_.end(),
              client.master_secret_.begin()));
20    REQUIRE(equal(server.client_random_.begin(), server.client_random_.end(),
              client.client_random_.begin()));
21    REQUIRE(equal(server.server_random_.begin(), server.server_random_.end(),
              client.server_random_.begin()));
22    for(int i=0; i<2; i++) {//check key expansion
23        REQUIRE(equal(server.aes_[i].schedule_[0], server.aes_[i].schedule_[0]
                  + 11*16, client.aes_[i].schedule_[0]));
24        REQUIRE(equal(begin(server.mac_[i].i_key_pad_), end(server.mac_[i].
                  i_key_pad_), begin(client.mac_[i].i_key_pad_)));
25        REQUIRE(equal(begin(server.mac_[i].o_key_pad_), end(server.mac_[i].
                  o_key_pad_), begin(client.mac_[i].o_key_pad_)));
26    }
27    REQUIRE(string{"hello world"} == server.decode(client.encode("hello world")
          ));
28    REQUIRE(string{"Hello!! world"} == client.decode(server.encode("Hello!!
          world")));
29 }
```

코드 29.1에서 서버와 클라이언트는 서로간에 메시지를 생성하고 분석한다. 사이퍼 수트를 선택하고, 비밀통신에 필요한 여러 키와 랜덤값을 합의한다. 최종적으로 hello world라는 메시지를 암호화해서 보낸다.

8라인에서 클라이언트는 Client Hello 메시지를 생성하고, 서버는 이 메시지를 분석한다. 이는 client_hello라는 동일한 함수를 호출해 이뤄진다. 18라인에서 프리마스터 시크릿[premaster secret], 19라인에서는 마스터 시크릿[master secret]이 동일하게 생성됐는지 확인하고, 22에서 26라인의 반복문에서는 확장된 키 재료를 검사하고, 27, 28라인에서는 생성된 키 재료로 암호화와 복호화가 이뤄지는지 테스트한다.

30

브라우저 세팅과 와이어샤크

TLS 계층은 어떤 방식으로 상대방과 통신을 할 것인지 규정하고 있지 않지만, 아마도 99%의 경우는 TCP/IP 환경 위에서 TLS 계층이 동작할 것이다. 제30장부터는 TCP/IP와 더불어 TLS 클래스를 어떻게 활용하는지를 알아보고자 한다.

자신의 브라우저가 어떤 사이퍼 수트를 지원하는지를 알려면 다음의 사이트를 방문해보자.

$$https://www.ssllabs.com/ssltest/viewMyClient.html$$

한 가지 난점이 있는데, 서버 인증서다. 인증서를 생성하는 방법을 Certificate 함수 구현에서 알아봤지만, 이것이 자가 서명된 인증서이기에 대부분의 브라우저에서 에러 혹은 경고 메시지를 발생시킨다. 자신이 운영하는 도메인이 있다면 Let's encrypt(letsencrypt.org)에서 무료로 정식 인증서를 발급받을 수 있다. 하지만 정식 인증서를 발급받는 것은 까다로운 절차이므로, 브라우저의 옵션에서 인증서 체크를 해제하면, 인증서를 확인하지 않고 우리가 만든 서버를 액세스할 수 있을 것이다.

패킷을 검사하는 데 필수적인 와이어샤크^{wireshark}라는 애플리케이션이 있다.

루트 권한으로 실행한 뒤, 상단의 필터 창에 ssl을 입력하면 원하는 TLS 패킷만 걸러낼 수 있다. 패킷을 클릭하면 이 패킷이 Client Hello 메시지인지, Server Hello

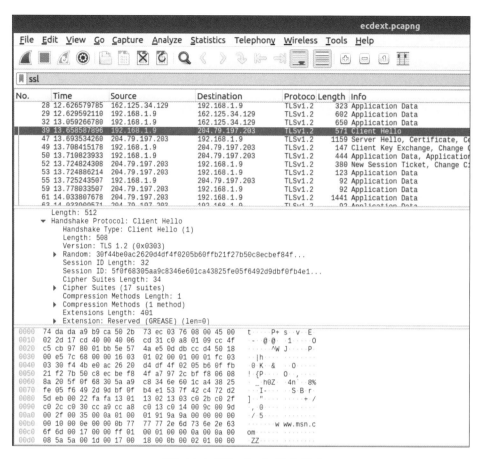

그림 30.1: Wireshark 실행 화면

메시지인지 분별해 알려주고, 내부의 데이터도 잘 표현해준다. TLS 라이브러리를
테스트하는 데 반드시 필요한 유틸리타다.

TCP/IP

제 1 절
네트워크 전송 계층

OSI 모델에서는 더욱 세분해 7계층으로 설명하기도 하지만, 크게 분류하자면 그림 31.1과 같이 4개의 계층으로 네트워크 통신을 설명할 수 있다. 최하단에 있는 물리적인 계층은 실제적인 물리적인 네트워크 이더넷 장비 등을 말한다. 바로 위에 있는 IP 계층은 논리적인 주소 계층으로 각각의 패킷이 제대로 주소지에 전달되게 하는 제반 장치를 말한다. ARP와 RARP는 논리적인 주소와 물리적인 주소를 변환해주는 프로토콜이고, ICMP는 에러 프로토콜이다.

그 위에는 전송방식을 정의하는 계층으로 TCP와 UDP로 크게 나눌 수 있다. UDP는 빠르지만 메시지 전송이 확인되지 않는 전송방식이다. 동영상 스트림이나 실시간 게임 등에 많이 사용된다. TCP는 좀 더 확실하고 안정적이지만 느린 전송방식이다. TCP는 메시지를 전달받는지 항상 확인하며, 전달 순서도 체크한다.

그 위에 있는 것이 응용프로그램 계층이다. 우리가 라이브러리를 만드는 TLS 계층은 일반적인 네트워킹에서 사용된다면, 이 응응프로그램 계층의 최하단에 위치한다고 할 수 있다.

이를 패킷의 측면에서 보자면 그림 31.2와 같다. IP 헤더가 패킷의 맨 앞부분에 오고 다음으로 TCP 헤더, TLS 헤더, 응용 프로그램이 차례로 온다. 하나의 껍데기를 벗기면 다음 계층이 나오는 여러 겹의 캡슐(러시아 인형)과 같은 구조다.

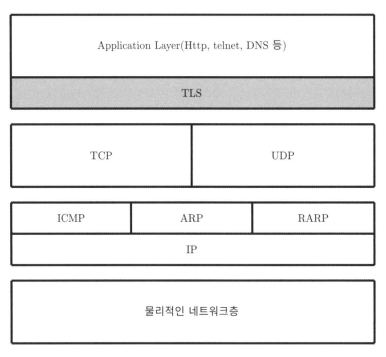

그림 31.1: 네트워크 전송계층

그림 31.2: 패킷 측면에서 본 네트워크 전송계층

제 2 절
TCP/IP 소켓 프로그래밍 API

POSIX(portable operating system interface)는 운영체제간 호환성을 확보하기 위해서 만든 API(Application Programming Interface)의 표준화다. TCP/IP를 프로그래밍하기 위한 API로 POSIX의 소켓^{socket} 프로그래밍 표준이 제정됐는데, 대부분의 유닉스 계열 운영체제는 이를 지원한다.[69] 윈도우에서도 약간의 수정을 거치면 POSIX api로 만든 프로그램을 컴파일할 수 있다.

유닉스는 파일을 열었을 때, 각각의 파일을 파일 디스크립터라는 정수값으로 구분한다. 디스크 상의 파일을 열었을 때 아직 사용되지 않은 파일 디스크립터 값을 하나 얻어오게 된다. a.txt라는 파일은 1234번 파일 디스크립터로 액세스하고, b.txt라는 파일은 1122라는 파일 디스크립터로 액세스하는 식이다.

유닉스에서는 모든 디바이스를 일종의 파일로 동일하게 취급하는 기본 철학이 있다. 디스크 상의 파일뿐만 아니라 표준 입출력도 파일 디스크립터로 0과 1 값으로 정해져 있다. write 함수를 이용해서 마치 디스크 파일에 문자를 쓰듯이 이 파일 디스크립터 1에 쓰면 화면에 문자가 표시된다.

코드 31.1: 유닉스의 파일 철학

```
1   #include<sys/unistd.h>
2   #include<fcntl.h>
3
4   int main() {
5       char buffer[11] = {0,};
6
7       write(1, "enter some", 10);// 화면에 쓴다.
8       read(0, buffer, 10);// 콘솔로부터 입력을 읽어들인다.
9
```

---

[69]TCP/IP API는 헤더 파일이 여러 개에 나눠져 있는데다, 시스템에 따라서 헤더 파일이 바뀌기도 한다. 자주 쓰이는 몇 개의 헤더 파일을 나열해 본다. arpa/inet.h, unistd.h, netdb.h(gethostbyname), sys/socket.h(socket), sys/types.h, unistd.h(close).

```
10      int fd = open("a.txt", O_CREAT | O_WRONLY);
11      write(fd, buffer, 10);// 파일에 쓴다.
12      close(fd);
13      fd = open("a.txt", O_RDONLY);
14      read(fd, buffer, 10);// 파일로부터 읽는다.
15      close(fd);
16      write(1, buffer, 10);
17  }
```

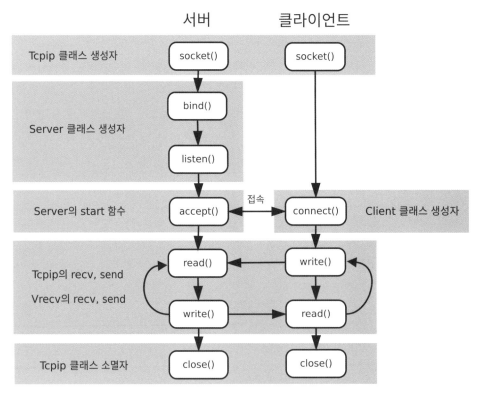

그림 31.3: TCP/IP 소켓 프로그래밍의 과정

소켓 프로그래밍에서도 이를 지키고 있다. 네트워크에 연결했을 때, 파일 디스크립터를 받아오게 되며, 이 파일 디스크립터에 read, write 함수를 사용해 상대방과 통신할 수 있다. 소켓을 이용한 통신과정을 살펴보면 그림 31.3과 같다. 회색 사각형

은 다음 절에서 클래스의 구현을 할 때 다시 설명하도록 하겠다. 지금은 흰 박스만 집중하도록 하자.[70]

우선 socket 함수로 전송 방법(TCP, UDP)을 정하고, 파일 디스크립터를 얻어온다. socket 함수는 인자로 주소체계와 소켓 타입, 프로토콜을 받는다. 각각에 올 수 있는 값은 표 31.1와 같다.

인자	가능한 값	의미
주소 체계	PF_INET	IPv4
	PF_INET6	IPv6
	PF_LOCAL	Local 통신을 위한 유닉스 프로토콜
	PF_PACKET	저수준 소켓을 위한 인터페이스
소켓 타입	SOCK_STREAM	TCP
	SOCK_DGRAM	UDP
	SOCK_RAW	저수준 소켓
프로토콜	IPROTO_TCP	TCP 프로토콜
	IPPROTO_UDP	UDP 프로토콜
	IPPROTO_RAW	저수준 프로토콜

표 31.1: socket 함수의 인자

서버측에서는 bind 함수로 소켓을 임의의 주소와 대응시키고, listen 함수로 소켓을 외부로부터 들어오는 메시지에 반응하도록 만든다. 최종적으로 accept 함수로 클라이언트와의 연결을 기다린다. 네트워크 연결이 종료됐으면 close 함수로 파일을 닫아줘야 한다.

코드 31.2: 소켓 프로그래밍에서 쓰이는 sockaddr_in 구조체

```
1  struct sockaddr_in {
2      short           sin_family; // 주소체계(PF_INET etc..)
3      unsigned short  sin_port;   // 포트번호
```

---

[70]Behrouz A Forouzan and Sophia Chung Fegan. *TCP/IP protocol suite*. Vol. 2. McGraw-Hill, 2006.

```
4      struct in_addr  sin_addr;   // IP 주소(32비트)
5      char            sin_zero[8];// 16바이트로 만들기 위한 패딩
6   };
7   struct in_addr {
8      uint32_t s_addr; // 32비트 IP 주소
9   };
```

코드 31.3: 서버측 소켓 프로그래밍

```
1   struct sockaddr_in server_addr, client_addr;
2   const int port = 2001, queue = 10, cl_size = sizeof(client_addr);
3   char buffer[4096];
4   server_addr.sin_family = PF_INET;
5   server_addr.sin_port = htons(port);
6   server_addr.sin_addr.s_addr = htonl(INADDR_ANY);
7
8   int server_fd = socket(PF_INET, SOCK_STREAM, IPPROTO_TCP);
9   if(bind(server_fd, (sockaddr*)&server_addr, sizeof(server_addr)) == -1)
10      cout << "bind() error" << endl;
11  else cout << "binding" << endl;
12  if(listen(server_fd, queue) == -1) cout << "listen() error\n";
13  else cout << "listening port " << port << endl;
14  int client_fd = accept(server_fd, (sockaddr*)&client_addr, (socklen_t*)&cl_size
        );
15  // accept 함수에서 프로그램의 진행이 블록됐다가,
16  // 접속이 들어오면 client_fd를 리턴한다.
17  if(client_fd == -1) cout << "accept error()" << endl;
18  else {
19      int n = read(client_fd, buffer, 4096);
20      // read 함수는 버퍼에 받은 메시지를 복사하고,
21      // 실제로 받은 메시지의 바이트 수를 리턴한다.
22      write(client_fd, buffer, n);// 별다른 처리 없이 들어온 메시지를 에코
23  }
24  close(client_fd);
```

```
25  close(server_fd);
```

코드 31.3의 5, 6라인의 hton? 함수는 코드 4.6에서 본 적이 있다. 네트워크의 형식인 빅엔디안 형식으로 숫자를 변형해준다. s가 뒤에 붙은 htons의 경우는 short 형식의 정수를 변환해 주고, l이 붙은 htonl은 long 형식의 정수에 사용한다.

클라이언트측은 좀 더 간단하다. 마찬가지로 socket 함수로 파일 디스크립터를 얻어오고, connect 함수로 서버에 연결한 뒤 read, write를 사용하면 된다. 사용 후 close로 파일을 닫는다.

코드 31.4: 클라이언트측 소켓 프로그래밍

```
1   char buffer[4096];
2   struct sockaddr_in server_addr;
3   server_addr.sin_addr.s_addr = inet_addr("127.0.0.1");
4   server_addr.sin_family = PF_INET;
5   server_addr.sin_port = htons(2001);
6
7   int client_fd = socket(PF_INET, SOCK_STREAM, IPPROTO_TCP);
8   if(-1 == connect(client_fd, (sockaddr*)&server_addr, sizeof(server_addr)))
9       return -1;
10  write(client_fd, "GET /", 5);
11  read(client_fd, buffer, 4096);
12  close(client_fd);
```

제 3 절
네트워킹 클래스의 구현

시중에는 TCP/IP라는 하나의 주제만을 다룬 천 페이지 이상의 두꺼운 책도 많다. 이를 구현하는 C 라이브러리 api도 매우 난잡해서 여러 헤더 파일에 걸쳐서 많은 내용을 숙지해야 한다. 네트워킹의 전문가가 아닌 이상, 매번 프로그래밍할 때마다, 이런 복잡한 내용들을 떠올려야 한다면 머리에 많은 과부하가 걸릴 것이다. 다행인 것은 C++의 객체지향 프로그래밍이 이런 복잡함을 커튼 뒤로 감출 수 있다는 것이다.

섬세한 제어를 어느 정도 포기하고 단순함을 추구해보자.

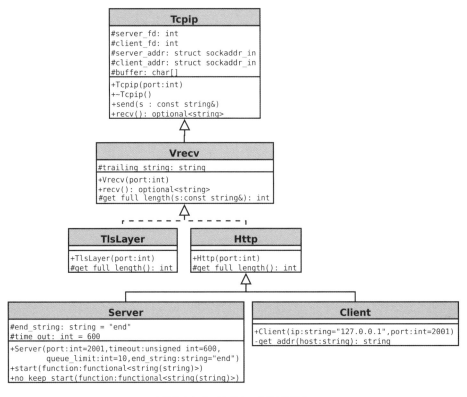

그림 31.4: 클래스 다이어그램

그림 31.3에서 회색으로 표시된 것은 소켓 프로그래밍의 절차를 그림 31.4의 각 각의 클래스에서 분담하도록 한 것이다. 최대한 함수의 호출을 줄이고자, 생성자와 소멸자를 활용했다. 그 결과로 에러 처리에는 조금 취약해졌으나, 단순히 클래스 변수를 선언하는 것만으로 접속과 종료를 뒤에서 다 처리해준다. Server 클래스를 선언하면, 우선 Server의 부모 클래스가 Tcpip 클래스이기 때문에 socket 함수를 자동으로 부른다. 그리고, Server 클래스의 생성자에서 bind와 listen을 부른다. 우리는 start 함수만 호출하면 된다. Server 클래스가 영역을 벗어나서 파괴되면, 소멸자가 호출돼 자동적으로 파일 디스크립터를 닫아준다. Cilent 클래스의 경우에도 마찬가지다. 부모 클래스에서 socket 함수를 부르고, 자신의 생성자에서 connect를 부른다. 이제 send, recv 함수를 이용해 메시지를 보내거나 받기만 하면 된다. Client 클래스가 소멸될 때는 자동으로 close 함수를 호출한다.

3.1 TCP/IP 클래스

기저 클래스인 Tcpip 클래스를 우선 구현해보자. 주소 구조체와 파일 디스크립터를 모두 멤버변수로 갖게 해서, 프로그래머가 이를 직접 관리해야 할 필요가 없게끔 디자인해보자.

코드 31.5: TCP/IP 헤더

```
 1  #define BUF_SIZE 4096
 2  class Tcpip
 3  {
 4  public:
 5      Tcpip(int port = 2001);
 6      virtual ~Tcpip();
 7      void send(const std::string& s, int fd = 0);
 8      std::optional<std::string> recv(int fd = 0);
 9  protected:
10      int server_fd;
11      int client_fd;
12      struct sockaddr_in server_addr, client_addr;
13      char buffer[BUF_SIZE];
14  };
```

대부분의 경우에 TCP 프로토콜, IPv4를 지원하므로, 이를 아예 디폴트로 넣어버리자. 7라인에서 파일 디스크립터를 디폴트 인자로 0을 갖게 했다. 파일 디스크립터를 따로 지정하지 않으면, 현재 client_fd의 값이 사용될 것이고, 따로 0 이외의 값[71]을 지정하면, 그 값이 사용될 것이다. 클라이언트측은 일반적으로 한 명의 상대와 접속이 있으므로, 파일 디스크립터를 프로그래머로부터 완전히 감춰도 상관이 없지만, 서버에서 많은 클라이언트의 동시 접속을 다뤄야 할 경우에는 파일 디스크립터를 따로

---

[71] 0은 콘솔에 지정된 값이므로 TCP/IP에서는 사용할 수 없는 값이다.

관리해야 한다.

스탠다드 라이브러리에는 optional이란 클래스가 있다. 이 클래스는 네트워킹 데이터를 읽는 것처럼 어떠한 값이 특정한 경우에는 존재하지만 그렇지 않을 경우도 있을 때 유용하게 쓰일 수 있다. optional 클래스가 지닌 데이터는 실제 데이터를 포함하는지 아닌지가 정해져 있지 않다. 또, 불리언으로 데이터 형 변환이 일어날 때, 데이터를 포함하지 않으면 거짓으로 변환이 되고, 데이터를 포함하면 참이 된다. 안에 포함된 데이터를 액세스하는 것은 마치 포인터를 사용하듯이 한다.

우리가 네트워크 데이터를 읽어서 스트링으로 리턴할 경우 에러 처리를 하기가 곤란한데, optional을 사용하면 매우 편리해진다.

코드 31.6: optional 클래스의 사용법

```
1  optional<int> f(bool b) {
2      if(b) return 0;// 0이란 데이터를 가진 optional
3      else return {};// 디폴트 생성된 optional은 데이터가 없다.
4  }
5  int main() {
6      if(auto a = f(true))// a는 참으로 형 변환됨
7      cout << *a << endl;// *a는 포함된 데이터인 0 출력
8      if(auto a = f(false))// a는 거짓으로 형 변환됨
9          cout << *a << endl;// 출력 안 됨
10 }
```

이제 recv 함수가 optional을 리턴하게 만들어보자.

코드 31.7: TCP/IP 구현부

```
1  Tcpip::Tcpip(int port) {
2      memset(&server_addr, 0, sizeof(server_addr));// 구조체를 0으로 채운다.
3      memset(&client_addr, 0, sizeof(client_addr));
4      server_addr.sin_family = AF_INET;
5      server_addr.sin_port = htons(port);
6      server_fd = socket(AF_INET, SOCK_STREAM, IPPROTO_TCP);//get file descriptor
7      client_fd = socket(AF_INET, SOCK_STREAM, IPPROTO_TCP);
8  }
```

```
 9   Tcpip::~Tcpip() {
10       close(client_fd);
11       close(server_fd);
12       cout << "destroying Tcpip" << endl;
13   }
14   void Tcpip::send(const string& s, int fd) {
15       write(!fd ? client_fd : fd, s.data(), s.size());
16   }
17   optional<string> Tcpip::recv(int fd) {
18       int i = read(!fd ? client_fd : fd, buffer, BUF_SIZE);
19       if(i > 0) return string(buffer, i);
20       else return {};
21   }
```

15라인은 파일 디스크립터를 생략한 디폴트일 경우 client_fd로 통신하고, 디폴트가
아니고 직접 명시했을 경우 명시한 파일 디스크립터로 통신한다.

3.2   가상 함수를 이용한 적절한 패킷의 분할

가상 함수   TCP/IP는 통신하는 상호간의 데이터의 연속이며, 이 흐름이 어디까지가
첫 번째 메시지이고, 어디까지가 두 번째 메시지인지는 TCP/IP 위에 존재하는 응용
프로그램에서 정해야 한다. 대부분의 경우에 메시지의 길이를 헤더 부분에 포함하는
방식으로 한다. TLS 헤더도 마찬가지로 헤더에 이 메시지의 길이를 표현한다. 그러
므로, 네트워크 상에서 TLS 패킷의 흐름을 하나의 메시지 단위로 처리하기 위해서는
약간의 손질이 필요하다. 이를 위해 가상 함수를 이용해보자.

가상 함수란 컴파일 타임이 아닌 실행 시에 함수의 호출 버전이 결정되는 함수를
말한다. 코드 31.8의 예를 보자.

코드 31.8: 간단한 가상 함수 사용 예

```
1   struct V {
2       void g() { f(); }
3       virtual void f() { cout << 'V' << endl; }
4   };
```

```
 5  struct A : V {
 6      void f() { cout << "A" << endl; }
 7  };
 8  struct B : A {
 9      void f() { cout << 'B' << endl; }
10  };
11  int main() {
12      B b;
13      b.g();// B 출력
14  }
```

함수 g는 함수 f를 호출하는데, 만약 virtual이란 키워드가 없었다면 13라인의 출력은
V가 됐을 것이다. 그런데, virtual이란 키워드로 f 함수를 가상 함수로 선언했기 때문
에, f 함수가 B라는 클래스에서 불린 것을 확인하고 B 클래스의 f 함수를 호출해 B
를 출력하게 된다. 만일 9라인을 주석 처리해 B 클래스에 f 함수 정의를 없게 하면,
출력이 A가 된다.

Vrecv 클래스   이제 Tcpip 클래스를 상속하고 가상 함수를 이용해 정확한 길이의
메시지를 리턴하게 하는 클래스를 설계해보자.

코드 31.9: Vrecv 클래스 헤더

```
1  class Vrecv : public Tcpip {
2  public:
3      Vrecv(int port);
4      std::optional<std::string> recv(int fd=0);
5  protected:
6      virtual int get_full_length(const std::string& s);
7      // 이 함수를 정의함으로써 recv 함수가 적절한 길이의 메시지를 리턴
8  };
```

코드 31.10: Vrecv 클래스 구현

```
1  Vrecv::Vrecv(int port) : Tcpip{port} { }
```

```
2   optional<string> Vrecv::recv(int fd)
3   {// 부모 클래스의 recv 함수를 반복 호출해 정확한 길이의 메시지를 리턴
4       int len;
5       static thread_local string trailing_string;
6       // 초과된 메시지를 받았을 경우, 여기에 저장
7       while(!(0 < (len = get_full_length(trailing_string))
8               && len <= trailing_string.size())) {
9           if(auto a = Tcpip::recv(fd)) trailing_string += *a;
10          else return {};// 에러 처리
11      }
12      string r = trailing_string.substr(0, len);
13      trailing_string = trailing_string.substr(len);
14      return r;
15  }
16
17  int Vrecv::get_full_length(const string& s)
18  {// 디폴트로 패킷 크기가 항상 정확히 왔다고 가정
19      return s.size();
20  }
```

5라인의 변수는 thread_local로 선언됐다. thread_local 변수는 병렬 실행 시의 안정성을 위해 이름 그대로 각 스레드마다 따로 자기 버전의 변수를 가지고 있다.

7라인에서 get_full_length 함수는 len 변수에 받아야 할 단위 메시지의 길이를 세팅한다. 이 길이가 0보다 작으면, 헤더조차도 오지 않아서 메시지의 길이를 알 수 없는 경우이다. 이 길이가 0보다 크고 그 동안 누적된 trailing_string보다도 작다면 더 이상 상대방으로부터 데이터를 받지 않아도 된다. 그렇지 않다면 프로그램의 실행은 while 문의 안으로 들어가 recv 함수를 실행해서 상대편으로부터 데이터를 더 받아온다.

13라인은 과도한 길이의 데이터를 받았을 경우, 앞부분의 리턴하여 사용될 메시지는 잘라내고, 뒤의 잉여 메시지만 trailing_string 변수에 남긴다.

HTTP와 TLS의 패킷 길이 계산 이제 HTTP와 TLS 메시지일 경우 패킷 길이를 계산해보자.

코드 31.11: http 프로토콜과 tls 프로토콜의 길이 계산

```
 1  class Http : public Vrecv {
 2  public:
 3      Http(int port);
 4  protected:
 5      int get_full_length(const std::string& s);
 6  };
 7  class TlsLayer : public Vrecv {
 8  public:
 9      TlsLayer(int port);
10  protected:
11      int get_full_length(const std::string& s);
12  };
13  // 구현부
14  Http::Http(int port) : Vrecv{port} { }
15  int Http::get_full_length(const string &s)
16  {// Content-Length 이후에 패킷 길이가 오므로 정규표현식을 이용
17      smatch m;
18      if(regex_search(s, m, regex{R"(Content-Length:\s*(\d+))"}))
19          return stoi(m[1].str()) + s.find("\r\n\r\n") + 4;
20      else return s.size();
21  }
22  TlsLayer::TlsLayer(int port) : Vrecv{port} { }
23  int TlsLayer::get_full_length(const string& s)
24  {// 4, 5번째 바이트가 TLS 패킷의 길이이므로 계산으로 구할 수 있다.
25      if(s.size() < 5) return -1;
26      return static_cast<unsigned char>(s[3]) * 0x100 + static_cast<unsigned char
        >(s[4]) + 5;
27  }
```

Http와 TLS Layer 클래스는 Http나 TLS 프로토콜을 처리하기 위한 것이 아니라,

단지 길이를 처리하기 위한 클래스이다.

클래스 구현에서 recv 함수가 http 프로토콜인지 혹은 TLS 프로토콜인지에 따라 정확한 단위 길이의 메시지를 받게 하기 위해, get_full_length라는 가상 함수를 재정의 했다. 이를 자신의 용도에 맞게 클래스에서 정의해주면 recv 함수가 정확하게 하나의 메시지를 리턴한다. 메시지가 중간에 끊기거나 할 경우는 기다렸다가 더 받은 후에 그것을 리턴하고, 메시지가 한꺼번에 여러 개가 왔을 때는 하나의 메시지씩 잘라서 리턴한다.

HTTP일 경우 헤더에 Content Length가 들어있다. 이 길이는 헤더 자체는 포함하지 않은 길이이므로 헤더의 종료 지점인 개행문자 "\r\n\r\n"까지의 길이를 더하고 개행문자 자체의 길이인 4를 더했다. 만약 헤더가 오지 않은 경우에는 제대로 받은 것으로 상정하기 위해 스트링의 사이즈를 리턴하도록 했다.

TLS일 경우는 더 간단하다. 4, 5번째 바이트를 빅엔디안 형식으로 계산하고 TLS 헤더의 크기인 5를 더한다.

3.3 서버와 클라이언트 클래스

서버와 클라이언트 클래스는 코드 31.3과 코드 31.4에서 진행되는 과정을 Tcpip 클래스와 분담한다. socket api를 사용한 C 프로그램과 비교하면서 보면 이해가 쉬울 것이다.

코드 31.12: Client 클래스

```
1  class Client : public Http {
2  public:
3      Client(std::string ip = "127.0.0.1", int port = 2001);
4  private.
5      std::string get_addr(std::string host);
6  };
7
8  // 구현부
9  Client::Client(string ip, int port) : Http(port)
10 {// ip:port로 서버에 접속한다.
```

```
11    server_addr.sin_addr.s_addr = inet_addr(get_addr(ip).c_str());
12    if(-1 == connect(client_fd, (sockaddr*)&server_addr, sizeof(server_addr)))
13        cout << "connect() error" << endl;
14    else cout << "connecting to " << ip << ':' << port <<endl;
15 }
16 string Client::get_addr(string host)
17 {// DNS에서 host 주소를 검색해 ip 주소로 변환해준다.
18    auto* a = gethostbyname(host.data());
19    return inet_ntoa(*(struct in_addr*)a->h_addr);
20 }
```

클라이언트 클래스를 선언하고 recv나 send 함수를 호출하면 메시지를 교통할 수 있다.

코드 31.13: Server 클래스

```
1 class Server : public Http
2 {
3 public:
4    Server(int port = 2001, unsigned int time_out = 600,
5            int queue_limit = 10, std::string end_string = "end");
6    void start(std::function<std::string(std::string)> f);
7 protected:
8    std::string end_string;
9    int time_out;
10 };
11
12 // 구현부
13 static void kill_zombie(int) {
14    int status;
15    waitpid(-1, &status, WNOHANG);
16 }
17 Server::Server(int port, unsigned int t, int queue, string e)
18    : Http(port) {
19    end_string = e;
```

```
20      time_out = t;
21      server_addr.sin_addr.s_addr = htonl(INADDR_ANY);
22      if(bind(server_fd, (sockaddr*)&server_addr, sizeof(server_addr)) == -1)
23          cout << "bind() error" << endl;
24      else cout << "binding" << endl;
25      if(listen(server_fd, queue) == -1) cout << "listen() error"<< endl;
26      else cout << "listening port " << port << endl;
27
28      struct sigaction sa;
29      sa.sa_handler = kill_zombie;
30      sigemptyset(&sa.sa_mask);
31      sa.sa_flags = 0;
32      sigaction(SIGCHLD, &sa, 0);// 좀비 프로세스를 제거하기 위한 이벤트 핸들러 등록
33  }
34  void Server::start(function<string(string)> f) {
35      int cl_size = sizeof(client_addr);
36      while(1) {
37          client_fd = accept(server_fd, (sockaddr*)&client_addr, (socklen_t*)&
                  cl_size);
38          struct timeval tv;
39          tv.tv_sec = time_out;// 시간 초과 시 접속 종료
40          tv.tv_usec = 0;
41          setsockopt(client_fd, SOL_SOCKET, SO_RCVTIMEO, &tv, sizeof tv);
42          if(client_fd == -1) cout << "accept() error" << endl;
43          else if(!fork()) {
44              for(optional<string> s; s = recv(); send(f(*s)));
45              // recv 함수 에러 시 루프 탈출해 접속이 종료된다.
46              send(end_string);// 클라이언트에 종료 메시지를 보냄 - optional
47              break;// fork한 프로세스가 여기서 종료된다.
48          }
49      }
50  }
```

자식 프로세스가 부모 프로세스보다 먼저 종료될 경우, 이를 부모 프로세스에서

적절한 처리를 하지 않을 경우 좀비 프로세스가 된다.[72] 15라인의 waitpid 함수는 자식 프로세스가 종료된 경우 좀비 프로세스가 되지 않도록 정리해준다. 이를 시그널 핸들링을 통해 하도록 했다.[73] waitpid의 인자로 들어온 -1은 임의의 자식 프로세스를 기다리라는 뜻이다. 만일 이 자리에 프로세스 아이디가 온다면 그 프로세스를 기다린다. WNOHANG은 종료된 프로세스가 없을 경우, 종료될 프로세스를 기다리기 위해 블록하지 않고 곧장 리턴한다.

setsockopt 함수는 소켓에 여러 가지 옵션을 부여하는 함수다. 클라이언트로부터 아무런 메시지가 없는 시간이 어느 정도 이상이면 자동으로 접속이 종료되게 해봤다.

fork 함수는 현재의 프로세스를 복사해 새로운 프로세스를 만드는 함수다. 복사된 자식 프로세스에서는 fork의 리턴값이 0이기 때문에 자식 프로세스는 44라인의 조건문 속으로 진입한다. 부모 프로세스는 곧장 while문의 첫 줄로 돌아간다. 자식 프로세스는 47라인의 break문 때문에 while 루프를 탈출해, 접속이 끝나면 프로세스가 종료된다.

44라인이 서버에서 처리하는 핵심인데, 먼저 recv 함수로 메시지를 받아들이고, 이것이 실제 데이터를 포함하고 있는지 검사해 그 데이터를 *s로 접근한다. 이를 인자로 f 함수 객체를 실행해 나온 결과를 send 함수로 클라이언트에게 반환한다. 이 함수 객체는 서버에서 실행할 웹사이트 클래스를 상정하면 된다. 즉, 웹사이트에서 브라우저로부터의 메시지를 받아서 서버측의 프로그램을 실행시킨 후 브라우저에게 결과물로 나온 웹페이지를 보여주는 과정이다.

이것을 접속이 종료되거나, 에러 메시지가 오거나, 시간 초과 인터럽트가 발생할 때까지 반복한다. f 함수 객체와 파일 디스크립터인 client_fd는 fork 함수에 의해 매 접속마다 따로 복사되기 때문에, 여러 접속을 독립적으로 다룰 수 있다.[74]

---

[72]해당 자식 프로세스를 생성한 부모 프로세스에게 자식 프로세스의 리턴값이 전달돼야 한다.
[73]윤성우. "열혈 TCP/IP 소켓 프로그래밍". In: 오렌지미디어 (2007), pp. 232-239.
[74]여러 사용자가 독립적으로 웹사이트를 사용할 수 있다.

암호화되지 않은 TCP/IP 통신

이제 구현한 서버와 클라이언트 클래스를 활용해, 암호화되지 않은 TCP/IP 프로토콜에서 메시지를 교환해보자.

코드 31.14: 간단한 TCP/IP 클라이언트

```
1  int main() {
2      Client cl{"localhost", 2002};
3      cl.send("GET /");
4      cout << *cl.recv() << endl;;
5  }
```

Client 생성자에서 어드레스와 포트 번호를 정해주고, send와 recv 함수로 메시지를 교환하면 된다.

코드 31.15: 간단한 TCP/IP 서버

```
1  int main() {
2      Server sv{2002};
3      sv.start([](string s){return "Learn cryptography by implementing TLS";});
4  }
```

서버란 단순히 생각하자면 스트링을 받고 이를 처리해서 다시 스트링을 보내주는 것이라 할 수 있다. 서버 클래스의 start 함수는 스트링을 인자로 받아서 스트링을 리턴하는 함수 객체를 실행한다. 실제 서버에서는 복잡한 내부처리 절차를 거친 후에 html 페이지를 보여준다던가 하는 과정이 일어나겠지만, 우리는 무슨 메시지가 오넌산에 한 술짜리 넥스트를 보여수는 함수를 삭성한 것이다.

위의 서버와 클라이언트가 통신한 것을 와이어샤크로 캡처해봤다. 그림 31.5의
우하단에서 보듯이 Learn cryptography by implementing TLS라는 데이터가 그대로
노출되는 것을 알 수 있다.

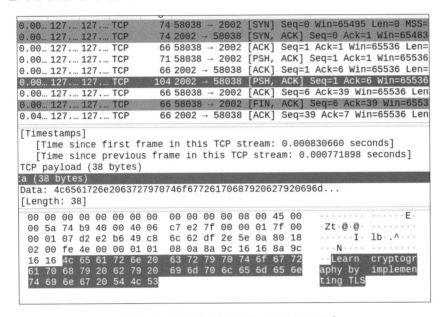

그림 31.5: 데이터가 노출되는 TCP/IP 통신

TLS 1.2를 이용한 통신

31장에서의 테스트로 간단한 사용법을 익혀봤다. Client와 Server 클래스를 깊숙이 알지 못하더라도, 생성자와 send, recv, start 함수의 사용법만을 아는 것으로 충분하다. 이 세 함수는 TCP/IP 네트워크 상에서 편하게 메시지를 보내고 받게 해준다. 이 클래스를 이용해 TLS 클래스를 만들어보자.

코드 32.1: Client 클래스에서 상속받은 TLS_client 클래스

```
1  class TLS_client : public Client
2  {
3      TLS_client(string ip, int port) : Client{ip, port} {
4          send(t.client_hello());
5          t.server_hello(*recv());
6          t.server_certificate(*recv());
7          t.server_key_exchange(*recv());
8          t.server_hello_done(*recv());
9          string a = t.client_key_exchange();
10         string b = t.change_cipher_spec();
11         string c = t.finished();
12         send(a + b + c);
13         t.change_cipher_spec(*recv());
```

```
14        t.finished(*recv());
15      }
16      void encodeNsend(string s) {
17          send(t.encode(move(s)));
18      }
19      optional<string> recvNdecode() {
20          return t.decode(*recv());
21      }
22  private:
23      TLS<CLIENT> t;
24      int get_full_length(const string &s) {
25          return s.size() < 5 ? 0 : static_cast<unsigned char>(s[3]) * 0x100 +
                    static_cast<unsigned char>(s[4]) + 5;
26      }
27  };
```

TLS_client 클래스는 TLS_layer 클래스를 상속받을 수도 있었겠지만, 그렇게 할 경우 client 클래스의 기능을 다시 정의해야 하기 때문에 오히려 더 많은 코딩이 필요하다. 클라이언트 클래스를 상속받으면 메시지 길이를 정의하는 get_full_length 함수만 정의하면 된다.

지금까지 공들여 만든 TLS 클래스를 멤버변수로 둔다. 클라이언트이기 때문에 템플릿 인자는 false[75]로 해야 한다. 이 멤버변수를 어떻게 활용하는가를 눈여겨 봐야 한다. HTTP 클라이언트일 경우는 메시지를 주고받는 함수를 바로 사용하면 됐지만, HTTPS 클라이언트는 생성자에서 여러 번 메시지를 주고받으면서, 이 TLS 클래스의 암호화 재료들을 구성한다.[76] 그림 6.1에서 나온 순서대로 핸드세이킹을 한다. 우리가 만든 클래스가 매우 직관적이고 편리하게 핸드세이킹과 암호화 과정을 처리하고 있으며, 부모 클래스인 Client 클래스와 분업을 잘 하고 있음을 볼 수 있다. send와 recv 함수는 부모 클래스의 함수다.

---

[75]CLIENT는 전처리를 통해 false로 치환된다.
[76]핸드세이킹을 따로 함수로 만드는 것이 일반적이지만, 코딩의 간편함을 위해 이런 식으로 했다. 메시지를 받은 경우의 에러 처리 등도 생략했다.

TCP/IP는 메시지를 하나의 흐름으로 보기 때문에 12라인처럼 여러 TLS 메시지를 하나의 패킷으로 뭉쳐서 보내도 상관없다. 패킷이 작을 때는 이것이 효율적이다.

코드 32.2: TLS 클라이언트를 이용한 통신 프로그램

```
1  int main() {
2      TLS_client t{"localhost", 4433};
3      t.encodeNsend("GET /");
4      cout << *t.recvNdecode() << endl;
5  }
```

이번엔 서버측을 살펴보자.

HTTPS 서버도 get_full_length 함수를 정의해야 한다. 헤더조차도 받지 못한 경우 0을 리턴하게 했다. 이 경우 적절히 처리해야 한다. get_full_length를 재정의해, 새로운 TServer 클래스를 만들어보자.

코드 32.3: Server 클래스의 get_full_length 오버로드

```
1  class TServer : public Server {
2  public:
3      TServer(int port) : Server{port} {}
4  private:
5      int get_full_length(const string &s) {
6          return s.size() < 5 ? 0 : static_cast<unsigned char>(s[3]) * 0x100 +
                  static_cast<unsigned char>(s[4]) + 5;
7      }
8  };
```

TCP/IP 서버에서는 람다 함수로 간단히 함수 객체를 정의했다. 코드를 예를 들어 함수 객체를 설명하겠다.

코드 32.4: 함수 객체 예제

```
1  struct A {
2      int operator()(int k) {
3          return k + 1;
```

247

```
4        }
5    };
6    int main() {
7        A a;
8        cout << a(3) << endl;// 4 출력
9    }
```

위의 예에서 A 구조체는 괄호연산자^{operator()} 함수를 정의했다. 괄호연산자를 정의한 구조체는 마치 함수인 것처럼, 괄호 안에 인자를 넣어서 호출할 수 있다.

HTTPS 서버에서 실행할 함수 객체는 좀 더 복잡하다. 클래스로 서버가 실행할 함수 객체를 정의해보자. 이 함수 객체에서 핸드셰이킹을 처리하도록 해보자.

코드 32.5: 서버에서 실행할 함수 객체

```
1    class Func {
2    public:
3        string operator()(string s) {
4            string to_send;
5            switch(count) {
6            case 0 : t.client_hello(move(s));
7                     to_send = t.server_hello();
8                     to_send += t.server_certificate();
9                     to_send += t.server_key_exchange();
10                    to_send += t.server_hello_done();
11                    break;
12           case 1 : t.client_key_exchange(move(s)); break;
13           case 2 : t.change_cipher_spec(move(s)); break;
14           case 3 : t.finished(move(s));
15                    to_send = t.change_cipher_spec();
16                    to_send += t.finished();
17                    break;
18           default: cout << *t.decode(move(s)) << endl;
19                    to_send = t.encode("Learn cryptography by implementing TLS");
20           }
```

```
21          count++;
22          return to_send;
23      }
24  private:
25      static int count;//init 0 outside of main
26      TLS<true> t;
27  };
```

서버가 실행할 프로그램인 Func 클래스는 괄호연산자를 정의해 클래스 자체가 함수객체로서 기능할 수 있게 한 것이다. 이 클래스는 정적 멤버변수로 카운터(count)를 가지고 있으며, 메시지를 받을 때마다 이를 늘려가면서 몇 번째 메시지인지 기록한다. 이 카운터를 이용해서 핸드세이킹도 한다. 카운터가 3 이상일 경우는 인코딩과 디코딩을 해 클라이언트에게 답변을 보낸다.

물론 HTTPS 서버를 이런 식으로 구현하면 안 된다. 정적 변수로 몇 번째 메시지인지 알아내서 핸드세이킹을 하는 것도 이상한 것이다. TLS 클라이언트 클래스와 얼마나 비슷한가를 보여주기 위해서 만든, 단순성만을 위한 코드다. 이 서버는 아마 앞에서 만든 TLS 클라이언트와만 통신할 수 있을 것이다.

제대로 서버를 구현하는 것은 복잡하다. 다중 스레드를 사용하고, 에러 처리도 해야 한다. 제대로 된 핸드세이킹을 하는 서버는 뒤에 1.3버전까지 통합해 만들어보도록 하자.

마지막으로 위의 두 클래스를 이용해 클라이언트의 실행파일과 동일한 기능을 하는 메인 함수를 정의해보자.

코드 32.6: TLS 서버 테스트 메인 함수

```
1  int Func::count = 0;
2
3  int main() {
4      TServer sv{3000};
5      Func func;
6      sv.start(func);
7  }
```

우리가 만든 클라이언트와 서버를 로컬에서 서로 통신하게 한 뒤, 패킷을 와이어샤크로 캡처해 봤다. TLS 패킷이 오가고 있으며, 타원곡선의 좌표가 잘 전달되고 있음을 볼 수 있다. 애플리케이션 데이터는 암호화돼 잘 보호되고 있다.

```
2985 92227....  127.0.0.1  127.0.0.1  TLSv1.2    148 Client Hello
2987 92227....  127.0.0.1  127.0.0.1  TLSv1.2   1496 Server Hello, Certificate, Serve
2989 92227....  127.0.0.1  127.0.0.1  TLSv1.2    192 Client Key Exchange, Change Ciph
2990 92227....  127.0.0.1  127.0.0.1  TLSv1.2    117 Change Cipher Spec, Encrypted Ha
2991 92227....  127.0.0.1  127.0.0.1  TLSv1.2    100 Application Data
2992 92227....  127.0.0.1  127.0.0.1  TLSv1.2    136 Application Data
2994 92227....  127.0.0.1  127.0.0.1  TCP         69 4433 → 46512 [PSH, ACK] Seq=1552

▼ Handshake Protocol: Server Key Exchange
      Handshake Type: Server Key Exchange (12)
      Length: 329
   ▼ EC Diffie-Hellman Server Params
         Curve Type: named_curve (0x03)
         Named Curve: secp256r1 (0x0017)
         Pubkey Length: 65
         Pubkey: 041c4a66990c3f5bf2c90c28def29b5b3a11fb84b4914f79...
      ▼ Signature Algorithm: rsa_pkcs1_sha256 (0x0401)
            Signature Hash Algorithm Hash: SHA256 (4)
            Signature Hash Algorithm Signature: RSA (1)
         Signature Length: 256
         Signature: 84fcf68fc6f01a72b1b3b2e2f795cdcec1d62becf0b53462...
```

그림 32.1: TLS 1.2 통신을 와이어샤크로 캡처한 화면

제 V 편

TLS 1.3

2008년에 RFC5246 문서에서 TLS 1.2가 정의된 후로 10년이 지난 2018년에 TLS 1.3이 RFC8446[77] 문서에서 정의됐다.

현재 1.3 버전이 나와 있는 상태이지만, 대부분의 웹사이트는 아직도 1.2를 쓰고 있고, 심지어는 유명한 브라우저조차도 1.3을 지원하지 않는 경우가 있을 만큼 아직도 대세는 1.2 버전이다.

프로토콜 버전	웹사이트 지원
SSL 2.0	1.9%
SSL 3.0	7.8%
TLS 1.0	68.8%
TLS 1.1	77.9%
TLS 1.2	95.0%
TLS 1.3	13.6%

표 32.1: 웹사이트의 TLS 프로토콜 버전별 지원 현황[78]

그렇기 때문에, TLS 1.3은 TLS 1.2를 대체하는 것으로 정의된 것이 아니라, TLS 1.2를 보충하는 것으로 정의됐다. 이 말뜻은 TLS 1.3 프로토콜로 보낸 메시지는 TLS 1.2 메시지만을 처리할 수 있는 서버나 클라이언트도 해독할 수 있다는 것이다. 이를 가능하게 하기 위해 TLS 1.3은 첫 번째 메시지인 TLS 1.2의 Client와 Server Hello 핸드세이크 메시지를 그대로 두고, 뒷부분의 익스텐션^{Extension}에 1.3에서 추가할 내용을 포함했다. 그래서 1.3을 지원하는 서버나 클라이언트는 이 익스텐션에 있는 정보를 해석해 TLS 1.3의 방법으로 핸드세이킹을 하고, 만약 상대방이 1.2만을 지원할 경우에는 1.2 버전으로 다운그레이드^{downgrade}된 후 핸드세이킹을 한다.

---

[77] *RFC8446. The Transport Layer Security (TLS) Protocol Version 1.3.*
[78] (Qualys. *SSL Pulse.* May 1, 2019. URL: https://www.ssllabs.com/ssl-pulse/)

33

TLS 1.3에서 변한 것

대폭 축소된 사이퍼 수트

TLS 1.3 버전에서는 지원하는 사이퍼 수트가 대폭 줄었다. 또, 키 교환, 인증, 암호화-해쉬를 따로 떼어서 다루기 시작했다. 암호화는 GCM, CCM 모드의 AES 와 CHACHA만을 지원한다. 많이 쓰이던 CBC는 더 이상 추천되지 않는다. 해쉬는 SHA256, SHA384만을 지원한다. 결론적으로 AES-128-GCM-SHA256, AES-256-GCM-SHA384, CHACHA20-POLY1305-SHA256, AES-128-CCM-SHA256, AES-128-CCM-8-SHA256의 다섯 암호화-해쉬 사이퍼 수트만을 지원한다.

이 암호화-해쉬 알고리즘을 10가지의 키 교환 알고리즘과 조합해 사용할 수 있다. 5 가지의 FFDHE(Finite Field Diffie Hellman Ephemeral)와 5가지의 ECDHE(Elliptic Curve Diffie Hellman Ephemeral) 알고리즘이다. FFDHE는 임의의 파라미터를 상호간에 합의하는 것이 아니라, 미리 주어진 파라미터 상에서 비밀키만을 생성한다. 주어진 파라미터는 g는 2이고, 키의 비트수에 따라 2048, 3072, 4096, 6144, 8192 비트 크기의 미리 정해진 p 값을 가진다. ECDHE는 secp256r1, secp384r1, secp521r1, X25519, X448의 다섯 개의 커브를 지원한다. 이를 다시 RSA, ECDSA, EdDSA 인증 알고리즘과 조합할 수 있다.

TLS에서는 자신이 지원할 수 있는 사이퍼 수트를 선택해 상대방에게 보낼 수 있으므로, 만약 TLS 1.3을 지원하는 가장 컴팩트한 라이브러리를 만들려고 한다면, TLS 1.2로 다운그레이드할 경우에 TLS 1.3에서 지원하는 암호화 혹은 키 교환 알고리즘만 지원하면 될 것이다. 이것이 보안상으로도 유리한데, SHA1이라던가 CBC 모드가 빠진 것은 (비록 결정적인 것은 아니지만) 보안상 취약점이 발견됐기 때문이다. 많은 것을 지원하면 할수록 공격할 수 있는 방법도 많아진다.

암호화-해쉬	키 교환		인증
	FFDHE	ECDHE	
AES_128_GCM_SHA256	2048	secp256r1	
AES_256_GCM_SHA384	3072	secp384r1	RSA
CHACHA20_POLY1305_SHA256	4096	secp521r1	ECDSA
AES_128_CCM_SHA256	6144	X25519	EdDSA
AES_128_CCM_8_SHA256	8192	X448	

표 33.1: TLS 1.3 사이퍼 수트

제 2 절
패킷 교환 횟수를 줄인 핸드세이킹

그림 6.1에서 보듯이 TLS 1.2에서는 키 교환 메시지 이후에야 암호화를 시작할 수 있어서, 본격적인 통신인 애플리케이션 데이터는 여러 번의 패킷이 오간 후에야 보낼 수 있었다. TLS 1.3은 이 패킷의 교환을 최대한 줄이기 위해 Client Hello에 자신의 공개키를 넣어서 보낸다. 이것이 key share 익스텐션이다. 익스텐션은 이미 TLS 1.2 에서부터 쓰이던 것으로 부가적인 정보를 헬로 메시지 뒤에 덧붙여 쓰이고 있었다. TLS 1.3은 이 곳에 1.3 버전의 핸드세이킹을 하기 위한 정보를 포함해 보낸다. 이렇게 함으로써 1.2 버전과의 호환성을 확보한다.

마찬가지로 서버측에서도 클라이언트가 보낸 키 교환 알고리즘을 지원할 수 있고, 자신과 클라이언트가 TLS 1.3을 지원할 수 있다면 Server Hello 메시지의 key share 익스텐션에 서버측의 키를 보낸다. 여기에서 이미 키 교환이 끝난다. 이후에 나오는

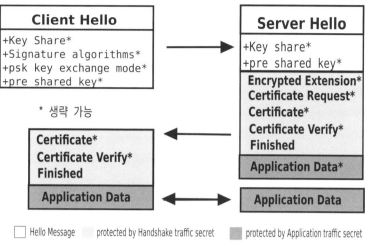

그림 33.1: TLS 1.3 진행과정

메시지들은 이 키 교환으로 합의된 키로 암호화해서 보낼 수 있다. 그리고, 다른 패킷을 기다릴 필요없이 곧장 암호화된 익스텐션, 자신의 인증서, Finished, 애플리케이션 데이터를 Server Hello 메시지의 뒤에 붙여서 하나의 패킷으로 보낼 수도 있다. 이와 같이 패킷 교환을 줄임으로써 그림 33.4[79]에서 볼 수 있듯이 핸드세이킹 시간이 약 2/3로 단축됐다.

제 3 절
많은 익스텐션의 활용

익스텐션은 헬로 메시지의 뒤에 붙어서 부가적인 정보를 표현한다. 두 바이트의 길이 필드 이후에 여러 개의 익스텐션이 차례로 나열된다. 이 각각의 익스텐션은 타입 2바이트와 길이 2바이트, 이후에 익스텐션 데이터의 구조를 동일하게 가진다. TLS 1.2 핸드세이킹의 인증서, 키교환 메시지, Finished 메시지에 해당하는 정보를 TLS 1.3에서는 이 익스텐션에서 찾아볼 수 있다.

---

[79] *Wikimedia Commons.* May 2015. URL: https://commons.wikimedia.org/wiki/ (visited on 11/14/2019).

그림 33.2: 익스텐션의 구조

<table>
<tr><td>0</td><td>1</td><td>2</td><td>3</td><td>4</td><td>5</td><td>6</td><td>7</td><td>8</td><td>9</td></tr>
</table>

Type	length	···
익스텐션 데이터		

그림 33.3: 각각의 익스텐션

익스텐션의 종류는 표 33.2와 같다.

타입	번호	정의된 문서
server name	0	RFC 6066
max fragment length	1	RFC 6066
status request	5	RFC 6066
supported groups	10	RFC 8422, 7919
signature algorithms	13	RFC 8446
use srtp	14	RFC 5764
heartbeat	15	RFC 6520
application layer protocol negotiation	16	RFC 7301
signed certificate timestamp	18	RFC 6962
client certificate type	19	RFC 7250
server certificate type	20	RFC 7685
padding	21	RFC 8446
pre shared key	41	RFC 8446
early data	42	RFC 8446

supported versions	43	RFC 8446
cookie	44	RFC 8446
psk key exchange modes	45	RFC 8446
certificate authorities	47	RFC 8446
oid filters	48	RFC 8446
post handshake auth	49	RFC 8446
signature algorithms cert	50	RFC 8446
key share	51	RFC 8446

표 33.2: 익스텐션의 종류

자주 쓰이는 몇 개의 익스텐션의 포맷은 다음과 같다.

지원되는 키 교환 알고리즘 그룹(10)　먼저 2바이트의 길이 필드가 온 후, 뒤이어 두 바이트씩 끊어서 가능한 키 교환 알고리즘 값이 나열된다.

ECDHE	값	FFDHE	값
secp256r1	0x0017	ffdhe2048	0x0100
secp384r1	0x0018	ffdhe3072	0x0101
secp521r1	0x0019	ffdhe4096	0x0102
x25519	0x001d	ffdhe6144	0x0103
x448	0x001e	ffdhe8192	0x0104

표 33.3: 키 교환 알고리즘 그룹

타원곡선 좌표 포맷(11)　한 바이트의 길이 필드 이후에 한 바이트씩 끊어서 좌표 형식이 나온다. 일반적으로 uncompressed 포맷(0)이 사용된다.

키 공유(51) 클라이언트의 경우에 이 익스텐션은 여러 개의 키 값을 포함할 수 있다. 자신이 지원하는 여러 타원곡선 혹은 FFDH의 키를 여기에 나열한다. 맨 앞에 두 바이트의 총 길이 필드가 나온다. 그 이후에 나열하고픈 키의 개수에 상당하는 블록이 이어진다. 이 블록은 두 바이트의 키 교환 알고리즘 그룹값과 두 바이트의 키 길이, 키 값으로 이뤄진다. 예를 들자면 다음과 같다.

```
uint8_t client_key_share_len[2] = {1, 40};
uint8_t ffdhe_type[2] = {1, 0};
uint8_t ffdhe_key_length[2] = {1, 0};
uint8_t ffdhe_key[256];
uint8_t x25519_type[2] = {0, 0x1d};
uint8_t x25519_key_length[2] = {0, 32};
uint8_t x25519_key[32];
```

지원되는 TLS 버전(43) 한 바이트의 버전 길이와 두 바이트씩 끊어서 지원되는 버전이 나열된다.

```
uint8_t supported_version_list_length = 4;
uint8_t supported_versions[4] = {3, 4, 3, 3};// TLS 1.3, TLS 1.2
```

PSK 모드(45) 한 바이트의 길이에 이어서 한 바이트씩 끊어서 모드가 나온다. 가능한 값은 psk만 사용하는 0과 psk와 dhe를 같이 쓰는 1 값이다.

```
uint8_t psk_mode_length = 1;
uint8_t psk_dhe_ke = 1;
```

PSK(41) 기존에 서로 합의한 키를 가지고 있을 때, 그 키의 ID를 표시한다. 미리 키를 서로 나눠 가지는 것은 이전의 접속에서 resumption secret을 공유했거나, 네트워크 상에서 내부적으로 공유하는 비밀키가 있는 경우 등이 될 수 있다. PSK를 사용하기로 합의한 경우, 클라이언트측에서는 여러 PSK ID를 서버측으로 보내고, 서버는 그 중 하나를 선택해 답신한다.

서명 알고리즘(13) 인증서의 서명에 쓰이는 알고리즘을 명시한 것이다. 2바이트의 길이 필드에 이어서 두 바이트씩 끊어서 서명 알고리즘이 나온다.

전체 목록은 다음과 같다.

분류	서명 알고리즘	number
RSASSA-PKCS1-v1_5	rsa pkcs1 sha256	0x0401
	rsa pkcs1 sha384	0x0501
	rsa pkcs1 sha512	0x0601
ECDSA	ecdsa secp256r1 sha256	0x0403
	ecdsa secp384r1 sha384	0x0503
	ecdsa secp521r1 sha512	0x0603
RSASSA-PSS with rsa	rsa pss rsae sha256	0x0804
	rsa pss rsae sha384	0x0805
	rsa pss rsae sha512	0x0806
EdDSA	ed25519	0x0807
	ed448	0x0808
RSASSA-PSS	rsa pss pss sha256	0x0809
	rsa pss pss sha384	0x080a
	rsa pss pss sha512	0x080b
Legacy	rsa pkcs1 sha1	0x0201
	ecdsa sha1	0x0203

표 33.4: 서명 알고리즘의 종류

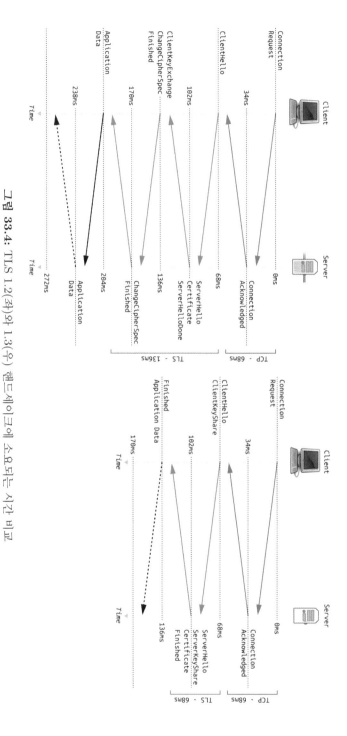

그림 **33.4:** TLS 1.2(좌)와 1.3(우) 핸드셰이크에 소요되는 시간 비교

HKDF

HKDF[80](Hmac based extract and expand Key Derivation Function)는 HMAC을 내부적으로 사용하는 키 확장 함수다. TLS 1.2에서는 PRF를 사용했으나, 1.3에서는 HKDF를 새로 정의해 사용한다.

제 1 절
함수 정의

다음과 같은 두 단계의 함수가 정의된다.

Extract(salt, IKM) ->PRK   내부의 HMAC을 사용해 salt를 키로 IKM(Input Keying Material)을 해쉬하고, 그 해쉬 결과인 PRK(pseudorandom key)를 리턴한다.

Expand(PRK, info, L) ->OKM   위의 결과인 PRK를 내부의 HMAC이 키로 사용하고, info라는 라벨을 이용해 L 길이의 메시지 OKM(Output Keying Material)을 만든다.

---

[80]Hugo Krawczyk and Pasi Eronen. *RFC 5869–HMAC-based Extract-and-expand Key Derivation Function (HKDF)*. May 2010.

우리는 두 함수에서 salt를 미리 사용하고 나머지 작업을 하는 것에 착안해, Extract(slt, IKM)를 salt(slt) + extract(IKM)의 조합으로, Expand(PRK, info, L)을 salt(PRK) + expand(info, L)의 조합으로 사용하도록 salt, extract, expand 함수를 디자인하자.

HKDF는 HMAC 함수를 내부적으로 사용하므로, 이미 만들어둔 HMAC을 상속하는 것이 좋겠다. 부모 클래스의 key와 hash 함수를 편하게 불러다 쓸 수 있다. HKDF 클래스는 특별한 내부 변수가 필요 없다. 우선 헤더 파일을 살펴보자.

코드 34.1: HKDF 클래스 헤더

```
1   template<class H> class HKDF : public HMAC<H>
2   {
3   public:
4       void zero_salt();
5       void salt(uint8_t *p, int sz);
6       std::vector<uint8_t> extract(uint8_t *p, int sz);
7       std::vector<uint8_t> derive_secret(std::string label, std::string msg);
8       std::vector<uint8_t> expand(std::string info, int L);
9   private:
10      std::vector<uint8_t> expand_label(std::string label, std::string context,
            int L);
11  };
```

1.1 salt 함수

salt 함수는 내부적인 HMAC의 key를 세팅하는 것이므로 다음과 같이 단순하게 정의할 수 있다.

코드 34.2: HKDF salt 함수 정의

```
1   void salt(uint8_t *p, int sz) {
2       this->key(p, p + sz);// this로 부모 클래스의 함수를 사용
3   }
4   void zero_salt() {
```

```
5    uint8_t zeros[H::output_size] = {0,};
6    HMAC<H>::key(zeros, zeros + H::output_size);
7    // 클래스 이름을 명시해 부모 클래스의 함수를 사용
8  }
```

zero_salt 함수는 해쉬 함수의 아웃풋 길이만큼 0으로 채워진 것을 key로 삼는 함수다. 키 스케줄링에서 필요하기에 따로 작성해넣었다.

1.2 extract 함수

extract 함수도 마찬가지로 내부적인 해쉬 함수를 불러다 쓰는 것이므로, 다음과 같이 정의할 수 있다.

코드 34.3: HKDF extract 함수 정의

```
1  std::vector<uint8_t> extract(uint8_t *p, int sz) {
2      auto a = this->hash(p, p + sz);
3      return std::vector<uint8_t>{a.begin(), a.end()};
4  }
```

실제 사용에선 salt 함수를 먼저 부르고 사용해야 한다.

1.3 expand 함수

expand 함수는 PRK(=extract 함수에서 생긴 결과)를 내부 HMAC의 키로 사용 (=salt 함수의 인자로 사용)한 후, info 문자열에 카운터를 덧대어 해쉬한다. 이 결과를 $T(1)$이라 하고, 이것에 다시 info와 카운터를 이어서 해쉬하면 $T(2)$를 얻는다. 그림 34.1에서 보듯이 여러 번 해쉬를 반복해 회색으로 보이는 $T(1) + T(2) + T(3)$을 이어 붙여서 원하는 크기(L)의 바이트열을 얻는다. 이를 구현하면 다음과 같다.

코드 34.4: HKDF expand 함수 정의

```
1  std::vector<uint8_t> expand(std::string info, int L) {
2      std::vector<uint8_t> r;
3      int k = H::output_size + info.size() + 1;
```

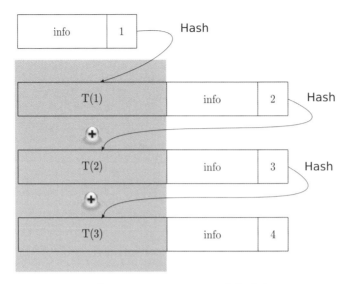

그림 **34.1:** HKDF expand 생성 과정

```
4      uint8_t t[k];
5      memcpy(t + H::output_size, info.data(), info.size());
6      t[k-1] = 1;
7      auto a = HMAC<H>::hash(t + H::output_size, t + k);
8      r.insert(r.end(), a.begin(), a.end());
9      while(r.size() < L) {
10         memcpy(t, &a[0], a.size());
11         t[k-1]++;
12         a = HMAC<H>::hash(t, t + k);
13         r.insert(r.end(), a.begin(), a.end());
14     }
15     r.resize(L);
16     return r;
17  }
```

1.4 expand label 함수

expand_label 함수는 키 스케줄링에서 사용되는 함수로 extract 함수와 expand 함수의 조합으로 정의된다. 우리는 Hash의 키 설정 함수를 따로 독립시켰으므로, 마찬가지로 이 함수도 salt 함수를 부르고 사용해야 한다. expand_label(Label, Context, Length) 함수는 Label과 Context, Length를 그림 34.2와 같이 조합해 새로운 라벨(HkdfLabel) 을 만들고 expand 함수를 이 라벨을 인자로 호출한다.

0	1	2	3	4	5	6	7	
Length		L	t	l	s	1	3	
Label					C	Context		

그림 34.2: HkdfLabel의 구조[81]

코드 34.5: expand label 함수 정의

```
1  std::vector<uint8_t> expand_label(std::string label, std::string context, int L
       ) {
2      std::string HkdfLabel = "xxxtls13 " + label + 'x' + context;
3      HkdfLabel[0] = L / 0x100;
4      HkdfLabel[1] = L % 0x100;
5      HkdfLabel[2] = label.size() + 6;
6      HkdfLabel[label.size() + 9] = context.size();
7      return expand(HkdfLabel, L);
8  }
```

1.5 derive secret 함수

derive_secret(Label, Message) 함수는 expand_label(Label, Transcript-Hash(Message), Hash.length)로 정의된다.

---

[81]L : Label의 길이 + 6, C : Context의 길이, Label과 Context의 길이는 가변적임

```
1   std::vector<uint8_t> derive_secret(std::string label, std::string msg){
2       auto a = this->sha_.hash(msg.begin(), msg.end());
3       return expand_label(label, std::string{a.begin(), a.end()}, H::output_size)
            ;
4   }
```

제 2 절
테스트

RFC5869에 있는 테스트 벡터를 이용해 테스트해보자.

코드 34.7: HKDF 테스트

```
1   mpz_class IKM{"0x0b0b0b0b0b0b0b0b0b0b0b0b0b0b0b0b0b0b0b0b0b0b"},
2             SALT{"0x000102030405060708090a0b0c"},// 13
3             INFO{"0xf0f1f2f3f4f5f6f7f8f9"},// 10
4             PRK{"0x077709362c2e32df0ddc3f0dc47bba6390b6c73bb50f9\
5                   c3122ec844ad7c2b3e5"},//32
6             OKM{"0x3cb25f25faacd57a90434f64d0362f2a2d2d0a90cf1a5\
7                   a4c5db02d56ecc4c5bf34007208d5b887185865"};// 42
8   TEST_CASE("HKDF") {
9       HKDF<SHA2> hkdf;
10      unsigned char ikm[22], salt[13], info[10], prk[32], okm[42];
11      mpz2bnd(IKM, ikm, ikm + 22);
12      mpz2bnd(SALT, salt, salt + 13);
13      mpz2bnd(INFO, info, info + 10);
14      mpz2bnd(PRK, prk, prk + 32);
15      mpz2bnd(OKM, okm, okm + 42);
16      hkdf.salt(salt, 13);
17      auto a = hkdf.extract(ikm, 22);
18      REQUIRE(equal(a.begin(), a.end(), prk));
19      hkdf.salt(&a[0], a.size());
20      auto b = hkdf.expand(string{info, info + 10}, 42);
```

```
21        REQUIRE(equal(b.begin(), b.end(), okm));
22  }
```

19라인에서 구해진 PRK에 salt 함수를 적용하는 것을 잊지 말자. 18과 21라인에서 생성된 PRK와 OKM이 제대로 됐는지 확인하고 있다.

HKDF를 이용한 키 스케줄링

TLS 1.3에서는 HKDF 함수를 이용해 키를 만들어 낸다. 그림 33.1에서 보듯이 헬로 메시지를 제외한 모든 메시지를 암호화해 보낼 수가 있다. 전체적인 흐름은 꽤 복잡한데, 그림 34.3과 같다.

그림 34.3에서 화살표가 아래로 내려가는 것은 데이터가 화살표의 목적지에 대해 salt로 쓰인다는 것을 의미한다. 0으로 표시된 것은 해쉬의 아웃풋의 길이와 같은 0으로 채워진 바이트열을 의미한다.

맨 왼쪽에 있는 네모의 PSK[82], (EC)DHE, 0은 각각 미리 공유한 키가 있을 경우 사용되는 키와 양측이 키 교환 알고리즘으로 합의한 키, 0으로 패딩된 바이트열을 의미한다. 여기에서 화살표가 우측으로 가는 것은 HKDF의 extract 함수에 인자로 쓰인다는 뜻이고 그 결과가 우측의 회색 네모칸으로 표현되는 Secret이다. 이 세 Secret은 salt로 사용돼, Extract의 우측 흰색 네모로 표현된 각각의 단계에서의 최종적인 키 재료를 생성한다.

다음번 접속 때 이어서 시작하기 위한 resumption Master Secret이나 0RTT(zero round trip time resumption)를 위한 Early secret 등도 모두 이 키 스케줄링에서 도출된다. 이 최종적인 9개의 키 재료 중 4개의 traffic secret을 이용해[83] 단계에 따라 Handshake Secret과 Application Secret으로 보호할 수 있으며, 각각의 key 값과 iv 값을 다음과 같이 만들어 낼 수 있다.

```
write_key = salt(traffic_secret), expand_label("key", "", key_length)
```

---

[82]PSK가 없을 경우 0으로 대체한다.
[83]문제를 간단하게 하기 위해, Handshake Traffic Secret과 Application Traffic Secret에만 주목하자.

3. HKDF를 이용한 키 스케줄링   269

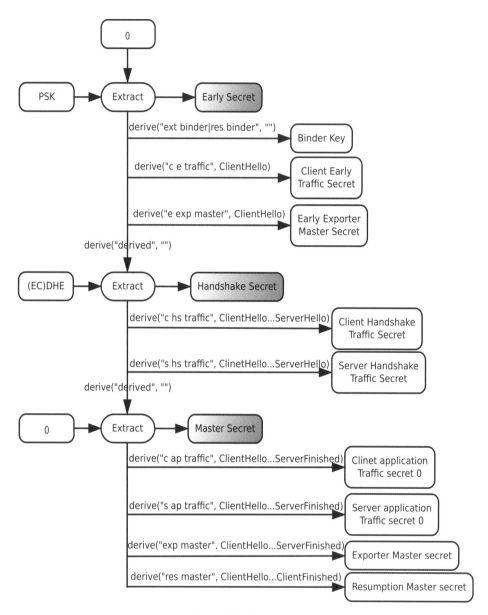

그림 34.3: HKDF 키 스케줄링

```
write_iv = salt(traffic_secret), expand_label("iv", "", iv_length)
```

이것은 코드 34.8의 set_aes 함수의 반복문 안에 있는 부분이다.

코드 35.1에 TLS 1.3의 클래스 정의가 있다. 이를 참조해 HKDF를 이용한 스케줄링을 구현해보자.

코드 34.8: HKDF를 이용한 키 스케줄링

```
1  template<class SV> void TLS13<SV>::protect_handshake()
2  {// server hello 직후에 호출
3      hkdf_.zero_salt();
4      uint8_t psk[SHA2::output_size] = {0,}, pre[32];
5      auto early_secret = hkdf_.extract(psk, SHA2::output_size);
6      hkdf_.salt(&early_secret[0], early_secret.size());
7      auto a = hkdf_.derive_secret("derived", "");
8      hkdf_.salt(&a[0], a.size());
9      mpz2bnd(premaster_secret_, pre, pre + 32);
10     auto handshake_secret = hkdf_.extract(pre, 32);
11     finished_key_// finished 메시지를 위한 키 값
12         = set_aes(handshake_secret, "c hs traffic", "s hs traffic");
13     hkdf_.salt(&handshake_secret[0], handshake_secret.size());
14     a = hkdf_.derive_secret("derived", "");
15     hkdf_.salt(&a[0], a.size());
16     this->master_secret_ = hkdf_.extract(psk, SHA2::output_size);
17  }
18
19  template<class SV> void TLS13<SV>::protect_data()
20  {// server finished 직후에 호출
21      set_aes(this->master_secret_,"c ap traffic", "s ap traffic");
22  }
23
24  template<bool SV> array<vector<uint8_t>, 2>
25  TLS13<SV>::set_aes(vector<uint8_t> salt, string cl, string sv) {
26      this->enc_seq_num_ = 0;
27      this->dec_seq_num_ = 0;// 키 재료를 설정할 때마다 시퀀스 넘버는 초기화시킨다
```

```
28    hkdf_.salt(&salt[0], salt.size());
29    array<vector<unsigned char>, 2> secret, finished_key;
30    secret[0] = hkdf_.derive_secret(cl, this->accumulated_handshakes_);
31    secret[1] = hkdf_.derive_secret(sv, this->accumulated_handshakes_);
32    for(int i=0; i<2; i++) {// 0은 클라이언트, 1은 서버
33        hkdf_.salt(&secret[i][0], secret[i].size());
34        auto key = hkdf_.expand_label("key", "", 16);
35        auto iv = hkdf_.expand_label("iv", "", 12);
36        this->aes_[i].key(&key[0], key.size());
37        this->aes_[i].iv(&iv[0], 0, iv.size());
38        finished_key[i] =hkdf_.expand_label("finished", "", SHA2::output_size);
39    }
40 }
```

set_aes 함수는 그림 34.3에서 회색으로 표시되는 Secret에서 트래픽 시크릿을 추출하고, 이 시크릿을 바탕으로 key 값과 iv 값을 만들어 AES에 할당하는 함수다. 핸드셰이크 데이터를 보호하는 경우와 애플리케이션 데이터를 보호하는 경우에 반복 되므로 하나의 함수로 독립시켜 만들었다.

protect_handshake 함수는 Server Hello 직후에 호출해야 한다. 그래야만 accu-mulated_handshakes_가 올바른 값을 지니고 있을 것이다. 그림 33.1에서 핸드셰이크 트래픽 시크릿으로 보호되는 메시지를 위해 AES를 세팅한다. 그림 34.3를 크게 세 단계로 나누었을 때, 두 번째 단계에 해당한다.

마찬가지로 protect_data 함수는 Server Finished 이후에 호출돼야만 한다. 그 림 33.1에서 애플리케이션 트래픽 시크릿으로 보호되는 애플리케이션 데이터를 위해 AES를 세팅한다. 그림 34.3에서 세 번째 단계의 윗 부분에 해당한다.

35

TLS 1.3의 구현

이상으로 전반적인 TLS 1.3의 모습과 키 스케줄링에 대해 알아봤다. 이를 기반으로 TLS 1.3 클래스를 구현해보자. 이미 TLS 1.2 클래스를 만들었으므로, 그것을 뜯어 고치기보다는 상속받아 구현해보자. 비침습적인 개발에 대한 좋은 훈련이 될 것이다.

우선 TLS 1.3의 헤더 파일을 정의하자. TLS 1.2의 헤더 파일은 코드 17.1에서 확인할 수 있다.

코드 35.1: TLS 1.3 헤더 파일

```
1   template<bool SV> class TLS13 : public TLS<SV>
2   {
3   public:
4       std::string client_hello(std::string &&s = "");
5       std::string server_hello(std::string &&s = "");
6       bool handshake(std::function<std::optional<std::string>()> read_f,
7               std::function<void(std::string)> write_f);
8       std::string finished(std::string &&s = "");
9       std::string certificate_verify();
10      std::optional<std::string> decode(std::string &&s);
11      std::string encode(std::string &&s, int type = 23);
12      std::string server_certificate13();
```

```
13  protected:
14      HKDF<HASH> hkdf_;
15      mpz_class premaster_secret_;
16      // TLS 1.3인 경우 헬로 메시지 이후에 0이 아닌 값을 가진다.
17      std::string client_ext();
18      std::string server_ext();
19      std::string encrypted_extension();
20      bool client_ext(unsigned char *p);
21      bool server_ext(unsigned char *p);
22  private:
23      uint8_t prv_[32], echo_id_[32];
24      static std::string ecdsa_certificate_;
25      void protect_data(), protect_handshake();
26      std::array<std::vector<uint8_t>, 2> set_aes(std::vector<uint8_t> salt,
27              std::string client_label, std::string server_label);
28      std::array<std::vector<uint8_t>, 2> finished_key_;
29      bool supported_group(unsigned char *p, int len);
30      bool point_format(unsigned char *p, int len);
31      bool sub_key_share(unsigned char *p);
32      bool key_share(unsigned char *p, int len);
33      bool supported_version(unsigned char *p, int len);
34      void derive_keys(mpz_class premaster_secret);
35      std::optional<std::string> decode13(std::string &&s);
36      std::string encode13(std::string &&s, int type = 23);
37  };
```

TLS 1.3은 1.2보다 핸드세이크 과정이 줄었으므로, public 영역의 핸드세이크
메시지를 생성하거나 분석하는 함수도 줄었다. 대신 헬로 함수에서 호출돼 익스텐션
데이터를 구성하는 익스텐션 함수가 protected 영역에 있고, 익스텐션 함수에서 호
출되어 개개의 익스텐션 종류에 따라 그 데이터를 구성하는 여러 함수들이 private
영역에 있다.

클라이언트 익스텐션

클라이언트 익스텐션 생성   우리는 ECDHE(secp256r1, 무압축 포맷) 키 교환 알고리즘을 지원할 것이고, TLS는 1.3과 1.2 버전을 동시에 지원할 것이다. 여러 가지 경우를 생각하지 않아도 되므로, 서버에게 보내는 클라이언트 익스텐션을 획일화할 수 있다.

코드 35.2: 클라이언트 익스텐션을 생성하는 함수

```
1   template<bool SV> string TLS13<SV>::client_ext() {
2       struct Ext {
3           uint8_t extension_length[2] = {0, 0};// 47라인에서 채워 넣음
4
5           uint8_t supported_group[2] = {0, 10};// type
6           uint8_t supported_group_length[2] = {0, 6};// length
7           uint8_t support_group_list_length[2] = {0, 4};
8           uint8_t secp256r1[2] = {0, 23};
9           uint8_t x255[2] = {0, 29};
10
11          uint8_t ec_point_format[2] = {0, 11};// type
12          uint8_t ec_point_format_length[2] = {0, 2};// length
13          uint8_t ec_length = 1;
14          uint8_t non_compressed = 0;
15
16          uint8_t key_share[2] = {0, 51};// type
17          uint8_t key_share_length[2] = {0, 107};// length
18          uint8_t client_key_share_len[2] = {0, 105};
19
20          uint8_t secp256r1_key[2] = {0, 23};
21          uint8_t key_length[2] = {0, 65};
22          uint8_t type = 4;
23          uint8_t x[32], y[32];
24
```

```
25        uint8_t x25519[2] = {0, 29};
26        uint8_t key_length2[2] = {0, 32};
27        uint8_t x2[32];
28
29        uint8_t supported_version[2] = {0, 0x2b};
30        uint8_t supported_version_length[2] = {0, 5};
31        uint8_t supported_version_list_length = 4;
32        uint8_t supported_versions[4] = {3, 4, 3, 3};// TLS 1.3, TLS 1.2
33
34        uint8_t psk_mode[2] = {0, 0x2d};
35        uint8_t psk_mode_length[2] = {0, 2};
36        uint8_t psk_mode_llength = 1;
37        uint8_t psk_with_ecdhe = 1;
38
39        uint8_t signature_algorithm[2] = {0, 13};
40        uint8_t signature_algorithm_length[2] = {0, 8};
41        uint8_t signature_alg_len[2] = {0, 6};
42        uint8_t signature[4] = {8, 4, 4, 1, 4, 3};
43                      // pss rsa, sha256 rsa, ecdsa sha 256
44     } ext;
45     mpz2bnd(this->P_.x, ext.x, ext.x + 32);// secp256r1 좌표 세팅
46     mpz2bnd(this->P_.y, ext.y, ext.y + 32);// P_는 TLS 1.2 클래스의 멤버
47     mpz2bnd(sizeof(Ext) - 2, ext.extension_length, ext.extension_length + 2);
48     mpz2bnd(this->prv_key_, prv_, prv_ + 32);
49     curve25519_mul_g(ext.x2, prv_);// x25519 x좌표 세팅
50     return struct2str(ext);
51 }
```

클라이언트 익스텐션 분석　서버에서 클라이언트 익스텐션을 받았을 경우에는 상대방이 우리가 바라는 사이퍼 수트를 지원하는지, 원하는 키 값이 왔는지, 포인트의 형식은 우리가 처리할 수 있는지 등을 확인하고, TLS 버전을 결정해야 할 것이다.

　　각각의 익스텐션을 체크하는 함수를 따로 작성해보자. 이 함수들은 포인터로 익스

텐션 데이터의 위치를 넘겨받은 후, 오프셋을 이용해 데이터를 분석한다. 이 함수들을 사용해 네 가지의 익스텐션을 확인한 후, 이를 모두 충족할 경우 TLS 1.3 버전으로 핸드세이킹을 하게 한다.

코드 35.3: 클라이언트 익스텐션을 분석하는 함수

```
1  template<bool SV> bool TLS13<SV>::supported_group(unsigned char *p, int len)
2  {// secp256r1을 지원할 경우 true를 리턴
3      for(int i=2; i<len; i+=2) if(*(p+i) == 0 && *(p+i+1) == 23) return true;
4      return false;
5  }
6  template<bool SV> bool TLS13<SV>::point_format(unsigned char *p, int len)
7  {// p는 그림 33.3에서 익스텐션 데이터를 가리키게 한다.
8  // 포인트 포맷이 무압축인지 확인한다.
9      for(int i=1; i<len; i++) if(*(p+i) == 0) return true;
10     return false;
11 }
12 template<bool SV> bool TLS13<SV>::sub_key_share(unsigned char *p)
13 {// key share 함수에서 호출, 타원곡선의 좌표 세팅
14     if(*p == 0 && *(p+1) == 23 && *(p+4) == 4) {
15         EC_Point Q{bnd2mpz(p + 5, p + 37), bnd2mpz(p + 37, p + 69), this->
               secp256r1_};
16         premaster_secret_ = (Q * this->prv_key_).x;
17         return true;// 좌표 세팅했을 경우 참을 리턴
18     } else if(*p == 0 && *(p+1) == 29) {// x25519일 경우
19         uint8_t q[32];
20         curve25519_mul(q, prv_, p + 4);
21         premaster_secret_ = bnd2mpz(q, q+32);
22         this->P_.x = -1;
23         return true;
24     } else return false;
25 }
26 template<bool SV> bool TLS13<SV>::key_share(unsigned char *p, int len)
27 {// 여러 타원곡선의 키 값이 올 수도 있다.
```

```
28      for(unsigned char *q = p; p < q + len; p += p[2]*0x100 + p[3] + 4)
29          if(sub_key_share(p)) return true;
30      return false;
31  }
32  template<bool SV> bool TLS13<SV>::supported_version( unsigned char *p, int len)
33  {// 1.3 버전 지원 확인
34      for(int i=1; i<len; i+=2) if(*(p+i) == 3 && *(p+i+1) == 4) return true;
35      return false;
36  }
37  template<bool SV> bool TLS13<SV>::client_ext(unsigned char *p)
38  {// extension을 체크해 우리와 1.3으로 통신할 수 있는지 확인
39      int total_len = *p++ * 0x100 + *p++;
40      bool check_ext[5] = {false,};
41      for(unsigned char *q = p; p < q + total_len;) {
42          int type = *p++ * 0x100 + *p++;
43          int len = *p++ * 0x100 + *p++;
44          switch(type) {
45              case 10: check_ext[0] = supported_group(p, len); break;
46              case 11: check_ext[1] = point_format(p, len); break;
47              case 43: check_ext[2] = supported_version(p, len); break;
48              case 45: check_ext[3] = true; break;
49              case 51: check_ext[4] = key_share(p, len); break;
50          }
51          p += len;
52      }
53      for(int i=0; i<5;i++) if(check_ext[i] == false) return false;
54      return true;
55  }
```

서버 익스텐션

서버 익스텐션 생성   Server Hello 메시지에 붙을 익스텐션도 클라이언트의 경우와 마찬가지로 작성할 수 있다. 1.3으로 핸드세이킹이 가능할 경우 서버측의 키를 key share extension으로 전달한다. 서버는 타원곡선이 secp256r1인지 x25519인지에 따라 다른 익스텐션 메시지를 보내야 한다.

코드 35.4: 서버 익스텐션을 생성하는 함수

```
1  template<bool SV> string TLS13<SV>::server_ext() {
2      struct Ext {
3          uint8_t extension_length[2] = {0, 79};
4
5          uint8_t supported_version[2] = {0, 43};
6          uint8_t supported_version_length[2] = {0, 2};
7          uint8_t support[2] = {3, 4};
8      } ext;
9      struct {
10         uint8_t key_share[2] = {0, 51};
11         uint8_t key_share_length[2] = {0, 69};
12         uint8_t type[2] = {0, 23};
13         uint8_t key_length[2] = {0, 65};
14         uint8_t point_type = 4;
15         uint8_t x[32], y[32];
16     } secp;
17     struct {
18         uint8_t key_share[2] = {0, 51};
19         uint8_t key_share_length[2] = {0, 36};
20         uint8_t type[2] = {0, 29};
21         uint8_t key_length[2] = {0, 32};
22         uint8_t x[32];
23     } x25519;
24     if(this->P_.x == -1) {// secp256r1이 아닐 경우
```

```
25        curve25519_mul_g(x25519.x, prv_);
26        ext.extension_length[1] = 46;
27        return struct2str(ext) + struct2str(x25519);
28    } else {
29        mpz2bnd(this->P_.x, secp.x, secp.x + 32);
30        mpz2bnd(this->P_.y, secp.y, secp.y + 32);
31        return struct2str(ext) + struct2str(secp);
32    }
33 }
```

서버 익스텐션 분석   서버 익스텐션을 분석해 키 값을 뽑아내야 한다. server_ext 함
수 내부에서 사용하는 key_share 함수는 서버와 클라이언트에서 공용으로 사용할 수
있다.

코드 35.5: 서버 익스텐션을 분석하는 함수

```
1  template<bool SV> bool TLS13<SV>::server_ext(unsigned char *p)
2  {// 포인터의 위치는 익스텐션의 시작 부분을 가리켜야 한다.
3      int total_len = *p++ * 0x100 + *p++;
4      for(unsigned char *q = p; p < q + total_len;) {
5          int type = *p++ * 0x100 + *p++;
6          int len = *p++ * 0x100 + *p++;
7          if(type == 51) return key_share(p, len);
8          p += len;
9      }
10     return false;
11 }
```

제 3 절
Client Hello와 Server Hello 메시지의 구현

TLS 1.3 버전에서 익스텐션을 처리하는 함수를 작성했으니, 이를 이용해서 헬로
메시지를 처리하는 함수를 구현할 수 있다. TLS 1.2 버전에서 구현한 코드를 최대한

활용하자.

객체지향 프로그래밍의 다형성의 특징을 이용해 같은 이름의 함수를 만들 수 있다. 함수 인자가 다를 때는 함수 인자에 의해서 자동으로 적절한 함수가 선택된다. 동일한 이름의 부모 클래스의 함수를 부를 때는 클래스의 이름을 명시해야 한다.

메시지를 작성할 때 우리가 작성한 익스텐션 함수의 결과물을 부모 클래스의 hello 메시지 함수에 이어 붙이면 된다. 한 가지 고려할 점은 메시지의 길이가 달라졌으므로, 헤더에서 길이를 표현하는 부분을 고쳐줘야 한다.

메시지를 분석할 때 익스텐션의 시작하는 위치를 포인터로 넘겨줘야 한다. 이 외에도 핸드세이크 데이터를 축적하는 것에도 신경을 써야 한다. 이런 부분을 모두 고려하더라도 TLS 1.2 버전의 클래스를 상속받아서 침습적이지 않은 프로그래밍을 하는 것이 낫다. 새로운 클래스를 만들거나 직접 1.2 버전의 클래스를 고치는 것보다 안전하다.

코드 **35.6**: TLS 1.3 버전용 Client Hello 함수

```
1  template<bool SV> string TLS13<SV>::client_hello(string &&s)
2  {
3      if constexpr(SV) {
4          unsigned char *p = (unsigned char*)&s[43];// session id length
5          memcpy(echo_id_, p+1, *p);// copy session id
6          p += *p + 1;// 세션 아이디 뒤로 포인터 이동
7          int cipher_suite_len = *p++ * 0x100 + *p++;
8          p += cipher_suite_len;// 사이퍼 수트 뒤로 포인터 이동
9          p += *p + 1;// compression length 뒤로 이동하면 익스텐션의 시작점
10         int ext_start = p - (unsigned char*)&s[0];
11         // TLS 1.2 클라이언트 헬로 함수를 부른다.
12         string r = TLS<SV>::client_hello(forward<string>(s));
13         return s.size() > ext_start && client_ext(p) ? "" : r;
14     } else {
15         string hello = TLS<SV>::client_hello();
16         this->accumulated_handshakes_ = "";
```

```
17        string ext = client_ext();
18        int hello_size = static_cast<uint8_t>(hello[3]) * 0x100 + static_cast<
              uint8_t>(hello[4]) + ext.size();
19        mpz2bnd(hello_size, &hello[3], &hello[5]);
20        // TLS 헤더 길이 필드 채우기
21        mpz2bnd(hello_size - 4, &hello[6], &hello[9]);
22        // 핸드세이크 헤더 길이 필드 채우기
23        return this->accumulate(hello + ext);
24    }
25 }
```

코드 **35.7**: TLS 1.3 버전용 Server Hello 함수

```
1  template<bool SV> string TLS13<SV>::server_hello(string &&s)
2  {
3      if constexpr(SV) {
4          string tmp = this->accumulated_handshakes_;
5          string hello = TLS<SV>::server_hello();
6          if(!premaster_secret_) return hello;
7          memcpy(&hello[44], echo_id_, 32);
8          hello[76] = 19; hello[77] = 1;// TLS AES128 GCM SHA256
9          this->accumulated_handshakes_ = tmp;
10         string ext = server_ext();
11         int hello_size = static_cast<uint8_t>(hello[3]) * 0x100 + static_cast<
               uint8_t>(hello[4]) + ext.size();
12         mpz2bnd(hello_size, &hello[3], &hello[5]);// tls length
13         mpz2bnd(hello_size - 4, &hello[6], &hello[9]);// handshake length
14         return this->accumulate(hello + ext);
15     } else {
16         string s2 = s;
17         string r = TLS<SV>::server_hello(move(s2));
18         return s.size() > 80 && server_ext((uint8_t*)&s[79]) ? "" : r;
19     }
20 }
```

7라인에서 echo_id_에 미리 저장해둔 클라이언트 아이디를 복사해서 에코한다. 이는
TLS 1.3 버전에서 지켜야 할 규칙이다.

암호화된 익스텐션

TLS 1.3에서는 핸드세이크 메시지에 대해서도 최대한 암호화를 제공하고자 한다.
키 합의에 필수적인 익스텐션만을 Server Hello 메시지에 포함하고 그 외의 익스텐션
은 암호화된 익스텐션^{Encrypted Extension}이라 해 별개의 메시지로 구성하고, 이를 서버
인증서, 인증서 확인 메시지, Finished 메시지 등과 함께 암호화해서 보낸다. 만약
특별히 보내야 할 익스텐션이 없다고 하더라도 이 메시지는 길이 필드를 0으로 해서
보내야 한다.

코드 35.8: 암호화된 익스텐션

```
1  template<bool SV> string TLS13<SV>::encrypted_extension()
2  {// 서포트 그룹을 보내 보자.
3      struct H {
4          uint8_t enc_ext_type = 8;
5          uint8_t total_len[3] = {0, 0, 10};
6          uint8_t ext_len[2] = {0, 8};
7          uint8_t supported_group[2] = {0, 10};
8          uint8_t len[2] = {0, 4};
9          uint8_t group[4] = {0, 0x1d, 0, 0x17};
10     } h;
11     string r = struct2str(h);
12     this->accumulated_handshakes_ += r;
13     return r;
14 }
```

제 5 절
인증서

TLS 1.3 버전의 인증서 메시지는 매우 작은 변화가 있다. Requested Context가 핸드세이크 헤더 이후에 추가된다. Requested Context는 한 바이트의 길이 필드와 데이터로 구성돼 있다. 인증서 요청 메시지에 대해 응답해 인증서를 보낼 경우, 인증서 요청 메시지의 Request Context를 복사해 보낸다. 만약, 인증서 요청이 없이 그냥 인증서를 보내는 경우는 Requested Context는 데이터 없이 길이 필드를 0으로 해 1 바이트가 된다.

그리고, 인증서 익스텐션이 맨 마지막에 추가된다. 인증서의 확장 정보를 담고 있는데, Server Hello나 Client Hello 메시지의 확장 정보와 같은 형식으로 이뤄져 있다.

앞에서 TLS 1.2의 구현에 사용한 인증서는 RSA 방식이었다. 앞으로 ECDSA 방식의 인증서도 필요할 것이니, openssl을 이용해 인증서를 생성해보자.

우선 openssl을 이용해 다음의 명령을 내리면 secp256r1의 비밀키를 얻을 수 있다.

```
> openssl ecparam -name secp256r1 -genkey -out key.pem
```

코드 **35.9:** secp256r1 비밀키 파일

```
1  -----BEGIN EC PARAMETERS-----
2  BggqhkjOPQMBBw==
3  -----END EC PARAMETERS-----
4  -----BEGIN EC PRIVATE KEY-----
5  MHcCAQEEIOh1DG9luBf4k3AVsOOY2wxdkHbAwcrbkhWpwDhPM1DCoAoGCCqGSM49
6  AwEHoUQDQgAE5F6hA94zyl3muXEH3Y4gaIoXhF3yIaI+Ai1DodJn0cVjIZpOA0Pj
7  ul6yZYS4UNwtBllBnOxwGse4gr+uIPK8hw==
8  -----END EC PRIVATE KEY-----
```

이 키 파일을 이용해 ECDSA 방식으로 자가 서명된 인증서를 다음의 명령으로 얻을 수 있다.

```
> openssl req -x509 -new -sha256 -key key.pem -out cert.pem
```

```
1   -----BEGIN CERTIFICATE-----
2   MIIB3zCCAYWgAwIBAgIUdJHnHvbcF2H3JiEHq7YrXWfBI4AwCgYIKoZIzj0EAwIw
3   RTELMAkGA1UEBhMCS1IxEzARBgNVBAgMClNvbWUtU3RhdGUxITAfBgNVBAoMGElu
4   dGVybmV0IFdpZGdpdHMgUHR5IEx0ZDAeFw0xOTEyMjkxMDI3MjZaFw0yMDEyMjgx
5   MDI3MjZaMEUxCzAJBgNVBAYTAktSMRMwEQYDVQQIDApTb211LVN0YXRlMSEwHwYD
6   VQQKDBhJbnRlcm5ldCBXaWRnaXRzIFB0eSBMdGQwWTATBgcqhkjOPQIBBggqhkjO
7   PQMBBwNCAATkXqED3jPKXea5cQfdjiBoiheEXfIhoj4CLUOh0mfRxWMhmk4DQ+O6
8   XrJlhLhQ3C0GWUGc7HAax7iCv64g8ryHo1MwUTAdBgNVHQ4EFgQU4E+nFR551LVb
9   HEkD+aqJ4RkUz+MwHwYDVR0jBBgwFoAU4E+nFR551LVbHEkD+aqJ4RkUz+MwDwYD
10  VR0TAQH/BAUwAwEB/zAKBggqhkjOPQQDAgNIADBFAiBiVf7e5eAu+i9x9GlqRRLG
11  Z8NiOmdtLcvGtTtiREwg0gIhAKAU6KEcAT+NINR82HZhqvjhWXj37nAFn5tB8UiW
12  +meu
13  -----END CERTIFICATE-----
```

위의 인증서 파일이 있다고 가정하고 1.3 버전의 인증서 메시지를 구해보자.

```
1   // 인증서 확인 메시지에서 사용될 ECDSA 인증서의 비밀키
2   static mpz_class private_key;
3
4   static string init_certificate() {
5       ifstream f("cert.pem");// openssl로 만든 인증서 파일
6       vector<unsigned char> r;
7       for(string s; (s = get_certificate_core(f)) != "";)
8       {// 인증서 체인의 모든 인증서에 대해 반복
9           auto v = base64_decode(s);
10          for(int i=0; i<3; i++) r.push_back(0);
11          mpz2bnd(v.size(), r.end() - 3, r.end());// 인증서 크기 삽입
12          r.insert(r.end(), v.begin(), v.end());// DER 인증서 삽입
13      }
14      r.push_back(0); r.push_back(0);
15      const int REQUEST_CONTEXT = 0;// 1.3 버전에서 추가된 필드
16      vector<uint8_t> v = {0x16, 3, 3, 0, 0, CERTIFICATE, 0, 0, 0,
```

```
17              REQUEST_CONTEXT , 0, 0, 0};// 인증서의 헤더 부위, 0: 크기 필드
18      mpz2bnd(r.size(), v.end() - 3, v.end());// 헤더의 마지막 0, 0, 0 위치
19      mpz2bnd(r.size() + 4, v.begin() + 6, v.begin() + 9);// 중간 0, 0, 0
20      mpz2bnd(r.size() + 8, v.begin() + 3, v.begin() + 5);// 맨 앞 0, 0
21      r.insert(r.begin(), v.begin(), v.end());// 헤더 삽입
22
23      ifstream f2{"key.pem"};// openssl로 만든 비밀키 파일
24      get_certificate_core(f2);
25      auto jv = pem2json(f2);
26      private_key = str2mpz(jv[0][1].asString());// 비밀키 세팅
27
28      return {r.begin(), r.end()};// 인증서 리턴
29 }
30 // 인증서 메시지의 초기화
31 template<bool SV> string TLS13<SV>::ecdsa_certificate_ = init_certificate();
```

이 인증서는 항상 동일할 것이므로 static으로 클래스에 선언했다. 때문에 메인 함수 외부에서 초기화시켜줘야 한다.

제 6 절
인증서 확인 메시지

TLS 1.3 버전에서는 표 33.4에서의 인증서 알고리즘 중, RSASSA-PKCS1-v1.5는 핸드세이크 메시지에서 사용할 수 없고, 인증서 내부적으로만 사용되는 것이 허용된다. 그래서, 1.2 버전에서 사용하던 방식의 서명은 1.3의 인증서 확인 메시지에 사용할 수 없다. RSASSA-PSS 방식의 인증 알고리즘을 사용하거나 ECDSA를 사용해야 한다. 우리는 ECDSA 방식의 서명 확인 메시지를 생성해보자.[84]

우선 64바이트의 0x20(아스키로는 스페이스 캐릭터)을[85] 만든다. 이에 "TLS 1.3,

---

[84]Abdessalem Abidi, Belgacem Bouallegue, and Fatma Kahri. "Implementation of elliptic curve digital signature algorithm (ECDSA)". In: *2014 Global Summit on Computer & Information Technology (GSCIT)*. IEEE. 2014, pp. 1–6.

[85]이전 버전의 TLS에서 서버 키 교환 메시지의 서명을 통해 공격자가 자신이 정한 32바이트의 클라

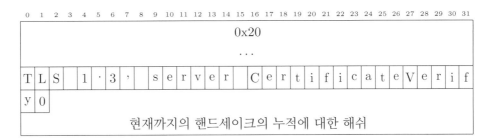

그림 35.1: 서명할 구조

server CertificateVerify"라는 문자열을 이어 붙인다. 마지막으로 일종의 경계선으로서 0값을 한 바이트 붙이고, 현재까지의 핸드세이크를 해쉬한 값을 이어 붙인다. 이 만들어진 구조체에 대해 다시 해쉬하면, 그것이 서명할 값이 된다.

ECDSA의 경우, 생성된 서명을 DER 형식으로 다음과 같이 만들어넣는다.

```
SEQUENCE {
    Integer r,
    Integer s
}
```

한 가지 주의해야 할 점은, DER 방식의 정수에서 첫 번째 바이트의 첫 번째 비트는 음의 숫자를 표현하는 데 쓰인다는 점이다. 그러므로, 첫 번째 비트가 1인 양의 정수[86]를 DER 방식으로 표현하기 위해서는 첫 칸을 비워줘야 한다. 즉, 0x008123···과 같이 표현해야 한다.

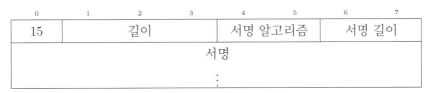

그림 35.2: 인증서 확인 메시지의 구조

이언트 랜덤 값에 대한 서명을 얻을 수 있었다. 이 64바이트의 패드는 이것을 지운다.

[86]첫 번째 바이트가 0x80보다 큰 경우

```
1   template<bool SV> string TLS13<SV>::certificate_verify()
2   {
3       SHA2 sha;// hash accumulated handshakes
4       auto a = sha.hash(this->accumulated_handshakes_.begin(), this->
            accumulated_handshakes_.end());
5       string t;
6       for(int i=0; i<64; i++) t += ' ';
7       t += "TLS 1.3, server CertificateVerify";
8       t += (uint8_t)0x0;
9       t.insert(t.end(), a.begin(), a.end());
10      a = sha.hash(t.begin(), t.end());
11      auto prv =
12          0xe8750c6f65b817f8937015b0ed18db0c5d9076c0c1cadb9215a9c0384f3350c2_mpz;
13
14      struct {
15          uint8_t type = 0x0f;
16          uint8_t length[3] = {0, 0, 74};
17          uint8_t signature[2] = {4, 3};// ecdsa sha256, 8 4 RSA SHA256 PSS
18          uint8_t len[2] = {0, 70};
19          uint8_t der[4] = {0x30, 68, 2, 32};
20      } h;
21      vector<uint8_t> R(32), S(32);
22      uint8_t der2[2] = {2, 32};
23
24      ECDSA ecdsa{this->G_, // sign with ECDSA
25          0xFFFFFFFF00000000FFFFFFFFFFFFFFFFBCE6FAADA7179E84F3B9CAC2FC632551_mpz
              };
26      auto [r, s] = ecdsa.sign(bnd2mpz(a.begin(), a.end()), private_key);
27      mpz2bnd(r, R.begin(), R.end());
28      mpz2bnd(s, S.begin(), S.end());
29      if(R[0] >= 0x80) {// DER에서 이것은 음수를 나타낸다.
30          h.length[2]++; h.len[1]++; h.der[1]++; h.der[3]++;
```

```
31        R.insert(R.begin(), 0);// 첫 번째 바이트 비우기
32    }
33    if(S[0] >= 0x80) {
34        h.length[2]++; h.len[1]++; h.der[1]++; der2[1]++;
35        S.insert(S.begin(), 0);
36    }
37    t = struct2str(h) + string{R.begin(), R.end()} + string{der2, der2 + 2} +
38        string{S.begin(), S.end()};
39    this->accumulated_handshakes_ += t;
40    return t;
41 }
```

제 7 절
Finished

Finished 메시지의 역할은 1.2와 1.3에서 동일하다. 정확하게 암호화 핸드세이킹이 진행됐는가를 판별하기 위한 것이다. 단, 제조법은 1.3과 1.2가 전혀 다르다.

우선, 그림 34.3에서 도출된 Client Handshake Traffic Secret과 Server Handshake Transcript Secret을 Client Finished와 Server Finished를 만들 때 key로 사용한다. 그리고, expand_label("finished", "", 해쉬 길이(SHA256일 경우 32)) 함수를 호출한 결과가 finished_key가 된다. 여기까지는 코드 34.8에서 이미 구현했다.

그 이후는 다음과 같다. 현재까지 누적된 핸드세이크 메시지를 이어 붙이고, 이에 대해 해쉬한다(SHA256). 이 결과를 T라 하자. 키 값을 위의 finished_key로 하고 HMAC으로 T를 해쉬한 결과가 Finished 메시지가 된다. 이렇게 얻어진 32바이트(사이퍼 수트의 아웃풋 크기)의 앞에 핸드세이크 헤더를 추가한다.

코드 35.13: 1.3 버전의 Finished 메시지 함수의 구현

```
1 template<bool SV> string TLS13<SV>::finished(string &&s)
2 {// 이 함수는 TLS 헤더를 포함하고 있지 않다.
3    struct H {
4        uint8_t finished = 0x14;
```

```
 5      uint8_t length[3] = { 0, 0, 32};
 6    } h;
 7
 8    hkdf_.salt(finished_key_[s == "" ? SV : !SV].data(), SHA2::output_size);
 9    // finished_key_[0]은 클라이언트고 [1]은 서버다.
10    SHA2 sha;// 이것은 사이퍼 수트에서 정한 해쉬 알고리즘이다.
11    auto a = sha.hash(this->accumulated_handshakes_.begin(),
12          this->accumulated_handshakes_.end());
13    a = hkdf_.hash(a.begin(), a.end());
14    // HKDK의 hash 함수는 부모 클래스인 HMAC 해쉬와 동일하다.
15    string fin = struct2str(h) + string{a.begin(), a.end()};
16    this->accumulated_handshakes_ += fin;
17
18    if(s == "") return fin;// Finished 메시지를 생성하는 경우
19    else return s == fin ? "" : this->alert(2, 51);// 분석하는 경우
20 }
```

최종적으로 암호화된 익스텐션, 인증서, Finished 메시지를 이어 붙이고, hand-shake secret으로 암호화 한다. 단, 이제 암호화 통신을 시작한다는 의미의 Change Cipher spec 메시지를 먼저 보내고 이 암호화된 메시지를 보낸다.

제 8 절
TLS 1.3의 인코딩과 디코딩

1.3 버전에서 IV의 사용법이 바뀌었다. 1.2 버전에서는 IV를 매 레코드 메시지에서 앞부분에 붙여 보냈다. 1.3 버전에서는 이 대신 시퀀스 넘버를 사용한다. 시퀀스 넘버 앞에 4바이트의 0을 붙이고, 이를 HKDF에서 도출한 IV 값과 xor해 사용한다. 시퀀스 넘버는 매번 바뀌므로, 이를 IV 값과 xor하면 암호문의 엔트로피를 높이는 소기의 목적을 달성하게 된다. 이를 위해 GCM 클래스에 하나의 함수를 추가했다.

코드 35.14: xor with iv 함수

```
1 template<class Cipher> void GCM<Cipher>::xor_with_iv(const unsigned char *p)
```

```
2   {// xor 함수는 스스로에 대한 역함수가 된다.
3       for(int i=0; i<4; i++) this->iv_[i] ^= 0;
4       for(int i=0; i<8; i++) this->iv_[4 + i] ^= p[i];
5   }
```

또, 1.2 버전에서는 핸드세이킹을 암호화할 경우, TLS 헤더에서 비록 암호화된 메시지일 망정, 핸드세이크로 타입이 표기됐다.

1.3 버전에서는 암호화하기 전에 맨 마지막에 한 바이트의 타입을 덧붙인다. 이 뒤에는 임의의 바이트의 0 패딩이 덧붙을 수도 있다. 모든 암호화된 메시지는 레코드 메시지로 TLS 헤더에서 타입이 표기된다. 실제 메시지가 어떠한 타입인지는 암호화를 풀고 패딩을 없애고, 마지막 바이트를 보면 된다.

디코딩하는 함수는 인증 태그 확인에 실패했을 경우에 대비해 optional<string>을 리턴한다.

코드 35.15: TLS 1.3 암호화/복호화 함수

```
1   template<bool SV> string TLS13<SV>::encode13(string &&s, int type)
2   {
3       uint8_t seq[8];
4       TLS_header h1;
5       h1.content_type = 23;
6
7       mpz2bnd(this->enc_seq_num_++, seq, seq + 8);
8       const size_t chunk_size = (1 << 14) - 64;// 패킷당 최대 허용 크기
9       string frag = s.substr(0, chunk_size) + string{type};// type 패딩
10      h1.set_length(frag.size() + 16);
11
12      uint8_t *p = (uint8_t*)&h1;
13      this->aes_[SV].aad(p, 5);
14      p = (uint8_t*)frag.data();
15      this->aes_[SV].xor_with_iv(seq);// iv 값을 시퀀스 넘버와 xor
16      auto tag = this->aes_[SV].encrypt(p, frag.size());
17      this->aes_[SV].xor_with_iv(seq);// iv 값을 원상복귀시킨다.
18      frag += string{tag.begin(), tag.end()};
```

```
19      string s2 = struct2str(h1) + frag;
20      if(s.size() > chunk_size) s2 += encode(s.substr(chunk_size));
21      return s2;
22  }
23
24  template<bool SV> optional<string> TLS13<SV>::decode13(string &&s)
25  {
26      struct H {
27          TLS_header h1;
28          unsigned char encrypted_msg[];
29      } *p = (H*)s.data();
30      uint8_t seq[8];
31
32      if(int type = this->get_content_type(s).first; type != APPLICATION_DATA) {
33          this->alert(this->alert(2, 10));
34          return {};
35      }
36      mpz2bnd(this->dec_seq_num_++, seq, seq + 8);
37      int msg_len = p->h1.get_length() - 16;// 태그의 길이는 16이다.
38
39      this->aes_[!SV].aad((uint8_t*)p, 5);
40      this->aes_[!SV].xor_with_iv(seq);
41      auto auth = this->aes_[!SV].decrypt(p->encrypted_msg, msg_len);
42      this->aes_[!SV].xor_with_iv(seq);// iv를 다시 원래로 되돌린다.
43      if(equal(auth.begin(), auth.end(), p->encrypted_msg + msg_len))
44      {// 인증 태그 확인 성공 시
45          string r{p->encrypted_msg, p->encrypted_msg + msg_len};
46          while(r.back() == 0) r.pop_back();
47          if(r.back() == ALERT) {
48              this->alert(this->alert(r[0], r[1]));
49              return {};
50          }
51          r.pop_back();
52          return r;
```

```
53      } else {
54          this->alert(this->alert(2, 20));
55          return {};// bad record mac
56      }
57  }
```

또, TLS 1.2 버전과 1.3 버전이 암호화 방식이 약간 다르므로, 버전에 맞춰서 암호화 함수를 호출해줘야 한다.

코드 35.16: TLS 버전에 따라 암호화/복호화 함수를 호출

```
1   template<bool SV> string TLS13<SV>::encode(string &&s, int type)
2   {// 1.3 버전일 경우 premater_secret_ 멤버변수가 세팅돼 있다.
3       return premaster_secret_ ? encode13(forward<string>(s), type) :
4           TLS<SV>::encode(forward<string>(s), type);
5   }
6
7   template<bool SV> optional<string> TLS13<SV>::decode(string &&s)
8   {
9       return premaster_secret_ ? decode13(forward<string>(s)) :
10          TLS<SV>::decode(forward<string>(s));
11  }
```

제 9 절

핸드세이크 함수

이제까지 만든 함수를 토대로 Hello 메시지에서 TLS 버전을 정하고 그에 따라 핸드세이크를 진행하는 함수를 만들어 보자. 핸드세이크 함수는 이제까지 만들어 온 함수를 총동원하기 때문에 매우 복잡하다. 천천히 시간을 들여 살펴보자.

2라인의 function<optional<string>()>은 핸드세이크 함수의 인자로 아무런 인자를 받지 않고, optional<string>을 리턴하는 함수 혹은 함수 객체가 올 수 있다는 것을 의미한다. TCP/IP 커넥션에서 메시지를 읽어들이는 함수가 이 자리에 올 것이다. 3라인의 function<void(string)>은 스트링을 인자로 하고 리턴값이 void인 함수가

올 수 있다. TCP/IP 커넥션에서 메시지를 보내는 함수가 이 자리에 올 것이다.

핸드세이크 함수는 서버측일 경우와 클라이언트측일 경우, 1.2 버전일 경우와 1.3 버전인 경우에 따라 달리 핸드세이크를 진행해야 하므로, 네 가지의 경우를 조건문으로 분기하게 했다. if constexpr을 사용해 컴파일 타임에 서버인지 클라이언트인지를 결정하고(6라인), 1.2인지 1.3인지는 Hello 메시지 교환 이후에 premaster secret 변수가 세팅됐는지를 확인해 결정한다(10라인).

7라인의 switch문은 핸드세이킹을 break로 단순히 중단하기 위한 것이고, 다른 의미는 없다. break를 만나면 명령의 실행이 중단되고 곧장 switch 영역 밖으로 빠져나간다.

에러 발생에 대처하기 위해 논리 OR로 순차적으로 조건을 검사한 후 실행하게 했다. A ‖ B 는 A가 거짓인 경우 B가 실행되거나 평가된다. A가 참인 경우는 B식의 평가가 일어나거나 실행되지 않고, 식 전체는 참이 된다. 우선 에러 메시지를 조건문 초기화[87]에서 세팅하고(8라인), read_f 함수가 통신 상대방으로부터 에러 없이 메시지를 읽어들였는지 optional<string>을 확인한 후, Client Hello 메시지를 분석한다(9라인). 이 때, 메시지를 우측값으로 만들기 위해 move 함수를 사용하고, optional에 실린 값에 접근하기 위해 *를 사용한다. client_hello 함수의 리턴값이 ""이 아니면 다시 에러이다. 위의 일련의 과정 중 하나라도 에러가 발생하면 즉시 switch문을 탈출하고, 세팅된 에러 메시지가 상대방에게 보내진다. 만약 암호화를 풀어야 하는 경우, 읽어들인 메시지의 복호화가 제대로 수행됐는지 확인하는 절차가 추가된다(23라인).

23라인의 (protect_data(), false)는 함수를 호출하고 이 괄호의 값은 false가 된다. protect_data 함수는 decode 함수와 finished 함수의 가운데 지점에서 호출돼야 한다. decode 함수보다 먼저 호출되면 protect_handshake로 세팅해 놓은 AES의 키 재료가 바뀔 것이다. finished 이후에 호출하면, 누적된 핸드세이크에 클라이언트 종결 메시지까지 포함될 것이다. 마찬가지로 protect_handshake 함수의 위치도 유의하자. 1.2 버전에서는 핸드세이크를 1.3처럼 암호화해 보호하지 않으므로, 이 두 protect 함수를 쓰지 않는다.

---

[87]c++17에서는 if문에서도 for문처럼 초기화를 할 수가 있다.

10라인에서 server_hello 함수가 메시지를 생성해 s 지역 변수에 이를 담는다. 이후로 이 지역 변수 s에 change cipher spec 메시지, 암호화된 익스텐션 메시지를 누적해, 19라인에서는 최종적으로 메시지를 보내고 있다. 암호화된 익스텐션은 먼저 여러 익스텐션을 합쳐 생성하고, 이를 18라인에서 암호화해 지역 변수 s에 추가한다. 이 경우 레코드 메시지가 아니라 핸드세이크 메시지의 암호화이므로, encode 함수에 HANDSHAKE(22)를 디폴트 인자 대신 사용해 이를 명확히 한다.

코드 35.17: 핸드세이크 함수

```
1  template<bool SV> bool TLS13<SV>::handshake(
2      function<optional<string>()> read_f,// 메시지를 읽어들이는 함수
3      function<void(string)> write_f)// 메시지를 쓰는 함수
4  {// 핸드세이크 성공 시 true 리턴, 실패 시 false 리턴
5      string s; optional<string> a;
6      if constexpr(SV) {// 서버측
7          switch(1) { case 1:// break로 간편하게 핸드세이킹 중단 가능
8          if(s = this->alert(2, 0);
9                  !(a = read_f()) || (s = client_hello(move(*a))) != "") break;
10         if(s = this->server_hello(); premaster_secret_) {// TLS 1.3
11             protect_handshake();
12             s += this->change_cipher_spec();
13             string t = encrypted_extension();
14             t += server_certificate13();
15             t += certificate_verify();
16             t += finished();// 1.3 버전 함수를 호출
17             // 핸드세이크 트래픽 시크릿으로 보호
18             s += this->encode(move(t), HANDSHAKE);
19             write_f(s);
20             if(s = this->alert(2, 0); !(a = read_f())
21                     || (s = this->change_cipher_spec(move(*a)))!="") break;
22             if(s = this->alert(2, 0); !(a = read_f()) ||
23                 !(a = this->decode(move(*a))) || (protect_data(), false) ||
24                 (s = finished(move(*a))) != "") break;
25             // 애플리케이션 데이터 암호화 준비 완료
```

```
26          } else {// TLS 1.2
27              s += this->server_certificate();
28              s += this->server_key_exchange();
29              s += this->server_hello_done();
30              write_f(s);
31              if(s = this->alert(2, 0); !(a = read_f()) ||
32                      (s = this->client_key_exchange(move(*a))) != "") break;
33              if(s = this->alert(2, 0); !(a = read_f()) ||
34                      (s = this->change_cipher_spec(move(*a))) != "") break;
35              if(s = this->alert(2, 0); !(a = read_f()) ||
36                      (s = TLS<SV>::finished(move(*a))) != "") break;
37              s = this->change_cipher_spec();
38              s += TLS<SV>::finished();// 1.2 버전의 finished 함수를 호출
39              write_f(move(s));// move 함수가 s를 비운다.
40          }
41      }// switch문 종결
42  } else {// 클라이언트측
43      중략 ...
44  }
45  if(s != "") {// break로 중간에 핸드세이킹을 중단한 경우
46      write_f(s);// send alert message
47      return false;
48  } else return true;// 핸드세이킹이 성공적으로 완료된 경우
49 }
```

36

TLS 1.3 테스트

제36장에서 배우는 스탠다드 라이브러리의 bind 함수의 사용법이 약간 난해하다. bind 함수는 함수의 인자를 특정한 값으로 묶어서 새로운 함수 객체를 만드는 함수다. 다음과 같은 f 함수가 있다고 하자.

코드 36.1: bind 함수로 함수 객체 생성하기

```
1  int f(int a, int b, int c) {
2      return a - b - c;
3  }
4  int main() {
5      auto g = bind(f, placeholders::_2, 3, placeholders::_1);
6      cout << g(1, 2) << endl;// 2 - 3 - 1 = -2
7  }
```

g 함수는 f 함수의 두 번째 인자에 3을 묶었디. placeholder는 함수 인자의 위치를 지정하는 역할을 한다. g 함수의 첫 번째 인자는 f 함수의 세 번째 인자가 되고, 두 번째 인자는 f 함수의 첫 번째 인자가 된다. 만약 클래스 멤버 함수를 bind하고 싶으면 클래스 객체의 내적 생태를 전달하기 위해 그 생성된 인스턴스의 주소를 전달해야 한다.

```
1  struct A {
2      int a = 7;
3      int f(int b, int c) { return a - b + c;}
4  };
5  int main() {
6      A a;
7      auto g = bind(&A::f, &a, placeholders::_1, 1);
8      cout << g(3) << endl;// 7 - 3 + 1 = 4
9      a.a = 4;
10     cout << g(3) << endl;// 4 - 3 + 1 = 2
11 }
```

제 1 절
TLS 1.3 클라이언트

코드 32.1의 1.2 버전의 클라이언트 프로그램을 약간 변경하면 1.3 버전을 만들 수 있다. 핸드세이크 함수를 만들었기 때문에 문제가 훨씬 간단해졌다.

코드 **36.3:** TLS 1.3을 이용한 클라이언트 프로그램

```
1  class TLS_client : public Client
2  {
3  public:
4      TLS_client(string ip, int port) : Client{ip, port} {
5          t.handshake(bind(&TLS_client::recv, this, 0),
6              bind(&TLS_client::send, this, placeholders::_1, 0));
7      }
8      void encodeNsend(string s) {
9          send(t.encode(move(s)));
10     }
11     optional<string> recvNdecode() {
12         return t.decode(*recv());
```

```
13          }
14  private:
15      TLS13<CLIENT> t;
16      int get_full_length(const string &s) {
17          return s.size() < 5 ? 0 :
18              static_cast<unsigned char>(s[3]) * 0x100 +
19              static_cast<unsigned char>(s[4]) + 5;
20      }
21  };
22
23  int main(int ac, char **av) {
24      TLS_client t{"localhost", 4433};
25      t.encodeNsend("GET /");
26      cout << *t.recvNdecode() << endl;
27  }
```

제 2 절
TLS 1.3을 이용한 미들서버

앞 절에서 TLS 라이브러리에 대한 구현과 간단한 사용 방법은 끝낸 셈이다. 이번 절에서는 내부의 임의의 서버와 외부의 클라이언트 사이에 위치해, 내부의 임의의 서버에게 TLS 기능을 제공하는 미들서버를 만들어 볼 것이다. 이번 절에서 언급하는 내용은 서버를 제대로 구현하기 위해 스레드를 사용하고, 조금 복잡한 소프트웨어 공학적인 구조를 만들 것인데, TLS 라이브러리와는 직접적인 연관이 없으므로, 전체적인 흐름만을 알아도 될 것이다. 주시해야 할 점은 TLS 라이브러리가 어떻게 이 미들서버에서 사용되고 있는가이다. 우리가 만든 라이브러리가 외부에서의 접속이 있을 때마다 실행되는 스레드인 connected 함수의 지역 변수로 사용돼 편하게 암호화 기능을 제공하고 있음을 알 수 있다.

그림 36.1은 미들서버가 웹 서버와 브라우저 사이에 위치해 https 기능을 제공하는 경우를 상정한 것이다. 물론, 반드시 웹 서버일 필요는 없고, ftp 서버라든가 다른

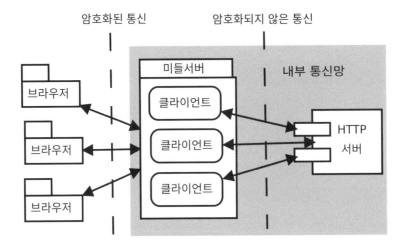

암호화된 통신 　　암호화되지 않은 통신

미들서버　　　　내부 통신망

브라우저

클라이언트

브라우저

클라이언트

HTTP
서버

브라우저

클라이언트

그림 36.1: 미들서버 모식도

서버에게 암호화를 제공할 수도 있을 것이다. TLS 클라이언트도 반드시 브라우저일
필요는 없다.

코드 36.4: TLS 1.3을 이용한 미들서버 헤더 파일

```
1  class Middle : public Server
2  {
3  public:
4      Middle(int outport = 4433,// 외부에 열 포트 번호
5          int inport = 2001, int time_out = 1800,
6          // 통신이 없을 경우 1800초 후에 접속을 끊는다.
7          int queue_limit = 10, std::string end_string = "end");
8      void start();
9  protected:
10     int inport_;// 내부 서버의 포트 번호
11     bool debug_ = false;
12 private:
13     void connected(int client_fd), conn();
14     int get_full_length(const std::string &s);
15 };
```

코드 36.5: 미들서버에서 TLS13 클래스의 사용

```
1   void Middle::connected(int client_fd)
2   {// 다른 접속과 함께 병렬적으로 실행될 것이다.
3       TLS13<SERVER> t;// 그냥 지역변수로 선언하고 사용하면 된다.
4       if(t.handshake(bind(&Middle::recv, this, client_fd),
5               bind(&Middle::send, this, placeholders::_1, client_fd)))
6       {// 핸드세이크 성공시
7           Client cl{"localhost", inport_};// 그림 36.1의 클라이언트에 해당
8           // 로컬호스트에 있는 내부 서버와 통신
9           while(1) {
10              if(auto a = recv(fd)) {// 외부에서 읽어들임
11                  if(a = t.decode(move(*a))) cl.send(*a);// to inner server
12                  else break;
13                  if(a = cl.recv()) send(t.encode(move(*a)), fd);// to browser
14                  else break;
15              } else break;
16          }
17      }
18      close(client_fd);
19  }
```

코드 36.5는 이 미들서버의 가장 핵심적인 부분이다. 핸드세이크를 한 후에 성공했을 경우, 내부 서버와 통신할 클라이언트를 생성한다.

10, 11, 13라인이 정상적인 통신일 경우의 흐름이다. 외부에서 받아들인 암호화된 메시지를 해독해 내부 서버로 보내고, 내부 서버에서 받은 답신(평문)을 암호화해서 외부 클라이언트에게 보낸다. 중간 다리 역할을 한다.

코드 36.6: 그 이외의 미들서버 함수의 구현

```
1   Middle::Middle(int outport, int inport, int timeout, int queue,
2           string end)
3       : Server{outport, timeout, queue, end}, inport_{inport}
4   { }// 생성자
5   int Middle::get_full_length(const string &s)
```

```cpp
 6  {// recv 함수가 TLS 패킷 사이즈만큼 받아오는 것을 가능하게 한다.
 7      return static_cast<unsigned char>(s[3]) * 0x100 + static_cast<unsigned char
        >(s[4]) + 5;
 8  }
 9  void Middle::conn()
10  {// 각각의 접속마다 새로운 스레드를 생성한다.
11      int cl_size = sizeof(client_addr);
12      vector<thread> v;
13      while(1) {
14          client_fd = accept(server_fd, (sockaddr*)&client_addr,
15                  (socklen_t*)&cl_size);// 접속 대기
16          if(client_fd == -1) LOGF << "accept() error" << endl;
17          else {// 접속 시 connected 함수 스레드를 생성한다.
18              v.emplace_back(thread{&Middle::connected, this,client_fd});
19              v.back().detach();
20          }
21      }
22  }
23  void Middle::start()
24  {// 미들서버를 코맨드 라인 상에서 운영할 수 있다.
25      thread th{&Middle::conn, this};// 접속 대기 스레드
26      string s;
27      cout << "starting middle server,enter '?' to see commands.\n";
28      while(cin >> s) {
29          if(s == "end") break;
30          else if(s == "help" || s == "?")
31              cout << "end, timeout [sec]" << endl << "current timeout " <<
                    time_out << endl;
32          else if(s == "timeout") {
33              cin >> time_out;
34              cout << "time out set " << time_out << endl;
35          }
36      }
37  }
```

부모 클래스인 Server 자체에 타임아웃 기능을 심어뒀기 때문에, 정해진 시간 동안 통신이 없으면, 자동으로 통신을 단절한다.

코드 36.7: 미들서버 실행파일

```
1  int main(int ac, char** av)
2  {// 내부에 HTTP 서버가 2001포트를 열고 있다고 가정하자.
3      Middle sv{4433, 2001};
4      sv.start();
5  }
```

서버는 여러 개의 접속을 동시 처리해야 하기 때문에, 병행 프로그래밍이 필수적이다. accept 함수는 접속을 처리한 후, 생성된 스레드에 파일 디스크립터를 넘기고, 곧장 다음 접속을 기다린다.

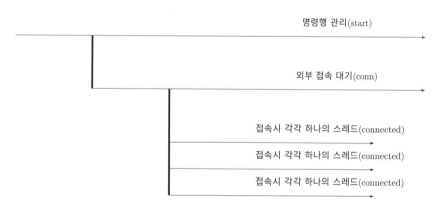

그림 36.2: 미들서버의 스레드 분기

미들서버를 앞 절에서 만든 TLS 1.3 클라이언트로 접근한 것을 와이어샤크로 캡처해 봤다.

그림 36.4에서 원형은 포트를 의미한다. 화살표는 패킷이 전달되는 방향을 의미한다. 화살표 위의 숫자는 와이어샤크에서 보여주는 No를 의미한다. 웹 서버는 2001번

Time	Source	Destination	Protocol	Length	Info
1 0.0000…	127.0.0.1	127.0.0.1	TCP	74	37272 → 4433 [SYN] Seq=0 Win=65495 Len=0 MS
2 0.0000…	127.0.0.1	127.0.0.1	TCP	74	4433 → 37272 [SYN, ACK] Seq=0 Ack=1 Win=654
3 0.0000…	127.0.0.1	127.0.0.1	TCP	66	37272 → 4433 [ACK] Seq=1 Ack=1 Win=65536 Le
4 0.0121…	127.0.0.1	127.0.0.1	TLSv1.3	302	Client Hello
5 0.0121…	127.0.0.1	127.0.0.1	TCP	66	4433 → 37272 [ACK] Seq=1 Ack=237 Win=65280
6 0.0404…	127.0.0.1	127.0.0.1	TLSv1.3	879	Server Hello, Change Cipher Spec, Applicati
7 0.0404…	127.0.0.1	127.0.0.1	TCP	66	37272 → 4433 [ACK] Seq=237 Ack=814 Win=6476
8 0.0533…	127.0.0.1	127.0.0.1	TLSv1.3	130	Change Cipher Spec, Application Data
9 0.0548…	127.0.0.1	127.0.0.1	TCP	74	45974 → 2001 [SYN] Seq=0 Win=65495 Len=0 MS
10 0.0548…	127.0.0.1	127.0.0.1	TCP	74	2001 → 45974 [SYN, ACK] Seq=0 Ack=1 Win=654
11 0.0548…	127.0.0.1	127.0.0.1	TCP	66	45974 → 2001 [ACK] Seq=1 Ack=1 Win=65536 Le
12 0.0965…	127.0.0.1	127.0.0.1	TCP	66	4433 → 37272 [ACK] Seq=814 Ack=301 Win=6553
13 0.0967…	127.0.0.1	127.0.0.1	TLSv1.3	93	Application Data
14 0.0967…	127.0.0.1	127.0.0.1	TCP	66	4433 → 37272 [ACK] Seq=814 Ack=328 Win=6553
15 0.0972…	127.0.0.1	127.0.0.1	TCP	71	45974 → 2001 [PSH, ACK] Seq=1 Ack=1 Win=655
16 0.0972…	127.0.0.1	127.0.0.1	TCP	66	2001 → 45974 [ACK] Seq=1 Ack=6 Win=65536 Le
17 0.0997…	127.0.0.1	127.0.0.1	HTTP	259	HTTP/1.1 200 OK (text/html)
18 0.0997…	127.0.0.1	127.0.0.1	TCP	66	45974 → 2001 [ACK] Seq=6 Ack=194 Win=65408
19 0.1034…	127.0.0.1	127.0.0.1	TLSv1.3	281	Application Data
20 0.1049…	127.0.0.1	127.0.0.1	TCP	66	37272 → 4433 [FIN, ACK] Seq=328 Ack=1029 Wi
21 0.1050…	127.0.0.1	127.0.0.1	TCP	66	45974 → 2001 [FIN, ACK] Seq=6 Ack=194 Win=6
22 0.1051…	127.0.0.1	127.0.0.1	TCP	66	4433 → 37272 [FIN, ACK] Seq=1029 Ack=329 Wi
23 0.1051	127.0.0.1	127.0.0.1	TCP	66	37272 → 4433 [ACK] Seq=329 Ack=1030 Win=655

```
rame 17: 259 bytes on wire (2072 bits), 259 bytes captured (2072 bits) on interface 0
thernet II, Src: 00:00:00_00:00:00 (00:00:00:00:00:00), Dst: 00:00:00_00:00:00 (00:00:00:00:00:00)
nternet Protocol Version 4, Src: 127.0.0.1, Dst: 127.0.0.1
ransmission Control Protocol, Src Port: 2001, Dst Port: 45974, Seq: 1, Ack: 6, Len: 193
ypertext Transfer Protocol
ine-based text data: text/html (8 lines)
  <html lang='utf8'>\n
  \t<head></head>\n
  \t<body>\n
  \t\t<h1>\n
  \t\tTLS \352\265\254\355\230\204\354\234\274\353\241\234 \353\260\260\354\232\260\353\212\224 \3
  \t\t</h1>\n
  \t</body>\n
  </html>\n
```

```
0  00 00 00 00 00 00 00 00  00 00 00 00 08 00 45 00   ··············E·
0  00 f5 e3 1e 40 00 40 06  58 e2 7f 00 00 01 7f 00   ····@·@·X·······
0  00 01 07 d1 b3 96 56 30  4e cd 86 60 1a aa 80 18   ······V0 N··`····
0  02 00 fe e9 00 00 01 01  08 0a b2 ca 75 1c b2 ca   ··········· u···
0  75 19 48 54 54 50 2f 31  2e 31 20 32 30 30 20 4f   u·HTTP/1 .1 200 O
0  4b 0d 0a 43 6f 6e 74 65  6e 74 2d 54 79 70 65 3a   K··Conte nt-Type:
0  20 74 65 78 74 2f 68 74  6d 6c 3b 20 63 68 61 72    text/ht ml; char
0  73 65 74 3d 75 74 66 2d  38 0d 0a 43 6f 6e 74 65   set=utf- 8··Conte
0  6e 74 2d 4c 65 6e 67 74  68 3a 20 31 31 33 0d 0a   nt-Lengt h: 113··
0  0d 0a 3c 68 74 6d 6c 20  6c 61 6e 67 3d 27 75 74   ··<html  lang='ut
0  66 38 27 3e 0a 09 3c 68  65 61 64 3e 3c 2f 68 65   f8'>··<h ead></he
0  61 64 3e 0a 09 3c 62 6f  64 79 3e 0a 09 09 3c 68   ad>··<bo dy>···<h
0  31 3e 0a 09 09 54 4c 53  20 ea b5 ac ed 98 84 ec   1>···TLS ········
0  9c bc eb a1 9c 20 eb b0  b0 ec 9a b0 eb 8a 94 20   ····· ·· ·······
0  ec 95 94 ed 98 b8 ed 95  99 0a 09 09 3c 2f 68 31   ··········<·/h1
0  3e 0a 09 3c 2f 62 6f 64  79 3e 0a 3c 2f 68 74 6d   >··</bod y>·</htm
0  6c 3e 0a                                           l>·
```

그림 36.3: 와이어샤크로 분석한 미들서버의 패킷 전달 과정

그림 36.4: 패킷 전달 과정의 모식도

포트를 열고 있고, 외부의 클라이언트는 37272 포트로 접속해 들어왔다. 미들서버는 4433, 45974 포트를 이용해 양쪽과 소통하고 있다. 4, 6번 패킷에서 Client Hello와 Server Hello 메시지를 확인할 수 있다. 6번 패킷의 애플리케이션 데이터는 암호화 확장부로부터 인증서, 인증서 확인, Finished 메시지의 핸드셰이크가 암호화된 것이다. 13번부터가 실제 애플리케이션 데이터다. 암호화된 데이터가 4433번 포트로 들어왔고, 미들서버는 이를 해독해 15번 패킷에서 웹 서버에게 보냈다. 17번 패킷은 웹 서버에서 미들서버에게 돌아온 답신이며, 그림 36.3을 보면 아래쪽에 암호화되지 않은 평문으로 내용이 보인다. 이를 미들서버는 19번 패킷에서 암호화해 TLS 클라이언트에게 전달하고 있다.

최종적으로 웹 브라우저로 접근한 것을 캡처해봤다. https://로 프로토콜이 잡힌 것을 확인할 수 있다.

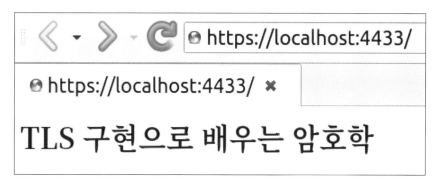

그림 36.5: 웹 브라우저로 접근한 모습

그림 차례

표 차례

코드 차례

참고문헌

Abidi, Abdessalem, Belgacem Bouallegue, and Fatma Kahri. "Implementation of elliptic curve digital signature algorithm (ECDSA)". In: *2014 Global Summit on Computer & Information Technology (GSCIT)*. IEEE. 2014, pp. 1–6.

AES Example -Input (128 bit key and message). URL: `https://kavaliro.com/wp-content/uploads/2014/03/AES.pdf` (visited on 10/27/2019).

Batson, Chuck. *Secp256k1 test vectors*. 2011. URL: `https://ipfs-sec.stackexchange.cloudflare-ipfs.com/crypto/A/question/784.html` (visited on 10/28/2019).

Blake-Wilson, S and M Qu. "Standards for efficient cryptography (sec) 2: Recommended elliptic curve domain parameters". In: *Certicom Research, Oct* (1999).

Blake-Wilson, S et al. "Elliptic Curve Cryptography (ECC) Cipher Suites for Transport Layer Security (TLS), RFC4492". In: (2006).

Chacha20. 온라인 접근한 날짜 2019-5-19. URL: `https://en.wikipedia.org/wiki/Salsa20#ChaCha_variant`.

Contributors, Wikipedia. *Martin Hellman*. Sept. 2019. URL: `https://en.wikipedia.org/wiki/Martin_Hellman` (visited on 10/24/2019).

— *Whitfield Diffie*. Sept. 2019. URL: `https://en.wikipedia.org/wiki/Whitfield_Diffie` (visited on 10/24/2019).

Cooper, David et al. "RFC 5280: Internet X. 509 public key infrastructure certificate and certificate revocation list (CRL) profile". In: *IETF, May* (2008).

Daemen, Joan and Vincent Rijmen. *The design of Rijndael: AES-the advanced encryption standard.* Springer Science & Business Media, 2013.

Dierks, Tim and Eric Rescorla. "RFC 5246-the transport layer security (TLS) protocol version 1.2". In: *Internet Engineering Task Force* (2008).

Eastlake, Donald and Paul Jones. "RFC 3174: US secure hash algorithm 1 (SHA1)". In: *Network Working Group* (2001).

Forouzan, Behrouz A. 암호학과 네트워크 보안. Mcgraw-Hill Korea, 2008.

Forouzan, Behrouz A and Sophia Chung Fegan. *TCP/IP protocol suite.* Vol. 2. McGraw-Hill, 2006.

Gillmor, Daniel. "Negotiated Finite Field Diffie-Hellman Ephemeral Parameters for Transport Layer Security (TLS)". In: (2016).

Krawczyk, Hugo, Ran Canetti, and Mihir Bellare. "HMAC: Keyed-hashing for message authentication". In: (1997).

Krawczyk, Hugo and Pasi Eronen. *RFC 5869–HMAC-based Extract-and-expand Key Derivation Function (HKDF).* May 2010.

McGrew, David and John Viega. "The Galois/counter mode of operation (GCM)". In: *Submission to NIST Modes of Operation Process* 20 (2004).

Nir, Yoav, Simon Josefsson, and Manuel Pegourie-Gonnard. "Elliptic Curve Cryptography (ECC) cipher suites for Transport Layer Security (TLS) versions 1.2 and earlier". In: *Internet Requests for Comments, RFC Editor, RFC 8422* (2018).

Pierce, Robert. *YouTube.* 2019. URL: https://www.youtube.com/watch?v=F3zzNa42-tQ (visited on 10/23/2019).

Qualys. *SSL Pulse.* May 1, 2019. URL: https://www.ssllabs.com/ssl-pulse/.

RFC8446. The Transport Layer Security (TLS) Protocol Version 1.3.

Ristic, Ivan. *Openssl Cookbook.* Feisty Duck, 2015.

Silverman, Joseph H. "An introduction to the theory of elliptic curves". In: *Brown University. June* 19 (2006).

Wikimedia Commons. May 2015. URL: https://commons.wikimedia.org/wiki/ (visited on 11/14/2019).

원동호. 현대 암호학. 도서출판 그린, 2014.

윤성우. "열혈 TCP/IP 소켓 프로그래밍". In: 오렌지미디어 (2007).

찾아보기

TLS 구현으로 배우는 암호학

C++로 만드는 HTTPS 서비스

발 행 | 2020년 6월 30일

지은이 | 박 승 원

펴낸이 | 권 성 준
편집장 | 황 영 주
편 집 | 이 지 은
디자인 | 박 주 란

에이콘출판주식회사
서울특별시 양천구 국회대로 287 (목동)
전화 02-2653-7600, 팩스 02-2653-0433
www.acornpub.co.kr / editor@acornpub.co.kr

이 도서의 국립중앙도서관 출판시도서목록(CIP)은 서지정보유통지원시스템 홈페이지(http://seoji.nl.go.kr)와
국가자료공동목록시스템(http://www.nl.go.kr/kolisnet)에서 이용하실 수 있습니다.(CIP제어번호: CIP2020025542)

책값은 뒤표지에 있습니다.